DUMONT

Mike Wappler kann weder lesen noch schreiben, doch er hat in seinem Leben alles erreicht, was er erreichen wollte: Börsenspekulant, Diamantenhändler, Modelagentur-Besitzer, Rolex-Träger, Bentley-Fahrer, Baron – Mike Wappler ist »Milliarden-Mike«, der gerissenste Hochstapler Deutschlands. Wie er es schaffte, immer wieder Menschen übers Ohr zu hauen? Durch die Gier der Reichen. Seinen größten Coup landet er, als er einen Privatier um mehr als 6 Millionen Euro betrügt. Die Quittung dafür: Sechs Jahre »Santa Fu«, von wo er wenige Tage vor Beginn der Sicherungsverwahrung ausbricht. Er wird geschnappt, doch dank des Urteils des Europäischen Gerichtshofs kommt Mike Wappler wenig später auf freien Fuß. Seine Zukunftspläne? Einen Porsche kaufen und seriös werden. Er möchte eine Beratungsfirma zum Schutz vor Betrug eröffnen – wer könnte das besser als er?

Mike Wappler wurde 1955 geboren. Bereits im Alter von acht Jahren wurde er ins Milieu eingeführt und brachte es durch zahlreiche Coups zum größten Hochstapler Deutschlands. Er verbrachte fast 20 Jahre seines Lebens im Gefängnis. Sein Ausbruch aus der JVA Fuhlsbüttel und seine spektakuläre Flucht gingen 2010 durch die Medien. Mike Wappler lebt in Hamburg.

Tim Gutke, Jahrgang 1977, war knapp ein Jahrzehnt Redakteur beim *Playboy*. Er schreibt als freiberuflicher Journalist u. a. für das *SZ-Magazin*, *GQ*, *Abendblatt*, *Playboy* und *Cicero*. Er war Textchef des internationalen Männermagazins *L'Officiel Hommes* und arbeitet als Chefredakteur für den Medienkonzern Gruner & Jahr.

Mike Wappler / Tim Gutke

Milliarden Mike

Ich hab sie alle abgezockt

DUMONT

FSC
www.fsc.org
MIX
Papier aus verantwortungsvollen Quellen
FSC® C083411

Dieses Buch wurde klimaneutral produziert.

Klimaneutral
Druckprodukt
ClimatePartner.com/17531-2110-1001

Originalausgabe
Vierte Auflage 2022
DuMont Buchverlag, Köln

Umschlag: Zero, München
Umschlagabbildung: Christina Körte, www.christinakoerte.de
Satz: Angelika Kudella, Köln
Gesetzt aus der Albertina
Druck und Verarbeitung: CPI books GmbH, Leck
Gedruckt auf säurefreiem und chlorfrei gebleichtem Papier
Printed in Germany
ISBN 978-3-8321-6200-9

www.dumont-buchverlag.de

Vorwort des Autors oder der kurze Weg von der Lüge zur Wahrheit

Ich fand das Milieu schon immer spannend. Zumindest das, was ich als solches in meinem Kopf gespeichert hatte. Und das sah in etwa so aus: Aufrechte Vollkaufmänner, die sich für das, was sie sagten und taten, gerade machten. Gerade machen. Allein dieser Begriff. Wunderbar. Wir Hamburger Jungs spielten nicht Indianer und Cowboy, sondern Lude und Bulle. So war das damals, als ich ein Kind war. Oder zumindest will ich heute glauben, dass es damals so gewesen ist.

Im Dezember 2002 zog ich nach München und begann, das alles zu vergessen: die Nächte auf der Reeperbahn, die Nutten, die einen fragten, ob man »Bock auf ein bisschen Spaß hat«, und die Ecken, die man besser mied, wenn man mit einigen Bier im Kopf als Zaungast durch das Milieu stolperte.

Man vergisst ja bekanntlich mehr, als man je wusste.

Bis ich Peter Mike Wappler kennenlernte. Wir kamen zusammen, wie man mit Menschen solchen Kalibers wohl zusammenkommt – durch einen Zufall. Ein gemeinsamer Bekannter stellte uns vor. Er hatte mir schon einige Male von dem seltsamen Leben des »Mike W.« erzählt. Oft endeten seine Geschichten mit dem Satz: »Über den musst du ein Buch schreiben.« Er selbst hatte bereits einige Fernsehbeiträge mit Mike gedreht. Immer wenn er für eine Geschichte einen Alt-Luden oder einen Betrüger brauchte, der etwas zu irgendwelchen Themen sagen sollte, rief er Wappler an.

So kam ich also bei einem Hamburg-Besuch – der Geburtstag eines Freundes stand an – zu dem Vergnügen einer spontanen Audienz bei Mike Wappler. Er war freundlich, seine gereichte Hand weich, sein Aftershave zu stark. Sei's drum. Nach unserem einstündigen Treffen an der Bar des Hotels Atlantic an Hamburgs Alster, vor dessen Panoramafenster ein ungewöhnlich heftiger Sturm für den Monat Mai tobte, war mein erster Gedanke: Dem Typen würde ich nicht mal 2,30 Euro für eine Cola Light leihen, von der er eine nach der anderen trank. Das also soll der große Betrüger sein, der große »Milliarden-Mike«? Ich befürchtete, dass ich die Stunde als verschwendete Lebenszeit würde verbuchen müssen.

Seine Geschichten, die er auftischte, ohne darauf zu achten, wem er hier was erzählte, klangen unglaublich, ja, beinahe schon unglaubwürdig. In einer Stunde vom Luden zum größten Betrüger, vom kleinen Gauner zum Sicherungsverwahrten und vom Flüchtling zum freien Mann. Er ließ keine Gelegenheit aus, sich größer zu machen, als er ist. Ein klassischer Aufschneider, ein Schnacker. Aber er hatte etwas, was mich faszinierte, das musste ich zugeben. Wir trennten uns mit Hausaufgaben für beide Seiten: Ich sollte überlegen, ob ich diese Geschichte schreiben will, er sollte mir die Gerichtsakten zukommen lassen, weil ich schlichtweg nicht glauben konnte, was er mir da alles erzählte.

Nach zwei Wochen klingelte es an meiner Tür in München. Ich sah, wie der Postbote schnaubend die Altbaustufen hochtrottete. In seinen Händen: ein Paket, so groß wie ein Turnkasten aus dem Schulsport. Der Inhalt: Mike Wapplers Gerichtsakten. Schätzungsweise 4000 Seiten aus verschiedenen Jahren. Nicht vollständig, kaum sortiert. Ich saß einige Tage über diesem Berg Papier und versuchte Ordnung hineinzubringen. Erfolglos. Ich rief Mike an und sagte zu.

Nicht, weil ich seine Eitelkeit befriedigen wollte und meinen Reichtum mehren, sondern weil mich beim Lesen dieser Akten ein Phänomen ganz besonders fasziniert hatte: Mike Wappler funktioniert als Betrüger nur so hervorragend, weil er die Menschen an einer dunklen Stelle packt – der Gier. Er betrog Reiche, die glaubten, noch immer nicht reich genug zu sein. Gier ist etwas, was mehr oder weniger in uns allen steckt. Es ist der thematische Klebstoff, der alle seine Geschichten zusammenhält.

Nach einigen Tagen zwischen unzähligen Papierstapeln wurde mir klar: Geld und Glück stehen in keinem direkten Verhältnis zueinander. Und doch glauben wir das alle so gerne. Wappler führt uns diesen Irrglauben beispiel- und schmerzhaft vor Augen. Auch bietet er einem die einzigartige Möglichkeit, über die Bedeutung von Geld nachzudenken – in unserer Gesellschaft und in unserem Leben.

Sicher gibt es heutzutage Menschen, die mehr Geld ergaunert haben als Mike Wappler. Die ganzen Wirtschaftsverbrecher, die Firmen pleitegehen lassen und dann durch geschickte Insolvenzen Millionen kassieren. Menschen, die durch organisierte Kriminalität Tonnen von Drogen durchs Land schieben und mit dem Verkauf unendlich reich werden. Entführer, die mit einem Schlag Millionen erpressen. Die gibt es alle und noch viele mehr.

Peter Mike Wappler ist dagegen ein krimineller Dinosaurier aus einer Zeit, als Betrug noch »ehrliche Arbeit« war. Oder besser: ein Handwerk. Diese Komponente gefiel mir ganz besonders gut, ohne Mike glorifizieren zu wollen. Er ist möglicherweise der letzte Vertreter einer Gauner-Gemeinschaft, die nun durch Super-Kriminelle abgelöst wird.

So fuhr ich also nach Hamburg, belegte die Couch eines Freundes auf unbestimmte Zeit, und wir setzten uns zusammen, Mike d ich. Über mehrere Wochen ließ ich mir von ihm sein ganzes Leben erzählen, das sich auch bruchstückhaft in den Gerichtsakten wiederfindet. Aber eben nicht alles. Und man muss ja auch sagen: Was in den Akten steht, wurde zwar zu Protokoll gegeben, ist damit aber noch nicht die Wahrheit. Irgendwann schoss mir ein Gedanke durch den Kopf: Was ist, wenn er dich anlügt? Wenn alles ganz anders war? Immerhin ist er ein Hochstapler, da bin ich doch ein billiges Opfer. Ich traf mich also zur Sicherheit mit Menschen, die sein Leben in Etappen begleitet haben. Eigentlich vorrangig zur Recherche, zur Absicherung. Doch irgendwann dachte ich, lass sie doch auch reden. Denn sie sind es, die eine Perspektive haben, die Mike gar nicht einnehmen kann, und somit das Bild von ihm vervollständigen. Sie bieten sozusagen die andere Sicht der Dinge. Sie sind die Menschen, die einen Betrüger glaubhaft machen. Natürlich war es mir dennoch nicht möglich, alle Anekdoten, die Wappler überfallartig ausplauderte, zu überprüfen, auf ihren Wahrheitsgehalt zu durchleuchten und wie mit dem Mikroskop darin nach Fehlern und Ungereimtheiten zu suchen. Mike sagte einmal: »Damit die Lüge zur Wahrheit wird, braucht es einen guten Geschichtenerzähler.« In diesem Sinne mache ich mich vielleicht zu des Teufels Advokat – eine Sache, die mich lange beschäftigt hat. Denn nur weil jemand eine Lüge aufschreibt, wird sie damit nicht automatisch zur Wahrheit.

Ich muss also Ihnen, liebe Leserin, lieber Leser, die Entscheidung überlassen, welche Geschichten Sie für wahr und welche für eine Lüge halten. Ich vermag es nicht, diesen Filter über das Leben von Mike Wappler zu legen. Da ich die Gerichtsakten gelesen habe, weiß ich aber: Grundsätzlich ist diesem Mann alles zuzutrauen.

Eine weitere kleine Erkenntnis, die ich aus den Akten gewonnen habe, möchte ich Ihnen schon hier an die Hand geben, sie könnte Ihr Leben retten: Sollte Ihnen jemand ein Angebot machen, dass zu gut klingt, um wahr zu sein, dann ist es eine Lüge. Egal, wie gut der Geschichtenerzähler ist.

Tim Gutke, Mai 2013

2010
Frische Luft für Herrn Wappler

Wir alle sind Betrüger und Betrogene. Vom Nordkap bis nach Kapstadt und von der Mongolei bis nach Hawaii – unsere feine Gesellschaft bescheißt sich, wo sie nur kann. Der Angestellte seinen Vorgesetzten, dieser seinen eigenen Chef und dieser im Gegenzug den Staat. Die Kinder ihre Eltern, der Mann seine Frau und diese wieder ihn. Es geht nicht immer nur um Geld. Für alles, was im Leben irgendeines Menschen einen Wert hat, findet sich jemand anderes, der ihn dafür übers Ohr haut. Ich für meinen Teil habe kaum einen Cent in meinem bisherigen Leben rechtmäßig erworben. Zumindest nicht so, dass ich mich daran erinnern könnte. Und ich hätte es mir bestimmt gemerkt, denn Rechtschaffenheit entspricht nicht unbedingt meiner Natur.

Es ist beileibe nicht so, dass ich stolz auf alles bin, was ich getan habe, aber irgendwie hielt das Leben wohl keine andere Wundertüte für mich bereit. Das ist keine Entschuldigung und schon gar keine Rechtfertigung für meine Taten, vielleicht aber eine Erklärung. Denn Rechtschaffenheit ist für Menschen gemacht, die es sich leisten können. Als ich aber an dem Punkt war, dass ich mir etwas leisten konnte, steckte ich schon bis zu den Knien im Verbrechen und bis zu den Ellenbogen im Geld.

Aber was ist denn schon rechtschaffen? Darf man nach quälend langen Stunden in einem unklimatisierten Bus vom friesischen Flachland bis ins italienische Hinterland so lange auf alte

Damen einreden, bis sie endlich eine Heizdecke kaufen, nur um wieder nach Hause zu dürfen? Hat es etwas mit Rechtschaffenheit zu tun, wenn Milliarden um Milliarden des Geldes gutgläubiger Anleger von gesichtslosen Bankangestellten, geschmückt mit Schlips und Kragen und bewaffnet mit geschulten Worten, durch riskante Spekulationen ums Eck gebracht werden? Ist es rechtschaffen, den Chef am Morgen anzurufen, um sich mit belegter Stimme und einem gequälten Huster krank zu melden, obwohl man doch eigentlich nur keinen Bock hat, wieder den ganzen Tag Papiere von einem Fach ins andere zu legen? So wie man es schon seit zehn Jahren macht, doch gerade heute geht die Lust auf den Kantinenfraß und die Vorgesetzten gegen null. Verhält sich so ein grundguter Mensch oder macht ihn das zu einem schlechteren?

Der Grat zwischen Lüge und Wahrheit ist eben ein schmaler und oft ist er nicht gut zu sehen, weil einem der Eigennutzen die Sicht vernebelt. Unsere Gesellschaft ist auf Lügen aufgebaut. Frauen wollen nicht wirklich wissen, ob sie einen dicken Arsch bekommen haben, und der Hobby-Koch will hören, dass sein Essen schmeckt – nicht die Wahrheit. Wer einmal auf die Frage »Na, wie geht's?« mit der Wahrheit rausgerückt ist, weiß, was ich meine. Die Menschen können die Wahrheit nicht ertragen. Kürzlich hat ein Professor im Frühstücksfernsehen behauptet, dass jeder Mensch am Tag etwa fünfzig Mal lügt. Ich glaube ihm. Ich denke sogar, es kommt noch häufiger vor.

Wir sind alle Betrüger. Die einen im Kleinen, die anderen im Großen. Ich gehöre zu denjenigen, die im großen Stil betrogen haben. Wobei ich mich weniger als Betrüger oder Hochstapler sehe, sondern eher als Geschichtenerzähler. Und diese Geschichten habe ich teuer verkauft – an die, die selbst betrügen wollten, die Gierigen. Und davon gibt es viele da draußen. Etwa sieben Milliarden.

Ich muss die Augen zusammenkneifen, die Sonne steht tief. Es ist der 15. Oktober 2010, ein Freitag. Nicht, dass die Wochentage in den letzten Jahren irgendeine Rolle gespielt hätten, denn in meiner damaligen Welt waren sie einzig dafür gedacht, abzulaufen. Jede Sekunde. Jede Minute. Tage. Monate. Jahre. Zeit ist tatsächlich relativ, Einstein hatte da schon recht. Wenn ein Tag wie der andere ist, dann sind sie zumindest relativ bedeutungslos. Aber der heutige Tag ist wichtig – denn ich habe nachher noch einen Flieger zu kriegen.

Ich weiß nicht, wie lange ich die Sonne nicht mehr so bewusst und warm auf meiner Haut gespürt habe. Ein Gefühl, das durch den ganzen Körper strömt. Es fängt im Gesicht an, über die Bartstoppeln kriecht es in die obere Hautschicht, dann in die Fettschicht darunter und über die Venen gelangt dieses Gefühl vom großen Glück mit jedem Herzschlag auch in die letzten feinen Äderchen. Als Schwarzfahrer auf den Blutkörperchen erreicht es die Fingerkuppen, die Füße, die Haarspitzen. Bumm bumm … bumm bumm. Das Herz pumpt dieses Gefühl durch den ganzen Körper und lässt es zirkulieren. Sonne ist der Motor des Lebens. Der Motor, das Benzin und die Straße – alles in einem. Erst wenn sie einem genommen wird, weiß man sie wirklich zu schätzen. Mit der Freiheit verhält es sich genauso.

Ich habe diese kleine Welt hier in Lübeck lange nicht mehr so schön in Blüte stehen sehen. Das Amselpärchen scheint hier gerade frisch in den Garten gezogen zu sein, so fröhlich pfeifen die zwei Vögel ein Lied vom Apfelbaum herunter. Die Luft ist leicht und trägt den feinen Duft von frischer Wäsche, die zum Trocknen nach draußen gehängt wurde, über den Gartenzaun aus Blech zu uns auf die Terrasse. Ein Windspiel, das über der schiefen Holztür des Geräteschuppens hängt, begleitet diesen Geruch mit einer nervigen Melodie.

»Na, Wappler, wie schmeckt die Wurst?« Ich nicke. Keinen Bissen kriege ich hier runter. Auf dem Grillrost liegen noch sechs Bratwürste. Goldbraun. Ein dicker, zäher Tropfen Fett drückt sich aus einem Würstchenende, glänzt für einen Augenblick wie ein Diamant in der Sonne und fällt dann unwiederbringlich in die Glut.

Eine fette Fliege macht sich an etwas getrocknetem Ketchup zu schaffen. Ihre sechs Beine huschen hektisch über den weißen Plastikdeckel der Tube. Sie macht sich über die verkrusteten, tiefroten Reste her, die oben an dem kleinen Loch kleben geblieben sind, weil irgendwer irgendwann unachtsam das Ketchup ausgedrückt hat und dann offen stehen ließ. Die Fliege, die so elegant in der Sonne schimmert, scheint sich an unserer kleinen Gesellschaft hier im Garten kaum zu stören. Sie wäre jetzt sicher eine leichte Beute. Eine schnelle Handbewegung, und ich könnte sie fangen, in meiner Faust zerdrücken. Aber warum sollte ich? Ich weiß, wie es ist, vom Wohlwollen anderer abhängig zu sein. Leben? Sterben? Blöd, wenn man das nicht selbst entscheiden kann. Ich habe mal aufgeschnappt, dass die Lebensdauer einer Fliege nur wenige Wochen beträgt und sie die meiste Zeit ihres Seins im Larven-Stadium verbringt. Sie frisst dann alles, was ihr vors Maul kommt. Und irgendwann, kurz bevor dieses Wesen von einer übergeordneten Macht wieder in den ewigen Kreislauf von Leben und Sterben eingegliedert wird, drückt sie sich aus ihrem zu engen Madenkostüm hinaus. Erst der Kopf, dann die dürren Beinchen, dann, mit viel Druck, der restliche Körper. Der große itt. Scheinwerfer, Trommelwirbel bitte. Tatataaa … eine beschissene Fliege. Ich frage mich dann: Weiß dieses Tier, das seine längste Zeit bereits vorbei ist? Ich kann es mir zumindest vorstellen, so schnell wie sie sich putzt, von links nach rechts fliegt, als hätte sie keine Zeit zu verlieren. Dabei ist es nicht sonderlich wichtig, wie lange man lebt, sondern wie intensiv. Diese Erkenntnis ist nicht neu, aber in den letzten Jahren wie eine saftige Frucht in meinem Hirn gereift. Heute möchte ich sie ernten und endlich wieder intensiv an meinem eigenen Leben teilnehmen.

Ich führe meine rechte Hand ganz langsam zu meinem Fuß. Die Fesseln drücken. Sie sind etwas zu fest für meinen Geschmack. Besonders am linken Fuß, der, seitdem ich denken kann, immer ein wenig angeschwollen ist. Das muss aus der Zeit stammen, als ich noch geboxt habe. Früher hat es mich kaum gestört. Dass es mich heute nervt, muss wohl daran liegen, dass es mich an mein Alter erinnert.

Ich reibe mir dir Druckstelle am Fuß. Wenigstens das geht. Sie haben mir die Handschellen abgenommen und doch bin ich ein Gefangener. Ein Verbrecher. Und ein ziemlich guter dazu: Ich bin für einen genialen Coup gestorben und wieder auferstanden. Mir fallen außer Jesus und mir nicht viele Personen ein, die so etwas schon einmal hinbekommen haben. Ich bin Immobilienhändler, Jachtbesitzer und Modelagentur-Inhaber. Ich bin mein eigener Zwillingsbruder und Boxstallbesitzer, ich habe mehrere Villen, einen schnellen Mercedes und trage, wenn es mir dienlich erscheint, einen gekauften Baron-Titel. Ich bin alles und doch nichts. Ich habe Doktoren und Rechtsanwälte betrogen. Ich habe Ganoven übers Ohr gehauen und Dinge verkauft, die ich gar nicht besaß, in Containern, die es gar nicht gab. Ich habe jemandem aus einer unglaublich reichen Familie Diamanten verkauft, die nie geschürft wurden, und ihn in vier Jahren um etwa sechs Millionen Euro erleichtert. Ich bin ein gefangener und verurteilter Betrüger und Verbrecher, doch hier im Garten meiner Schwester breche ich heute aus.

Die Bierbankgarnitur, die Beate für diesen feierlichen Anlass – und damit ist der neue Job meines Neffen und nicht mein Ausbruch gemeint – aus dem Keller auf die Terrasse geschleppt hat, ist festlich geschmückt. Neben den Ketchup-Tuben, Senfgläsern und Bierflaschen hat sie einige Gänseblümchen in alten Blechdosen auf den Tisch gestellt. Das hat etwas so Unschuldiges, was dermaßen im Widerspruch zu meinen Plänen für diesen Tag steht, dass ich unweigerlich lächeln muss.

»Na Wappler, dir scheint's ja schon besser zu gehen«, bellt einer der zwei Polizisten, die mich auf diesem Ausflug ins beschauliche Lübeck freundlicherweise begleiten. Ein junger Bursche. Groß, kräftig und bestimmt schnell auf den Beinen. »Geht so«, antworte ich und signalisiere mit einem Kopfnicken, dass ich mich mal in Richtung Toilette aufmachen möchte. Mit einer beiläufigen Handbewegung, die wohl sein Einverständnis bedeutet, widmet er sich wieder mit ganzer Hingabe und voller Aufmerksamkeit seiner Bratwurst. »Der Magen, hmm?«, murmelt er, wobei ihm einige Bröckchen Fleisch aus dem Mund purzeln. Ich nicke und schleiche gekrümmt, wie zur Bestätigung seiner Vermutung, an ihm vorbei ins Wohnzimmer. Seit einer Woche klage ich in der Justizvollzugsanstalt Fuhlsbüttel, besser bekannt als Santa Fu, über Bauchschmerzen. Ich habe mir dort Tabletten verschreiben lassen und allen immer wieder von meinem schlechten Magen erzählt, damit mein Wegbleiben, auch wenn es ungebührlich lange ausfällt, heute niemanden überrascht.

Mit den Fesseln anständig einen Fuß vor den anderen zu kriegen ist weniger schwer, als man denken mag. Laufen läuft zwar nicht, aber gehen geht. Von der Gartentür bis zur Toilette sind es exakt sechzehn Schritte. Ich bin diesen Weg im Kopf den letzten Monat oft gegangen. Meine letzten sechzehn Schritte als Gefangener. Oder besser: meine ersten sechzehn Schritte in die Freiheit. Jetzt nichts übereilen. Ganz ruhig. Der weiche Teppich gibt bei jedem Schritt nach. Vorbei an dem Regal mit Büchern, an der schwarzen Ledercouch und dem Setzkasten, der mit beschissenem kleinen Nippes gefüllt ist: Parfümflaschen in Miniaturgröße, kleine Lokomotiven aus Messing und blaue Nilpferde aus Überraschungseiern, die Hüte in Übergröße tragen und auf einer gewaltigen Trompete spielen oder andere lustige Dinge treiben. Anscheinend fällt den Typen, die den Mist erfinden, der in die kleinen Plastik-Eier passt, nichts Besseres mehr ein. Was ist mit den Minihubschraubern, die früher drin waren? Oder den anderen Dingen, die man mit wenigen Handgriffen zusammenbauen konnte?

Ich blicke mich um und sehe durch das große Terrassenfenster die Beamten auf der Bierbank sitzen. Ich würde gerne so etwas rufen wie: »Tschüss, ihr Lutscher« oder »Wir sehen uns im nächsten Leben, ihr Penner«. Aber besser nicht, denke ich, einfach Fresse halten. Mein vorlautes Mundwerk hat mich schon in genug schwierige Situationen reingequatscht. Ich schaue dem einen Beamten direkt in die Augen. Er nickt und schiebt sich eine Gabel, auf der er geschickt einen Haufen Kartoffelsalat balanciert, in den weit geöffneten Mund. Ich verstehe das als Abschiedsgeste.

Im Badezimmer schließe ich langsam die Tür und drehe den Schlüssel um. Mit dem Rücken lasse ich mich gegen das Holz fallen. Es riecht nach Zitrone, Beate muss noch gewischt haben, als ich gerade mit den zwei Beamten auf dem Weg von Santa Fu hierher war. Von Hamburg nach Lübeck haben wir nur 45 Minuten gebraucht. Es war kaum Verkehr auf der A1, wer will auch sonst, außer zwei Beamten in Zivil und einem Betrüger in Ausbruchlaune, an einem Freitag zur Mittagszeit nach Lübeck? Der verchromte Wasserhahn glänzt im Licht der Deckenlampe. Die braunen Kacheln, der blaue Duschvorhang, der Geruch nach Zitrone und Seife: Wie schön sauber und gutbürgerlich hier alles ist. Es ist nicht so, dass ich die letzten sechs Jahre auf vieles hätte verzichten müssen – bis auf die Freiheit natürlich –, aber Sauberkeit und diesen stinknormalen, ja, biederen Firlefanz, den habe ich doch sehr vermisst. In zwei kurzen Schritten bin ich am Spiegel angelangt und schaue in ein müdes Gesicht. Mein Blick wandert von meiner Nasenspitze hinunter zu meinem Bauch. Weiter kann ich nicht sehen, aber es reicht. Alt bin ich geworden. »Mann, du bist alt geworden«, entfährt es mir, als ob meine Augen dem Hirn nicht trauen und es besser den Ohren sagen, damit die es ja nicht vergessen. Die Haare grau, unter den Augen Falten. Zugegeben, ich habe etwas zugelegt. Brust, Hüfte, irgendwie sah ich mal sportlicher aus, stand besser im Saft. Dieser verdammte Jogginganzug, denke ich. Es muss an diesem verdammten Jogginganzug liegen, dass ich so alt aussehe.

»Träumst du, oder was jetzt?« Es ist Michel. Mit einem breiten Grinsen steht er im Badezimmer. Seine Jeans hängt auf halb acht und er trägt seine Baseballkappe verkehrt herum. Mit dem Bolzenschneider, den er lässig in der linken Hand baumeln lässt, erinnert er mich an eine Comicfigur aus der Walt-Disney-Welt. »Ich dachte, die Dinger wären out«, sage ich und zeige auf seine Mütze. »Die guten Dinge sind nie out«, antwortet er, ohne auch nur eine Sekunde das Grinsen einzustellen. So, als hätte er die Antwort schon lange vorbereitet und vorsorglich in einer Hirn-Schublade gespeichert, um sie jetzt zum Besten zu geben. »War es bequem im Schrank?«, frage ich. »Ging schon.«

Ohne weitere Worte zu verschwenden, schneidet er mit wenigen geschickten Bewegungen die Kette zwischen meinen Fußfesseln durch. »Butterweich«, flüstert er und scheint über diese Tatsache selbst etwas verwundert zu sein. Er nickt, und ich nehme ihn, auch weil mir irgendwie nichts anderes einfällt, in den Arm. »Danke, alter Freund, ich stehe tief in deiner Schuld«, sage ich und merke, dass dieser Satz bedeutungsschwangerer klingt, als er eigentlich soll. Eines wollen wir hier mal nicht vergessen: Geplant und bezahlt habe ich die ganze Veranstaltung. »Jetzt raus«, sagt Michel und öffnet mit einer ruckartigen Bewegung das Badezimmerfenster. »Der Wagen steht gleich links. Geld, Anzüge und dein Gepäck, alles auf der Rücksitzbank. Der Fahrer kennt den Weg.«

Ich habe die letzten sechs Jahre eingesessen. Eigentlich fast mein ganzes Leben. Nahezu alle meine Haftstrafen bekam ich wegen Betrug und Urkundenfälschung. Heute, am 15. Oktober, hätte ich eigentlich noch zehn Tage meiner regulären Strafe vor mir, wenn ich die Zeit nicht abgearbeitet hätte. Aber ich bin dennoch kein freier Mann, im Gegenteil. Auf mich wartet die Sicherungsverwahrung, ein Nazi-Gesetz von 1933. Auf mich, einen Betrüger. Ich bin kein Mörder, der reichen Männern aus Habgier auflauert, um ihnen die Kehle durchzuschneiden. Kein Vergewaltiger, der wehrlose Frauen hinter Büsche zieht. Ich bin keiner, der gewalttätig ist. Ich bin eigentlich harmlos. Ich habe nie Geld von den Armen, den kleinen Leuten genommen oder von denen, die selbst nichts zu essen auf dem Tisch haben. Ich habe es immer nur von Menschen genommen, die gierig waren. Die Reichen. Die Superreichen. Ich bin ein Betrüger und Ganove, dazu stehe ich. Jeder ist für sein Leben verantwortlich, das hat mir schon meine Mutter eingebläut, da gibt es keine Entschuldigungen, keine Ausreden. Aber einen Betrüger womöglich für ewig wegsperren? Das kann ja nur bedeuten: In unserer Gesellschaft ist Geld mehr wert als ein Leben. Soll ich tatsächlich den Rest meiner Tage in der Sicherungsverwahrung verbringen? Ist das fair? Für mich bedeutet das ein Tod auf Raten. Eine Präventivstrafe ohne Aussicht, dass man je wieder aus dem Knast kommt. Ein »Sonderopfer« für die Allgemeinheit, so heißt es. Ein Sonderopfer. Was für eine seltsame Definition. Was für eine schräge Auffassung von Gerechtigkeit ist das eigentlich? Ein Mensch soll weiter einsitzen, obwohl er die Haftstrafe für sein Vergehen bereits abgesessen hat. Welche Willkür übt ein Staat da aus? Ohne mich.

Ich hätte jede Haftstrafe akzeptiert, auch wenn es dreißig Jahre gewesen wären. Aber möglicherweise auf ewig weggesperrt zu werden, das ist pervers, denke ich, während ich mich durch das kleine Badezimmerfenster drücke. Nicht gerade elegant, aber effektiv. Das wäre vor ein paar Jahren sicher auch leichter gegangen. Im Augenwinkel sehe ich Michel. Er führt seine rechte Hand zum Kopf, macht die Finger steif und salutiert wie ein Soldat. Alberner Kerl, denke ich und schenke ihm zum Abschied mein bestes Lächeln.

Die Fahrt zum Flughafen Lübeck nutze ich, um mich im Auto umzuziehen. Endlich wieder ein Anzug am Leib. Ich fühle mich um Jahre verjüngt. Ein Jungbrunnen aus Stoff und Garn. Kleider machen eben doch Leute und Jogginganzüge aus jungen Männern alte Kerle. Ich greife in die Brusttasche und fühle das, was mich über all die Jahre stark gemacht hat, mir immer ein gutes Gefühl gegeben hat: Geld. Sechstausend in bar sollten das sein. Genug für die erste Zeit. Ich muss daran denken, wie doof die Beamten dreinschauen werden, wenn sie nicht mich, sondern Michel im Klo vorfinden. Vorher wird er sie sicher eine halbe Stunde lang beschäftigen können – durch die dicke Badezimmertür aus Holz klingt seine Stimme wie meine. Bis dahin sollte ich am Flughafen sein. Vielleicht schon durch die Kontrollen. Sie werden Michel nichts beweisen können. Er ist routiniert im Umgang mit der Polizei. Wenn sie mich dann endgültig zur Fahndung ausrufen, Teile der Stadt sperren und die Ringfahndung einleiten, sollte ich bereits in der Luft sein, so hoffe ich zumindest. Ein internationaler Haftbefehl braucht etwa drei Stunden, bis er vom Staatsanwalt unterschrieben ist. Diesen Vorsprung werde ich nutzen.

Vor lauter Freude trommle ich mit den beiden Zeigefingern auf die Kopfstütze des Beifahrersitzes. Endlich raus. Ein Blick auf meine Uhr. Eine Rolex, die ich mir von dem ersten lukrativen Coup gegönnt habe. Als ich daran denke, muss ich laut lachen.

Ich hatte mir in den 70er-Jahren an der Hamburger Elbchaussee, einer Nobelstraße, einen Monat lang eine ziemlich protzige möblierte Villa gemietet. Dem Vermieter hatte ich erzählt, ich wäre geschäftlich in der Stadt und lebte eigentlich in Buenos Aires. Ich würde mein Geld dort mit der Rinderzucht verdienen, einige große Herden würden mir gehören. Ich zeigte ihm ein paar Fotos, die ich auf einem Flohmarkt für wenige Pfennige gekauft hatte. Als Grund meiner Deutschlandreise gab ich an, einen Deal über gewaltige Fleischlieferungen einfädeln zu wollen. Es ginge um Fast Food, ein neuer Trend aus den USA. Habe was mit einem Clown und einem goldenen M zu tun. Klang nach viel Geld, aber nicht sexy genug, dass irgendwer komische Nachfragen stellte, auf die ich vielleicht keine Antwort gehabt hätte.

»Aufregend. Wirklich aufregend«, murmelte der Vermieter. Viel aufregender fand er, ein kleiner dicker Mann mit einer roten Knollnase, einer Hornbrille und Augenringen, dass ich gleich alles in bar zahlte. Ich fischte eine dicke Rolle Geldscheine aus der Tasche und zählte den ausgemachten Betrag sehr offensichtlich vom Stapel runter. Die Gier in seinen Augen war nicht zu übersehen. Auch ein Opfer, dachte ich, aber er war es nicht, den ich übers Ohr hauen wollte. Ich brauchte nur sein Vertrauen. Und was schafft mehr Vertrauen als Geld? Natürlich mietete ich mir die Villa nicht, um darin zu wohnen, sondern um ein paar Reiche Maß zu nehmen. So nennt man es in meinen Kreisen, wenn man jemanden charmant um sein Geld bringt: Man nimmt ihn Maß.

Der Trick war eigentlich recht simpel und wurde anschließend auch von einigen meiner Kollegen durchgezogen. Man gibt also umgehend eine Anzeige auf und bietet die frisch angemietete Villa zum Verkauf. Zur Vorbereitung lässt man einige Schlüssel nachmachen und vereinbart fleißig Besichtigungstermine. Das Objekt muss so günstig sein, dass es nach einem guten Geschäft riecht, aber immer noch so teuer, dass niemand Verdacht schöpft. Ein persönliches Schicksal ist immer ein guter Grund, warum man eine solch schöne Immobilie schnell loswerden will. Frau auf und davon, Job verloren oder so etwas in der Richtung. Der Tod eines Familienangehörigen geht auch immer besonders gut. Das Mitleid der Leute hält sich doch sehr in Grenzen und ist im besten Fall geheuchelt. Der Geschäftssinn obsiegt fast immer. Die Anzeige klang also in etwa so: »Aufgrund persönlicher Umstände Luxusvilla aus der Gründerzeit günstig abzugeben. Perfekte Lage. Elbchaussee. Es eilt …« Mehr brauchte es nicht. An der Stelle konnte ich mich zurücklehnen und musste nur noch darauf warten, bis die fetten Fische anbissen. Und sie schnappten reihenweise zu. Das Telefon klingelte ohne Unterbrechung.

Am liebsten waren mir die Idioten, die gleich am Telefon so Sachen sagten wie: »Nehm' das Ding ungesehen« oder »Komme sofort«. Herrlich. Wer die Villa nun aber haben wollte, musste 4000 Mark Kaution in bar mitbringen. Sozusagen ein Vorkaufsrecht und eine Garantie für mich, dass das Gegenüber das Haus auch wirklich nimmt. Meine Ansage: »Brauch' ja was in der Hand. Nicht dass ich in Argentinien sitze und Sie mir abspringen und ich den ganzen Kasperkram hier noch einmal machen muss.« Die Antwort: »Nee, verstehe ich auch. Ganz richtig.« Die finalen Verträge würde man dann machen, wenn ich die schmerzvolle Beerdigung in Buenos Aires über die Bühne gebracht hätte. So erhielt der neue Besitzer die nachgemachten Schlüssel, eine völlig wertlose Quittung, einen Händedruck und die Sicherheit, dass er mich nie wiedersehen würde. An nur zwei guten Tagen hatte ich die Villa öfter verkauft, als ich Schlüssel nachgemacht hatte. Und wenn die Leute sagten, sie hätten jetzt gerade so viel Geld nicht zur Hand, tat ich so, als wären mir ihre paar Piss-Kröten völlig egal. »Dann gebe ich das Haus jemand anderem, auch kein Problem. Ich muss mich aber schon fragen, warum Sie hier meine Zeit verschwenden«, sagte ich dann gerne. »Ähhh, ja«, war dann oft die Antwort. Je mehr man den Eindruck erweckt, dass einem Geld nicht viel mehr als ein lästiges Übel ist, desto schneller sind die Leute bei der Bank. Diesem Phänomen bin ich in meiner Gaunerkarriere immer wieder begegnet. Menschen schalten ihr Gehirn aus, wenn sie glauben, durch eine glückliche Fügung, in diesem Fall das Unglück eines Fremden, ein gutes Geschäft machen zu können.

Wenn ich solche Geschichten heute Leuten erzähle, die nichts mit der Branche zu tun haben, sagen die: »Wie kann man denn auf so etwas reinfallen ...« oder »Das würde heute aber auf keinen Fall mehr funktionieren«. Klar, aus der Ferne lässt sich das leicht sagen. Bei gemeinsamen Günther-Jauch-Fernsehabenden weiß ja auch jeder die Antworten – direkt von der Couch zur 1-Million-Euro-Frage. Jeder behauptet, er würde das mit links machen. Bis man selbst an der Reihe ist und wirklich auf dem Stuhl sitzt. Da scheitern noch ganz andere. Eine außergewöhnliche Situation und die Angst, eine einmalige Chance zu verpassen, macht aus besonnenen Menschen hirnlose Opfer. Wenn man eine solche Atmosphäre schaffen kann, lässt sich jeder sauber Maß nehmen, da bin ich sicher, und der Großteil würde es nicht einmal merken.

Beate Petermann geb. Steinbach, Halbschwester von Mike

Ich kann mich noch sehr gut daran erinnern, wie wir als Kinder, Mike, ich und unser Bruder Gandhi, in Lübeck auf dem Gelände, wo unser Wohnwagen stand, herumtollten. So sind wir aufgewachsen: in einem riesigen Wohnwagen auf einem Gelände für Zigeuner. Wenn ich mich richtig erinnere, waren da auch ein paar Deutsche zwischen. Nicht viele, aber ein paar. Einige von ihnen haben in der großen Fabrik gearbeitet, gegenüber von unserem Platz. Die Fabrik gibt es heute noch, die bauen Maschinen, um Fischen die Köpfe abzuhacken. Dazwischen lagen ein paar Bahngleise, ein kleiner Fluss und ein Industriegebiet. Den Schraubenkönig gab es damals da. Ich glaub, den gibt's heute nicht mehr. Heute ist da irgendein Burger-Laden. Auch die Zigeuner sind weg. Eine leere Wiese ist da jetzt noch. Hat keiner was hingebaut. Warum auch, ist ja ziemlich ab vom Schuss, da draußen. Der Stadtteil heißt Moisling. Weiß ich alles noch so genau, weil ich ja nie richtig aus Lübeck rausgekommen bin. Warum auch? Ist ja alles hier. Es war eine schöne Zeit, wirklich. Bis zu dem Tag, als Mikey in die Schule kam. Es gibt ein tolles Foto von ihm, stolz wie Oskar mit seinem ersten Anzug und einer riesigen Schultüte, die er mit beiden Händen festhalten musste, damit er sie überhaupt tragen konnte. Unser Vater hat das Bild gemacht. Ich weiß noch, wie sehr sich Mikey auf die Schule gefreut hat. Ich bin ja fünf Jahre älter, kann mich also ganz gut an alles erinnern. Doch schon am ersten Tag in der Schule ging es los. Dreckiges Zigeunerkind. Dreckiges Zigeunerkind haben sie immer gerufen. Als ob das nicht reichen würde, kam noch seine Lese- und Rechtschreib-Schwäche hinzu. Ich weiß nicht, ob vieles nicht vielleicht ganz anders gekommen wäre, wenn die Mitschüler nicht so gemein zu ihm gewesen wären. Kinder können eben grausam sein. Wie dem auch sei, Mikey konnte keinen Satz schreiben. Schon die erste Klasse hat er nicht geschafft. Irgendwann bekam unsere Mutter Besuch von Mikeys Lehrerin. Frau Hildebrand hieß die. Die guckte ganz schön blöd aus der Wäsche, als sie mit ihrem Stiftrock und den Stöckelschuhen aufs Gelände wackelte. Das Umfeld passte sicher ganz gut in das Bild, das sie sich von uns Zigeunern gemacht hatte. »Sie müssen sich darüber im Klaren sein, dass es für Mike das Beste ist, gleich auf die Sonderschule zu gehen«, sagte Frau Hildebrand.

Sonderschule, so ein Blödsinn. Dort wurde es dann natürlich auch nicht besser. Im Gegenteil, Mikey verhielt sich immer auffälliger: Raufereien auf dem Schulhof, er beschimpfte seine

Lehrerin als »Nazi-Sau« und blieb dem Unterricht immer öfter fern. Besonders die Anfeindungen der Mitschüler waren für unsere Mutter schwer zu ertragen, hat sie doch selbst das Nazi-Regime in Auschwitz nur knapp überlebt. Sie Jüdin, unser Vater Zigeuner. Ab der zweiten Klasse ging Mikey gar nicht mehr zur Schule. »Ich hab keinen Bock mehr«, hat er immer gesagt. Da konnten auch die zwei Nachhilfelehrer nicht mehr viel dran ändern. Der eine hat die Buchstaben gesungen, den hat unser Vater gleich an die Luft gesetzt, und der andere hat freiwillig das Handtuch geworfen. War wohl auch 'ne Pfeife. So genau weiß ich das nicht mehr.

Mit acht Jahren hat mein Bruder das Lernen schließlich vollends eingestellt. Zumindest die Art von Wissen, die sie einem in der Schule beibringen wollen. Bis heute glaubt er, dass man ihm, als einzigem Zigeunerkind in der Klasse, keine richtige Chance gegeben hat. Kann sein, dass er damit recht hat, oder? Heute schickt man schwer erziehbare Kinder in irgendwelche Feriencamps oder in die Südsee zum Korallenriff-Aufräumen. Mikey hat man auf die Straße geschickt, ohne eine Chance, ohne eine Perspektive.

Er zog dann mit unserem Vater los, verkaufte Teppiche und kaufte irgendwelche Antiquitäten an. Ich hab davon keine Ahnung. Solche Geschäfte waren in unserer Familie immer Männersache. Irgendwann kamen dann das Box-Training und die ersten krummen Dinger. Ich erinnere mich noch, als die Polizei ihn das erste Mal mitnahm. Ich glaube, Mikey war gerade vierzehn oder fünfzehn Jahre alt. »Ich bin unschuldig!«, hat er immer gerufen, »ich bin unschuldig!«.

Wir haben noch fünfzehn Minuten Fahrt, ich schaue immer wieder auf meine Uhr. »Und?«, frage ich nach vorne. »Glaubst du, die Bullen haben schon was gemerkt?« »Bis die es merken, bist du schon in der Luft«, sagt Lasse. Auch seine Hilfe geht auf einen Gefallen zurück, den er mir schuldete und der mich dennoch, jetzt wo ich ihn einlöse, 1000 Euro kostet. In manchen Kreisen sind fast alle Dinge mit Geld zu regeln.

Lasse weiß nur, dass ich zum Flughafen will, mehr weiß er nicht. Niemand weiß mehr, als er wissen muss. Je weniger die Menschen wissen, desto weniger können sie später unter Druck aussagen. Nur die Person, die mir das Ticket besorgt hat, weiß, wo die Reise hingeht – denn irgendwem muss man ja leider vertrauen. Wobei ich grundsätzlich davon abraten würde.

Der Flughafen Lübeck ist überschaubar. Klein, aber durch seine Bedeutungslosigkeit irgendwie liebenswert. Für mich ist er besonders interessant, da Flüge von Provinzflughäfen ins europäische Ausland oft ohne Ausweiskontrolle zu schaffen sind. Selbst nach 9/11 düsen täglich unzählige Menschen, ohne je nach ihrem Ausweis gefragt worden zu sein, von A nach B. Ich kann jedem empfehlen, das mal auszuprobieren. Einfach den Personalausweis nicht automatisch vorzeigen – es ist erstaunlich einfach. Der Rest ist Pech. Ich muss auf mein Glück vertrauen.

Im Gebäude gibt es fünf Check-in-Schalter, ein Reisebüro, einen Kiosk und ein Restaurant mit dem einfallsreichen Namen »Welcome«. Ich besorge mir eine Packung Kaugummis und eine Zeitung in dem kleinen Kiosk. Dass ich nicht lesen kann, spielt dabei keine Rolle, ich brauche die Zeitung als Sichtschutz. Eine große Sonnenbrille wäre Quatsch, die würde ja geradezu nach Aufmerksamkeit schreien. Man muss auf der Flucht eins werden mit der Masse.

Nur nicht mehr Aufmerksamkeit erregen als unbedingt nötig. Langsam gehen und Blickkontakt meiden. Das sind alles Personen, die einen später wiedererkennen und identifizieren könnten. Obwohl es erstaunlich ist, wie schlecht sich Menschen andere Menschen merken können, muss ich auf Nummer sicher gehen. Oft verwechselt man mich zum Glück ohnehin mit einem Schauspieler oder einem anderen Prominenten, und das, obwohl meine Fotos in Zeitungen nicht selten im Zusammenhang mit Straftaten stehen. Aber das scheint alles im Hirn zu einem gewaltigen Brei vermischt zu werden und heraus kommt: der Schauspieler Mike Wappler. Die Leute sehen so oder so nur das, was sie sehen wollen.

Die Maschine nach Amsterdam startet laut Anzeigentafel pünktlich. »Schulz. Nach Amsterdam«, sage ich und schiebe mein Ticket, das der Freund im Reisebüro mit Bargeld gezahlt hat, über den Check-in-Counter. Die überaus unfreundliche Mitarbeiterin schaut mich kaum an und bringt, außer einem Brummeln, keinen verständlichen Satz heraus. Überstunden, schlechte Bezahlung, ein nerviger Vorgesetzter, Probleme zu Hause, Mann weggelaufen, Kind schlecht in der Schule: alles Umstände, die mir das Leben als Ganove leichter machen. Aber verlassen darf man sich auf solch glückliche Umstände nicht. Daher habe ich vorgesorgt. Als ich am Check-in meinen Koffer auf das Beförderungsband stelle, um ihn wiegen zu lassen, reißt sich ein kleiner Junge von der Hand seines Vaters los und rennt durch die Wartehalle auf mich zu. Er sieht niedlich aus: Latzhose, gelbe Turnschuhe und ein buntes T-Shirt. »Onkel, Onkel«, ruft er. Mit großen Augen steht er plötzlich neben mir, zieht an meinem Sakko-Ärmel und hält mir einen Stift und einen Zettel hin. »Onkel, bekomme ich ein Autogramm?« Die Dame am Counter blickt zum ersten Mal richtig auf und schaut mich an. Prominenz in Lübeck? »Selbstverständlich«, sage ich, gehe auf die Knie, streiche dem Kleinen zweimal über den Kopf und schmiere irgendetwas auf den Zettel. Strahlend, als hätte ihm jemand gesagt, er müsse nie wieder Spinat essen und dürfe für immer so lange aufbleiben, wie er möchte, läuft er wieder zu seinem Vater.

Die Mitarbeiterin der Fluggesellschaft schaut mich an und versucht, in mir ein bekanntes Gesicht zu entdecken. Zwecklos. Sie gibt mir das Ticket zurück, kreist mit einem Stift die Boarding-Zeit ein und sagt: »Jetzt aber schnell, Herr Schulz.« Darauf, du alte Pute, kannst du dich verlassen, denke ich. »Vielen Dank«, sage ich und spendiere ihr ein breites Lächeln.

Die Show hat mich weitere 1000 Euro gekostet, doch sie war jeden Cent wert. Nach meinem Ausweis hat sie nämlich nicht gefragt. Ich habe die Nummer schon einmal durchgezogen. Bei meiner ersten Flucht vor etwa zwanzig Jahren. Schön, dass manche Klassiker immer noch funktionieren.

Die Kontrollen durchschreite ich ebenso schnell: Gürtel ab, Schuhe aus, und kein Mensch will einen Ausweis von mir sehen. Mit großen Schritten passiere ich die Wartehalle und gehe zu meinem Abflug-Gate. Ich werde bereits ausgerufen. Der Rest ist Routine. Rein in den Bus, ab zum Rollfeld. Als die Flugzeugtür mit einem schmatzenden Geräusch luftdicht verschlossen wird, die Stewardess die Vorbereitungen für den Start trifft, da kommt zum ersten Mal ein Gefühl von Freiheit in mir auf. Mit trüben Augen sehe ich noch, wie die Stewardess mit ihren Armen fuchtelt, um auf die Notausgänge aufmerksam zu machen. Ich schließe die Augen und frage mich, wie vielen Menschen das Wissen um den richtigen Notausgang schon das Leben gerettet hat. Nach einer gefühlten Unendlichkeit, die ich bereits wach bin, übermannt mich der Schlaf.

Erst als die Stewardess mir ihren Getränkewagen gegen das Knie rammt, wache ich auf. »Verzeihung«, sagt sie. Zu einem Lächeln kann ich mich nicht durchringen. Ich bestelle eine Cola Light, der Affe neben mir einen Tomatensaft. Wie viele Tomaten braucht man wohl, um ein Glas Saft aus ihnen zu machen? Ich bin mir sicher, dass man ohne die Fliegerei die Hälfte der holländischen Gewächshäuser abreißen könnte. Keine Sau will auf Meeresspiegelniveau Tomatensaft trinken.

Butterweich setzt der Flieger auf der Landebahn in Amsterdam Shiphol auf. Es ist ein unsäglich langgezogener Flughafen. Vom Gate bis zum Gepäckband scheint man Stunden unterwegs zu sein. Nachdem ich völlig unbehelligt den Zoll passiert habe, winke ich mir ein Taxi herbei. Der Fahrer, ein kräftiger Schwarzer mit einer schmalen Nase und aufwendig geflochtenem Haupthaar, spricht ein paar Brocken Deutsch. Es riecht nach Cannabis, es könnte aber auch die kaputte Lüftung sein. Ich frage ihn nach einem Hotel. Er schlägt das Hilton vor.

»Fuffteen Minutes«, sagt er. »Fuffteen. Fuffteen.« Da ich annehme, dass er eine Viertelstunde Fahrt meint, nicke ich und klopfe ihm von der hinteren Sitzbank freundschaftlich auf die Schulter, ein internationales Zeichen für: super Junge, ab dafür. Ein Hotel ist so gut wie das andere, denke ich. Hauptsache groß und unpersönlich. Morgen will ich weiter. Ich muss in ein Land, das mich nicht ausweist und als politischen Gefangenen betrachtet. Ich muss in ein Land, das die Sicherungsverwahrung nicht kennt und daher nicht vollstreckt.

Beate Petermann geb. Steinbach, Halbschwester von Mike

»Wo ist er hin?«, hat der ältere von den beiden Polizeibeamten ständig gebrüllt. Manchmal auch einfach so, ohne jemanden direkt anzusprechen. Vor lauter Aufregung vibrierte sein Oberlippenbart ganz komisch, das weiß ich noch, weil es so albern aussah. An die Feier für meinen Sohn hat nach Mikeys Flucht natürlich keiner mehr gedacht, dabei war alles so schön vorbereitet und eingedeckt.
Auf der Straße, einer verkehrsberuhigten Zone, hatte die Polizei so etwas wie eine Wagenburg gebaut. So schnell konnte ich gar nicht gucken, da waren vier weitere Streifenwagen da. Mit dünnen, rot-weißen Plastikbändern, die genauso aufgeregt im Wind flatterten wie die Cops hin und her liefen, haben sie den Zugang zum Haus gesperrt. Die Nachbarn standen wie bunte Perlen aufgereiht an diesem Plastikband. Als ob es etwas von dem zu sehen gäbe, was sie einem im Fernsehen immer zeigen. Doch sie warteten vergeblich. Offenbar, um der Ereignislosigkeit vor dem Haus endlich ein Ende zu setzen, rief eine ältere Dame mit einem ständig kläffenden Rauhaardackel: »Da! Im Kanal, da schwimmt was.« Die Polizisten hatten auch Hunde mitgebracht, die sich als außerordentlich gute Schwimmer erwiesen. Doch außer einer blauen Mülltüte fanden sie nichts. Das wäre auch nicht Mikeys Stil, sich wie eine Ratte durch den Kanal zu verdrücken.
Ich wusste wirklich nicht, wo er ist. Mein Bruder durfte damals hierherkommen, weil ich wegen meiner Rückenbeschwerden nicht die Möglichkeit hatte, nach Santa Fu zu fahren. Bin ja echt schlecht zu Fuß. Die Schmerzen bringen mich noch irgendwann um. Wenn ich länger als 15 Minuten auf den Beinen bin,

geht es los. Mit einem Attest und einer Sondergenehmigung wurde er, immer in Begleitung von zwei Polizisten, alle drei Monate einmal nach Lübeck gefahren. Oft hat Mike dann davon gesprochen, was er noch alles erreichen will. Dass er ein guter Vater für seine Kinder sein möchte und dass endlich Schluss sein soll mit den ganzen Betrügereien.

Wir haben auch oft über unseren Vater gesprochen, zu dem er eine ganz außergewöhnliche Beziehung hatte. Diese gemeinsamen Ausfahrten mit ihm waren für Mike etwas Besonderes. Immerhin haben die zwei, als Mikey nicht mehr zur Schule ging, viel Zeit miteinander verbracht. Sie sind ja jeden Tag umhergefahren. Die Geschäfte und so. Von ihm hatte er ja die ersten Kniffe gelernt, und sein Tod vor zwei Jahren hat Mikey ziemlich umgehauen. Die beiden Beamten, die ihn damals begleitet haben, mussten ihn bei der Trauerfeier stützen. Er hat ja bei beiden Beerdigungen im Gefängnis gesessen. Beim Tod unserer Mutter, und auch als Vater starb.

Ich zahle das Taxi bar, brummle einige Worte zum Abschied und gehe, bewaffnet mit einem RTL-Presseausweis, den ein Freund von mir mal auf schrägen Wegen besorgt und für seine Zwecke umgebastelt hat, schnurstracks zur Rezeption. Es ist möglich, dass mein Fahndungsfoto auch schon in den holländischen Nachrichten zu sehen ist, ich muss also vorsichtig sein. Die Adresse auf dem Ausweis gibt es wirklich, nur der Name neben meinem Foto ist erfunden: Peter Schulz. Wie bescheuert. Hätte man auch gleich Max Mustermann draufschreiben können. Jetzt ist es aber zu spät, sich darüber aufzuregen. Andererseits wirkt es so einfallslos, sich einen solch banalen Namen auszudenken – da muss ja jeder davon ausgehen, dass der Ausweis echt ist. So weit meine Theorie.

An der Rezeption angekommen, lege ich meinen Ausweis und die Sonnenbrille, die ich die ganze Zeit auf der Nase hatte, auf den Tisch. »Guten Tag, Schulz von RTL Deutschland. Ich mache eine Geschichte über Holland und brauche für eine Nacht ein Zimmer.« Das junge Mädchen blickt von ihren Unterlagen auf, schaut auf den Ausweis und nickt freundlich. Selbst für mich ist es in solchen Momenten immer wieder überraschend, wie viel Eindruck die Presse macht. Zumindest auf Menschen, die damit nichts zu tun haben. »Sie haben nicht reserviert? Mmmm, verstehe, ich werde gleich mal nachsehen, was ich für Sie tun kann.« Sie wühlt in dem Reservierungscomputer. »Um was für eine Geschichte geht es denn, wenn ich so unverschämt fragen darf?« Ihr Deutsch ist mit einem holländischen Akzent gefärbt. »Über die schönen Kanäle und das süße Leben auf den Hausbooten. Und vielleicht über Sie und ihr bezauberndes Lächeln. Wie heißen Sie?« Sie tippt auf ihr kleines Blechschild an der Brust und kichert verlegen. »Mona«, sagt sie. »Ich heiße Mona.« Mona sucht in ihrem Reservierungsprogramm weiter nach einem Zimmer für mich. Tipp. Tipp tipp. Tipp. Ihre langen Finger fliegen über die Tastatur. Bis auf ihre Hände scheint sich ihr Körper nicht zu bewegen. Einzig ihre Brüste, die von einem strengen Hotelkostüm halbwegs im Griff gehalten werden, bewegen sich im Rhythmus ihrer Schlagzahl.

Sie riecht nach Gucci Rush. Ich mag den Duft. Tipp. Tipp tipp. Tipp. Gerne würde ich sie fragen, ob sie später noch einen Drink mit mir nimmt, oder ob sie gleich mit aufs Zimmer kommen will, aber Aufmerksamkeit, welcher Natur auch immer, kann ich derzeit gar nicht gebrauchen. Tipp. Tipp tipp. Tock. »Wir haben ein internationales Radrennen in der Stadt und sind fast ausgebucht. Die Zimmer sind sehr teuer«, sagt sie. »Macht nichts«, sage ich, »der Sender wird es verkraften.«

Für 398 Euro bekomme ich den Raum mit der Nummer 156. »Meine Glückszahl«, sage ich. Wieder kichert sie und schiebt mir eine elektronische Zimmerkarte rüber. Ich nehme die Karte entgegen und berühre dabei ihre Hand. Einen kleinen, aber feinen Moment zu lange. Sie schaut mich schockiert an. »Danke«, stammele ich, greife meinen Koffer und eile zum Fahrstuhl. Du dummer Idiot, denke ich, als sich die Fahrstuhltür endlich hinter mir schließt. Den richtigen Umgang mit den Frauen verlernt man im Knast ziemlich schnell.

Erster Stock. Hervorragend. Im Notfall kann man durch das Fenster noch abhauen. Blauer Teppich, lange Gänge, viele Türen. Wer oft in solchen Häusern absteigt, hat das Gefühl, nie den Ort zu verlassen, sieht doch von Mailand bis Moskau jedes Haus gleich aus. Im Gang riecht es muffig. So wie Winterklamotten, die man mit dem ersten Nachtfrost aus dem Keller holt, nachdem sie ein Jahr dort gelegen haben.

Ich bin zum Umfallen müde. Aber ich muss in Bewegung bleiben. Wenn sie einen packen, dann meist im Hotel. So viel ist mir klar. Außerdem fühle ich mich in dem Zimmer wieder wie eingesperrt. Jahrelang habe ich in einem solchen Zimmer – wenngleich nicht so feudal, zugegeben – meine Zeit abgesessen. Ich nehme die Zahnbürste und das restliche Bargeld aus meinem Koffer, lege ihn aufs Bett und verschwinde durch die Seitentür der Hotelbar im Trubel der Stadt. Komisch, irgendwie kam mir das Gesicht des Typen an der Bar bekannt vor. Saß er vorhin mit mir im Flieger? Habe ich ihn am Flughafen gesehen? Oder werde ich langsam verrückt?

Stunden laufe ich in der Innenstadt auf und ab. Immer ein Blick über die Schulter. Nutze die Schaufenster als Spiegel und schaue, ob mich vielleicht jemand verfolgt. Die flüchtigen Blicke der Passanten brennen auf der Haut. Ich lasse mich mit einem Taxi ins

Rotlichtmilieu von Amsterdam fahren. Da guckt erfahrungsgemäß jeder auf den Boden. Bis auf die Touristen, die mit Kameras um den Hals durch die Nebenstraßen ziehen, in der Hoffnung, den Schnappschuss einer Nutte mit nach Hause nehmen zu können. Manchmal bewundere ich die Naivität der Menschen.

Auf meiner kurzen Fahrt mit dem Taxi erfahre ich völlig ungefragt, dass ich in einem sehr berühmten Haus abgestiegen bin. Als im Jahr 1969 in Vietnam der Krieg tobte und sich der Norden und der Süden gegenseitig zerlegten, legten sich zwei Prominente für eine Woche ins Bett und versuchten, den Weltfrieden herbeizuschlafen. Es waren John Lennon und Yoko Ono. Das Foto ist weltberühmt, sagt der Taxifahrer. Die beiden liegen im Bett, und an der Fensterscheibe kleben zwei handgeschriebene Zettel, »Hair Peace« und »Bed Peace« steht drauf. Das alles spielte sich im Zimmer mit der Nummer 702 ab. In meinem Hotel. Zumindest erzählt mir das der dicke Taxifahrer, der nach altem Schweiß und frischem Frittenfett stinkt. Er spricht gutes Deutsch, hat in Stuttgart studiert, wie ich auch noch erfahre. »John Lennon war schwul und Yoko Ono ist eine Hexe«, sage ich. Nicht, dass ich das wirklich denke, aber irgendwie hatte ich zu diesem Thema nichts anderes beizutragen, wollte aber etwas sagen, das für Stille sorgt, wenn ich schon nichts gegen seinen Geruch unternehmen kann. Ich verabscheue dreckige Menschen. Als hätte ich dem Fahrer gesagt: »Mein Bester, Sie stinken erbärmlich, und ich möchte Sie freundlichst bitten, mich nicht mehr vollzuquatschen, sonst muss ich Ihnen gehörig die Fresse polieren«, sagt er nichts mehr.

Als ich das Bordell in der Nähe der Spuistraat verlasse, ist die Sonne bereits untergegangen und die Nacht hat ihren dunklen Mantel über Amsterdam gebreitet. Ein Taxi bringt mich zurück in meinen selbstgewählten Hilton-Knast. Ich nehme wieder den Eingang zur Hotelbar, um zum Aufzug zu gelangen. Mit weichen Schritten gehe ich über den Teppich. Vorbei an den Barhockern und an den kleinen Schälchen mit Erdnüssen, die angeblich so viele Bakterien enthalten, dass man auch gleich die Getränke in der Kloschüssel servieren könnte. Vorbei an den Prostituierten, die so tun, als seien sie ... ja, was eigentlich? Geschäftsfrauen? Vorbei an diesem Typen, den ich vorhin bereits gesehen habe. Verdammt, der sitzt da immer noch. Da stimmt doch was nicht.

Wenn das ein Polizist ist, dann ist er auffällig gut gekleidet. Ein schwarzer Anzug, sicher nicht von der Stange, und eine Krawatte aus Seide, die er nicht einen Millimeter gelockert hat. Er trägt rahmengenähte Lederschuhe und hat die Beine übereinandergeschlagen. Eine etwas zu schwule Sitzhaltung für meinen Geschmack. Ich mache kehrt und stelle mich an den Tresen. Er schaut mich an. Ich schaue weg. Verdammter Mistbulle, denke ich. Alleine wird er kaum sein.

Wenn ich jetzt aufs Zimmer gehe, schnappt die Falle zu, da bin ich mir sicher. Smarter komme ich noch hier aus der Bar raus. Also, wieder zurück zur Tür und dann laufen, so schnell die alten Beine tragen. Der Gedanke daran, dass ich mir keinen Fluchtweg für diesen Fall ausgeguckt habe, macht mich schlagartig unendlich müde. Ich bin ein verdammter Idiot. Wie konnten die mich so schnell finden? Wo habe ich die Spuren hinterlassen, die mich nun verraten haben? Schon in Lübeck oder erst hier in Amsterdam? Wahrscheinlich hat mich der fette Taxifahrer auflaufen lassen, weil ich seinen trinkgeldförderlichen Geschichten nicht mit dem nötigen Respekt gelauscht habe. Eigentlich ist es egal, wo ich mich verraten habe. Eine Chance auf Wiedergutmachung werde ich wohl kaum bekommen.

Langsam gehe ich am Holztresen entlang, als würde ich mir die Flaschen im Regal anschauen. Meine rechte Hand lasse ich dabei über die Sitzflächen der Barhocker gleiten. Sollte der Zugriff erfolgen, schmeiße ich den Jungs einen der Hocker zwischen die Beine. So leicht mache ich euch das nicht. Mit Bedacht schleiche ich um den Tresen, bis ich den Ausgang im Rücken habe. Acht Leute in der Bar habe ich gezählt – mit Zahlen, anders als mit Buchstaben, kann ich's ziemlich gut. Keine Person in der Lobby, zumindest nicht in dem Bereich, den ich von hier einsehen kann. Ich winke den Barkeeper ran. »Eine Cola Light für mich, bitte, und ich würde gerne dem Herrn am Tisch dort drüben einen Drink ausgeben. Geben Sie ihm das, was er die ganze Zeit trinkt«, sage ich und nicke nach rechts.

Ohne ein Wort zu verlieren, stellt der Barkeeper die Flasche Cola Light auf einen Papierunterleger und schiebt sie mit spitzem Zeige- und Mittelfinger rüber. Dann nimmt er eine der kleinen Schalen vom Nachbarplatz und füllt sie wieder mit Erdnüssen auf. Dicke kühle Tropfen laufen den Flaschenhals hinunter. Die Scheißnüsse kannst du behalten, denke ich. Diese salzigen Bakterien-Bomben. Das Papieretikett der Flasche hat sich durch die Feuchtigkeit einseitig gelöst und hängt lieblos herunter. Sieht traurig aus. Aus den Lautsprecherboxen an der Decke singt Sade die Geschichte ihres Smooth Operator. Alles scheint für einen Zugriff passend zu sein. Würde ich einen Film drehen, sollte diese Szene genau so aussehen. Gut gegen Böse. Das Finale in Amsterdam. Endet das Katz-und-Maus-Spiel bereits hier? Haudrauf im Hilton? Ich schaue zu dem Typen rüber, und er lächelt dreist aus seinem Anzug heraus. Mistkerl.

»Wodka«, sagt der Barkeeper. »Er trinkt seit Stunden Wodka und Wasser.« Danke. Ich schließe die Augen. Danke. Kein Polizist trinkt Alkohol während der Observation. Ich atme ganz tief ein und lasse die Luft aus meinen Lungen, was für eine Befreiung. »Danke.« Ich reiche 30 Euro über den Tresen, bestelle einen Wodka für meinen unbekannten neuen Freund und verlasse, bevor er zuprosten kann, die Hotelbar in Richtung meines Zimmers. Bevor ich den Raum aufschließe, mache ich zur Sicherheit noch eine Runde durch den Flur. Einmal im Kreis, vom Fahrstuhl aus wieder zum Fahrstuhl zurück, und riskiere einen Blick ins Treppenhaus. Kein Mensch treibt sich auf den Gängen herum, es ist still, als wäre ich alleine in dem ganzen gewaltigen Kasten aus Beton.

Ich liege auf dem Bett. Bin wach, bleibe wach. Ich kann nicht schlafen. Drehe mich von der linken auf die rechte Seite, um dann doch auf dem Rücken zu enden. Ich starre zur Zimmerdecke. Zum ersten Mal seit langem fühle ich mich verdammt alleine. So alleine, dass mir fast schlecht wird. Ich will keine Geräusche machen, keine Aufmerksamkeit auf mich ziehen. Selbst meine eigenen Atemzüge kommen mir jetzt zu laut vor. Ich kann niemanden anrufen, mit keiner Person sprechen. Ich habe das Gefühl, als ob die Wände immer näher an mein Bett rücken. Mit jedem Augenblick haben sie sich ein Stück weiter herangestohlen, um mich endgültig zu erdrücken. Ich möchte schreien, strampeln, irgendetwas tun. Doch ich bleibe liegen und starre an die Decke. Eine Flucht hat nichts Romantisches. Die Anspannung macht einen auf Dauer fertig. Der Mensch ist ein Tier, das Sicherheit braucht. So schlimm ein Gefängnis auch ist, es ist aber eine berechenbare Konstante. Man weiß ziemlich genau, was auf einen zukommt. Die Ungewissheit hier im Hotelbett macht einen mürbe. Man sieht es oft vor Gericht. In der Verhandlung sind die Gefangenen angespannt, aggressiv, sehen fertig aus, wie ein Löwe in einem viel zu kleinen Käfig. Aber in dem Moment, in dem der Richter das Urteil verkündet – egal, wie es ausfällt –, nehmen sie es hin und werden ruhiger. Sie entspannen sich. Nicht aus Verzweiflung, nein, weil sie endlich eine Gewissheit haben. Egal welche.

Das Tapetenmuster besteht aus Strichen, die wie Gitterstäbe angeordnet sind. Das nennt man wohl Ironie des Schicksals. Ich lasse eine kleine Nachttischleuchte brennen. Die Außenbeleuchtung des Hoteleingangs wirft zusätzlich einen hellen Streifen Licht durch die Gardinen in mein Zimmer. Ich bin angezogen, immer bereit, abzuhauen. Sollten sie jetzt durch die Tür kommen, bleibt eh nur das Fenster. Dann raus aufs Vordach und ab durch die Mitte. Meine Krawatte habe ich etwas gelockert, der Koffer ist gepackt. Ich warte, bis der Morgen kommt und meine Flucht endlich weitergeht. Meine Augen brennen, Portugal wartet.

Plötzlich wird der Lichtkegel unter dem Türschlitz durchbrochen. Jemand ist auf dem Flur. Ich rolle mich seitlich aus dem Bett, schiebe langsam den Vorhang zur Seite und öffne leise das Fenster. Vor dem Hotel ist alles ruhig. Ich kann den Nachtwächter von oben sehen. Neben ihm steht ein Typ und raucht eine Zigarre. Sie reden leise und scheinen sich nicht für mein Fenster zu interessieren. Oder sie sind gute Schauspieler. Auf Zehenspitzen schleiche ich zur Zimmertür und schaue durch den Türspion. Nichts. Ich muss vorsichtig sein, wenn sie die Tür aufbrechen, haut es mich mit um. Ich lege mein Ohr an das dünne Holz. Ich kann die Schritte hören, wie sie leiser werden. Gelächter, ein betrunkenes Pärchen. Er zotig, sie zustimmend albern. Eine Tür fällt mit einem lauten Knall ins Schloss. Stille. Wieder alles so still. Ich lasse das Fenster weit offen, decke mich zu und schließe die Augen. Ich falle in einen unruhigen Schlaf.

Die Telefonzentrale des Hotels weckt mich um 7 Uhr aus einem traumlosen Schlaf. »Guten Morgen, hier spricht die Rezeption. Ich hoffe, Sie haben …« Ich lege den Hörer wieder auf den dafür vorgesehenen Platz, bevor der gut gelaunte Mitarbeiter seinen Text zu Ende aufsagen kann. Viel mehr als eine Stunde habe ich nicht geschlafen. Als ich versuche, mich aus den Laken zu schälen, merke ich, wie mir die Gelenke schmerzen – mir brennen die Muskeln, die Zahnhälse, die Haarwurzeln. Der Kopf liegt so schwer im Kissen, dass ich befürchte, ihn heute gar nicht mehr heben zu können. Im Zimmer ist es arschkalt. Eigentlich tut mir alles weh. Ich fühle mich wie nach einem Boxkampf über zwölf Runden. Und ich weiß, wie es sich anfühlt, wenn man im Ring ausgiebig verprügelt wird.

Hanni Stahlbaum stand in diesen Momenten immer an meiner Seite. Egal wie hart die Einschläge kamen, auf meinen damaligen Trainer konnte ich mich verlassen. Er hat mir das Boxen beigebracht. Aber er hat noch viel mehr gemacht: Er hat mich Respekt gelehrt. Vor mir selbst und besonders vor meinen Gegnern. Eine Erfahrung, die mir in meinem Leben mehr als einmal den Hals retten sollte. »Ohne Respekt bist du in dieser Welt ein Niemand«, sagte Hanni immer. Er war kein Mann der vielen Worte, oft waren es die gleichen. Nur Taten hatten bei ihm Gewicht. »Sie sind einfach lauter als Wörter«, sagte er. Ich habe lange nicht verstanden, was er damit meinte. Heute verwende ich den Spruch auch gerne, es steckt viel Wahrheit drin. Das Maul aufreißen kann jeder. Am Handeln scheitert es oft. Andauernd hört man diese Sätze wie: Ich wollte eigentlich weniger trinken. Oder: Ab morgen höre ich auf zu rauchen. Oder: Nächste Woche frage ich den Chef endlich nach einer Gehaltserhöhung. Hanni verachtete Menschen, die zu viel redeten. Deshalb ist er wohl auch zum Boxen gekommen. Da gibt es vorher keine Ausreden und nachher auch nicht. Den Ring verlässt am Ende nur derjenige aufrecht, der gehandelt hat.

Hanni machte aus mir einen Rechtsausleger mit einem kraftvollen Leberhaken, der einen Ochsen umwerfen konnte. Mit zwölf Jahren formte er mich zum Bezirksmeister in meiner Altersklasse. Anschließend wurde ich Landesmeister im Halbweltergewicht. Eine Klasse, in der bis zu 63 Kilo geboxt wird. Mit der Volljährigkeit wurde ich Deutscher Meister der Junioren. Ein Amateurkampf über drei Runden gegen einen Typen namens Bellmann aus Kiel. Ein zäher Bursche mit echten Nehmerqualitäten. Eine Gerade und ein Leberhaken und dann wieder eine Gerade. Nicht ganz fair und nicht ganz fein – aber weil die Leber nicht unterhalb der Gürtellinie liegt, ist der Leberhaken erlaubt. Also haute ich drauf. Irgendwann ist der Bellmann explodiert und hat mir einen solchen Schlag durch die Deckung verpasst, dass es mich fast umgehauen hätte. Ich weiß noch, wie ich panisch in meine Ringecke schaute und dort Hanni sah. Er hatte diese Überzeugung in seinem Blick und strahlte diesen tiefen Siegeswillen aus, sodass ich keine Zweifel mehr hatte, diesen Kampf noch zu gewinnen. Taten sprechen lauter als Worte.

Als Hanni von meiner ersten Verhaftung in der Zeitung las und ich nur noch selten zum Training kam, sagte er etwas, über das ich heute oft nachdenke: »Du hast ein Geschenk weggeworfen. Aus dir hätte ein ganz großer Boxer werden können. Vielleicht sogar ein Weltmeister.« Ich habe es nie geschafft, seinen Respekt wiederzugewinnen. Auf seiner Beerdigung hatte ich mir fest vorgenommen, ein paar Worte zu sagen. Am Ende habe ich es aber dann gelassen. Zwischen uns war alles gesagt. Ich hatte ihn enttäuscht und das war auf dem Friedhof in Travemünde auch nicht wieder gerade zu biegen.

Im Leben gibt es Türen, die man auf ewig schließt, wenn man sie einmal zufallen lässt. Da gibt es kein Zurück mehr. Kein »Oh, ich habe mich geirrt«. Dieser Motivationsblödsinn von »Zwei Schritte zurückgehen, um dann drei vorwärts machen zu können«. Alles eine Lüge. Aus mir wurde kein großer Boxer mehr, kein Weltmeister, die Tür hatte ich selbst zugeschlagen, verriegelt und ein dickes Schloss vorgehängt. Ich hatte mich eben für das schnelle Geld entschieden.

Ich muss schnell aus Amsterdam raus, bevor sie wegen des Radrennens alle Straßen in der Stadt sperren. Allerdings kann diese Veranstaltung vielleicht sogar hilfreich sein. Als ich es endlich aus dem Bett schaffe, riskiere ich einen Blick nach draußen. Sieht alles normal aus. Keine Polizei, keine Auffälligkeiten. Der Himmel zieht sich langsam zu. Kumulus-Wolken breiten sich aus, weiße, nach unten hin abgeflachte blumenkohlartige Wolken. Wenn sie zu turmhohen Massen aufquellen, weist das auf einen baldigen Wetterumschwung mit Niederschlag und Gewitter hin. Man hat viel Zeit im Knast, um sich allerhand Blödsinn aus dem Fernseher zu merken.

Ich bin nicht ziellos auf der Flucht. Bis zur spanischen Grenze sind es noch knapp 1400 Kilometer, dann habe ich es geschafft. Nicht weil ich die spanische Sonne so schätze, sondern weil die Spanier verurteilte Verbrecher mit anschließender Sicherungsverwahrung nicht nach Deutschland ausliefern: Verbrecher schon, Sicherungsverwahrte nicht. Wenn ich also meiner Rechtsverdreherin trauen kann, ist das mein heiliges Land. Zumindest, wenn ich dort Asyl als politisch Verfolgter beantrage und auf meinem

Weg dorthin – meinem Kreuzzug – keine weiteren Straftaten begehe.

Dr. Ines Woynar, Anwältin von Mike Wappler

Union und FDP stritten Ende 2009 wochenlang über den Umgang mit den aus der Sicherungsverwahrung entlassenen Personen. Einige der entlassenen Sexualstraftäter wurden damals rund um die Uhr bewacht. Einer der Betroffenen im Saarland hatte schließlich gegen diese Observation geklagt und damit im Bundestag eine hitzige Diskussion ausgelöst. Der Europäische Gerichtshof für Menschenrechte im französischen Straßburg hatte zuvor der Beschwerde stattgegeben, was nicht nur zu der Freilassung des Klägers führte, sondern auch von zum Teil als weitaus gefährlicher eingestuften Sexualstraftätern.
Deutschland stand sozusagen vor Gericht, und darüber wurde nun im Bundestag diskutiert. Aktenzeichen 19359/04. Die Opposition stritt sich mit der Regierung, aber auch die Abgeordneten innerhalb der Fraktionen miteinander. Auf der Agenda stand eine Neuordnung des Rechts zur Sicherungsverwahrung. Das würde alles einen Haufen Arbeit geben, das war mir schon damals klar, genauso wie die Tatsache, dass man die Sicherungsverwahrung schlussendlich irgendwann kippen würde. Zumindest zum Teil. Man musste ja, da sie als menschenunwürdig bewertet wurde. Also war einer Reform kaum mehr auszuweichen. Nur, am 15. Oktober 2010 war es nicht eindeutig abzusehen, in welche Richtung sich das alles entwickeln würde. Herr Wappler hat mich damals aus dem

Gefängnis angerufen und sich erkundigt, welche Länder nicht ausliefern würden, sollte er dort um politisches Asyl ersuchen. Ich sagte: »Ich schätze Portugal und Spanien. Das müsste ich aber noch genauer recherchieren. Um Asyl zu beantragen, müssten Sie aber vor Ort sein.« Er bedankte sich, wie immer freundlich, für diese Information und legte auf. Wer konnte denn ahnen, dass er wirklich abhauen wollte?

Am Bahnhof von Amsterdam bestelle ich in einem Bistro ein Croissant und einen Kaffee. Es ist wenig los, die Leute schauen sich wohl das Radrennen an. Am Zeitungsstand kann ich nirgends mein Gesicht in einer Postille entdecken – andere Themen sind zum Glück wichtiger als ein deutscher Betrüger auf der Flucht. Bei den Jungs im Knast galt immer eine Regel: Wenn du draußen ein Ding drehst und die Polizei Fotos von dir veröffentlicht, bevor du das Land verlassen konntest, tauche erst zwei Wochen unter. Danach erkennen dich die Leute zwar noch, können dich aber nicht mehr zuordnen.

Vom Bistrofenster aus kann ich auf den Busbahnhof schauen. Von dort aus will ich nach Paris. Dann über die spanische Grenze nach Barcelona und weiter nach Lissabon. Wenn ich in Lissabon bin, nehme ich den Zug nach Faro, direkt ans Meer. Ein Freund von mir hat dort ein Strandhaus, das er mir zur Verfügung stellt. Damit hätte ich dann wieder einen alten Gefallen eingelöst. Flucht ist laut deutschem Recht nicht strafbar. Illegale Dinge, die man sich auf der Flucht zuschulden kommen lässt, hingegen schon. Daher reise ich auch ohne gefälschte Papiere. Sollten sie mich fassen, können sie die Strafe zumindest nicht verlängern. Die Eckpunkte meiner Reise hatte ich schon im Gefängnis in Hamburg geklärt. Es gibt kaum etwas, das man im Knast nicht machen kann. Das Gefängnis macht aus Ganoven keine besseren Menschen, nur besser organisierte Ganoven. Am besten lässt sich ein Ausbruch im Gefängnis planen, die nötige Zeit hat man ja. Staatsverordnet sozusagen.

Mit dem nötigen Geld bekommt man im Bau alles: Drogen. Pornographie. Schutz. Telefone. SIM-Karten oder Werkzeuge. Bis auf die Freiheit kann man sich fast alles kaufen. Mein Telefon hatte ich zum Beispiel im Innenhof der Vollzugsanstalt in einer Plastiktüte vergraben. Die Gegenstände bringen die Gefangenen nach ihren Freigängen auf den seltsamsten Wegen in den Knast mit, oder man bekommt das Zeug direkt vom Gefängniswärter. Wer etwa 2000 Euro im Monat verdient, ist dankbar für jeden Cent extra. Was wie eine Räuberpistole klingt, ist Alltag in deutschen Gefängnissen.

In Santa Fu sind etwa 270 Gefangene inhaftiert, die zu unterschiedlichen Zeiten in den Innenhof dürfen. Dieser ist zweimal so groß wie ein Fußballfeld. Es gibt einen Bolzplatz in der Mitte, um den herum einige Tischtennisplatten, ein paar Fitnessgeräte, einige fest installierte Schachbretter und etwa zehn Sitzbänke stehen. Bewacht wird das Gefängnis von einer Handvoll Videokameras und knapp 300 Beamten, von denen mehr als die Hälfte an Schreibtischen sitzt und Papierkram erledigt. Die Anlage ist im Jahr 1906 erbaut worden. Seither hat sich einiges geändert – auf beiden Seiten. Ich habe sämtliche Telefonate mit einer Freisprecheinrichtung unter meiner Jacke geführt. Die können nicht alle Gefangenen gleichzeitig überwachen, Videos auswerten und Sanktionen verhängen. Wie sollen sie das machen? Oft stellen sich zwei Gefangene telefonierend gegenüber, sodass es für jeden Beobachter wie ein Gespräch zwischen den beiden aussieht. Wenn man einige grundsätzliche Regeln beachtet, hat man im

Knast kaum etwas zu befürchten: Am Abend sollte man beispielsweise nicht telefonieren, da suchen sie mit Spezialgeräten nach Handy-Wellen.

Dicke Regentropfen prasseln an die Scheibe vom Bistro, treffen sich in der Mitte, um dann als Rinnsal an der Scheibe herunterzulaufen und am Fensterrahmen zu enden. Bei dem gegenüberliegenden Haus ist die Regenrinne verstopft. Ein dicker Strahl Wasser drückt sich aus einer Verbindungsstelle in Kopfhöhe und schießt als Fontäne auf die Straße.

Ein Bus schiebt sich aus dem engen Busbahnhof und macht sich auf die Reise. Wo er wohl hinfährt? Wer, außer pubertierenden Sechzehnjährigen, die zum Saufen und Vögeln nach Rimini wollen und wenig Geld in der Tasche haben, hat eigentlich noch den Bus auf der Liste der möglichen Transportmittel? Genau, niemand. Vier Stunden muss ich noch zur Abfahrt nach Paris warten. Ich blättere in einer holländischen Zeitung.

Am Bahnhof kaufe ich mit meinem RTL-Ausweis eine SIM-Karte für mein Handy. Solange niemand diese Nummer kennt, kann sie auch nicht geortet werden. Es ist erstaunlich, wie weit man in dieser Welt kommt, ohne lesen zu können. Ich habe da eine Handvoll Taktiken entwickelt, mir alles vorlesen und zeigen zu lassen. Entweder habe ich gerade meine Brille vergessen oder irgendetwas im Auge. So lange man den Leuten überzeugend glaubhaft macht, man könne lesen, gibt es keinen Grund, dass irgendwer das Gegenteil annimmt. Im Restaurant frage ich nach der Empfehlung des Hauses. Im Supermarkt sind auf allen Verpackungen Abbildungen, und was ich in der Zeitung nicht lese, kann ich in den Nachrichten hören. Ich lerne eben viele Dinge auswendig. So wie alle Fahrschulbögen. 600 Fragen habe ich auswendig gelernt und die Prüfung mit einer Sondergenehmigung mündlich abgehalten. So habe ich meinen Führerschein bekommen. Mit null Fehlern.

Ich zeige einer älteren Dame mein Bus-Ticket. Sie liest sich die Zeilen durch, rückt mit ihrem rechten Zeigefinger die Brille auf der Nase zurecht und zeigt mit ihrem Krückstock in Richtung einer Haltestelle. So läuft es eben. Mit mir sind noch acht Personen in dem Bus. Ein Pärchen mittleren Alters, zwei Nonnen, ein junges Mädchen, vielleicht Brasilianerin, und drei ziemlich kurz geratene Japaner. Eine auffällig skurrile Mischung, die für einen Woody-Allen-Film taugen würde. Wie könnte wohl das Drehbuch aussehen? Wir müssen aufgrund eines Reifenschadens auf einem alten Bauernhof haltmachen. Dabei stellt sich raus, dass alle acht Personen auf der Flucht sind. Die meisten vor sich selbst. Eine wirre Achtecksbeziehung nimmt ihren Lauf, bei der später die Nonnen zum Buddhismus konvertieren, die Japaner Brasilianisch lernen und das Pärchen sich entschließt, ihre Ehe für einen Seitensprung mit dem Busfahrer aufs Spiel zu setzen.

Als die Türen mit einem Schnauben schließen und sich der wuchtige Bus aus seiner Haltestelle schiebt, sacke ich kraftlos in den Sitz.

»Hey, Sie«, höre ich eine Stimme. »Hey.« Ich öffne die Augen und blicke nach rechts. Das junge Mädchen, das vorhin noch hinter dem Busfahrer saß, hat sich nun auf den Sitz neben mich fallen lassen und schaut mich mit ihren großen braunen Augen an. Sie sieht aus wie Olivia, die Freundin von Popeye, dem Seemann. Sehr dünn, die schwarzen Haare kleben eng am runden Kopf, und die Arme haben vermutlich die gleiche Länge wie die Beine. »Ich kenne Sie«, sagt sie. »Nein«, sage ich, »sicher nicht«, unfreundlicher, als ich eigentlich wollte. »Kann nicht sein«, verbessere ich mich. »Doch, doch«, sagt sie, und um ihre Aussage zu bekräftigen, stupst sie mich mit dem Zeigefinger an. Was für eine seltsame Geste, die natürliche Distanz zwischen zwei Unbekannten zu durchbrechen, denke ich. Es entsteht eine seltsame Stille zwischen uns. Dann werden ihre Augen noch größer. Sie zieht die Augenbrauen ruckartig hoch. »Ich komme gerade aus Berlin und habe ein Foto von Ihnen in der Zeitung gesehen.« Mir scheinen die Gesichtszüge zu entgleisen, denn sie dreht ihren Kopf hektisch in beide Richtungen. »Keine Angst, ich werde es niemandem sagen«, flüstert sie. Warum sollte sie mich nicht verraten? Will sie vielleicht Geld? Mich erpressen?

»Die Nonnen gucken doch eh kein Fernsehen, und ich denke nicht, dass GZSZ in Japan gesendet wird, oder?« »GZS … was?«, stammle ich. »Lassen Sie es gut sein, ich hab Sie erkannt«, kichert sie. »Ihr Schauspieler«, sagt sie und verschwindet, so schnell wie sie gekommen war, wieder auf ihren vorherigen Platz hinter dem Busfahrer.

Die Fahrt verläuft ohne weitere Zwischenfälle oder Ausweiskontrollen. Auch der Reifenschaden und der Halt am Bauernhof fallen aus. Erstaunlich, wie weit man durch Europa ohne ein Ausweisdokument kommt. Nach etwas mehr als sechs Stunden erreiche ich die Stadt an der Seine. Als in Paris die Türen des Busses aufgehen, betrete ich zum ersten Mal in meinem Leben französischen Boden. Was für eine Stadt. Trubel, Geschäftigkeit und dieser Krach! Es stinkt nach Abgasen und flüssigem Teer – eine Wand aus heißer Luft und geplatzten Träumen. Ich habe keine Ahnung, wo ich hinsoll. Da ich am kommenden Morgen mit dem nächsten Reisebus nach Barcelona will, sollte ich mich nicht so weit vom Bahnhof entfernen. Ich greife meinen Koffer mit der einen Hand, mit der anderen fasse ich an meine Brusttasche. »Passen Sie auf sich auf«, ruft das brasilianische Mädchen. »Paris ist eine gefährliche Stadt. Hier laufen unzählige Ganoven rum.« »Ich werde schon auf mich aufpassen«, rufe ich. Ich werde schon auf mich aufpassen.

1961
Vor einer Ewigkeit und noch ein wenig länger

Ich habe die Schule nicht gehasst. Aber ich verabscheute die, die dort waren. Die anderen Kinder und die Lehrer. Als der Blitz der Kamera aus dem Gehäuse schoss, mein Vater ein Foto von mir machte, wie ich stolz die Schultüte vor meiner Brust trug, war alles noch anders. Es war Einschulung in der Grundschule in Moisling. Obwohl wir es nicht wissen konnten, war das ein Tag, der wohl ein Wendepunkt in unserem Leben darstellte. Was wir irgendwann mal werden würden, wurde hier beschlossen. Zum ersten Mal in unserem jungen Leben wurden wir nicht nach dem bewertet, was wir waren, sondern nach dem, was wir schafften. Auf einmal zählte Leistung.

Überall wuselten aufgeregte Eltern umher, suchten mit Zetteln in den Händen nach Klassenräumen und versuchten, erste Worte mit den Lehrern zu wechseln. Man wollte ja nicht irgendeinen Klassenlehrer, nein, man wollte den Besten für den eigenen Nachwuchs. Köpfe wurden getätschelt, Scheitel ordentlich gezogen und gute Eindrücke gemacht. Ich stand etwas abseits, in der Nähe der Fahrradständer, mit meinem Vater, die Schultüte im Arm. »Jetzt beginnt eine aufregende Zeit für dich, mein Sohn«, sagte er und machte noch ein zweites Foto, ein glückliches Foto.

Schon der erste Schlag traf. Mitten auf die Nase. Blut lief aus beiden Nasenlöchern, meine Hand brannte vor Schmerz. Der Moment der Überraschung war auf meiner Seite. Ich spannte alle Muskeln an und sprang wie ein Tiger mit einem großen Satz auf den völlig verblüfft dreinschauenden Jungen. Ich sah noch, wie er sich an die blutende Nase griff, kurz bevor ich ihn von den Beinen riss. Er war fast einen Kopf größer als ich, aber im Liegen machte das keinen Unterschied. Wie ein Knäuel Wolle rollten wir ineinander verknotet über den Schulhof. Eine Gruppe von Kindern stand im Kreis um uns herum und jubelte. »Der Zigeuner hat ihn umgehauen!«, riefen sie immer wieder. »Der Zigeuner hat ihn umgehauen!« Die Mädchen kreischten, einige liefen weg. Ich boxte mit aller Kraft. Mir war es egal, was ich traf, Hauptsache, es tat ihm weh.

Irgendwann trennte uns ein Lehrer. »Er hat gesagt«, rief ich heiser, völlig aus der Puste, »wir Zigeuner würden Kinder fressen.« Ich zitterte, schwitzte und hatte Angst. Tränen der Wut liefen mir über die Wange. Jetzt würde es für diese Worte Gerechtigkeit geben. Doch ich sollte mich irren. »Er wird schon seine Gründe gehabt haben«, sagte der Lehrer und zog mich hinter sich her ins Lehrerzimmer. Ich habe wochenlang den Schulhof fegen müssen. Aber dass wir Kinder fressen würden, das hat sich keiner mehr getraut zu sagen. Dieser Vorfall passierte eine Woche nach der Einschulung.

Es hatte sich verdammt schnell herumgesprochen, dass ich in der Wohnwagensiedlung der Zigeuner lebte. Auch wenn ich nicht wie ein Zigeuner aussah. Ich war zwar nicht sonderlich groß geraten für mein Alter, hätte aber auch jeder anderen Nationalität angehören können. Das hat sich bis heute nicht geändert. Wie ein Zigeuner, oder wie jemand, der in der Vorstellung der anderen wie ein Zigeuner aussieht, sah ich nie aus.

Auch wenn ich den Jungen mit dem großen Maul aus den Socken gehauen hatte, konnte ich nicht gegen alles kämpfen. Besonders nicht gegen die Buchstaben. Es gelang mir einfach nicht, sie mir vorzustellen. Den dicken Bauch vom B oder das schmale, verhungerte I. Kein Buchstabe schaffte es, sich in meinem Hirn festzusetzen. Immer und immer wieder habe ich seltsame Zeichen in ein Heft malen müssen, doch nie habe ich ihren Sinn entschlüsselt. Während um mich herum meine Mitschüler ganze Sätze schrieben und erste Bücher tauschten, blieb das Geheimnis der Buchstaben für mich verschlossen. Je mehr ich mich anstrengte, desto schwieriger wurde es. Es schien mir so, als hätte jemand alle Buchstaben und Wörter mit Seife eingerieben und sie rutschten nun einfach durch mein Gehirn. Nichts blieb haften. Ich spürte, wie ich den Anschluss verlor. Schon in der ersten Klasse.

Im zweiten Jahr empfahl Frau Hildebrand, unsere Klassenlehrerin, mich nicht zu versetzen, und man steckte mich in die Aufbauklasse. Aufgebaut wurde da nix. Es ging eigentlich genauso weiter, wie es im letzten Jahr aufgehört hatte. Die Buchstaben verschlossen sich mir, und ich verschloss mich den Buchstaben. Wir hatten so etwas wie eine Pattsituation.

»Das kann doch nicht so schwer sein«, sagte Frau Hildebrand. »So dumm kannst du doch nicht sein.« Sie roch säuerlich aus dem Mund und kam einem beim Reden sehr nah. In der faltigen Haut ihrer Hände sammelte sich immer etwas Kreidepulver, was diese noch älter aussehen ließ. Sie war ein Mensch, der nie lachte. Zumindest sah ich sie nie lachen. Sie erzählte manchmal Geschichten aus dem Krieg. Dann murmelte sie so abwesend, als ob sie mit jemandem sprechen würde, der sehr, sehr weit weg ist. Sie glaubte, dass sich eine Lese- und Rechtschreib-Schwäche schon mit einigen gezielten Rohrstockschlägen vertreiben ließe. Nein, ich habe nicht die Schule gehasst, sondern die Menschen dort.

Meine Mutter hatte nach der zweiten Klasse ein Einsehen mit

mir und den Umständen. In dieser Institution war mir nichts beizubringen, so viel glaubte sie zu erkennen. »Manchmal reicht wollen eben nicht aus, man muss es auch können«, sagte sie. Meine Mutter nahm mich von der Schule und besorgte mir einen Nachhilfelehrer, der zu uns in die Wohnwagensiedlung kam. Wie ich hörte, starb Frau Hildebrand einige Jahre nach meinem Abgang von der Schule völlig alleine bei einem Urlaub in Niederbayern. Da wird man nicht nur getrauert haben.

Der Nachhilfelehrer war ein sehr netter Kerl, er hieß Markus Duwe. Er war gerade dreißig geworden und hatte keine Anstellung an einer Schule bekommen, so entschied er sich, wie er erzählte, die Sache selbst in die Hand zu nehmen und Wissen auf eigene Faust zu verbreiten. Er trug die Schulbücher immer in einem Jutebeutel, den er mit bunten Baumwollbändchen verziert hatte, unter dem Arm. Ich fand es albern. Vor allem aber brachte er seine Gitarre mit. Er trug sie in einer weiteren, eigens dafür genähten Jutetasche, deren Riemen er aber nur über eine Schulter warf, obwohl zwei da waren. Eben für beide Schultern.

Schon zu Beginn der ersten Stunde packte er diese Gitarre aus. Er öffnete einen seiner Schuhe, streifte ihn ab und stützte sich mit dem besockten Fuß auf einem Stuhl ab. Auf dem Oberschenkel brachte er die Gitarre in Position. »L. L. L. L. L. L.«, sang er und schlug dabei immer nur eine Seite seines Instruments an. Er schloss die Augen. Dann wechselte er den Akkord und stieß einen neuen Buchstaben hervor: »A. A. A. A. A. A.« Er so: »Peter, du musst die Buchstaben fühlen.« Ich so: »Häää?« Mein Vater schaute sich das ganze Schauspiel etwa eine Woche an, dann schmiss er Markus Duwe raus. Er bedankte sich für dessen Mühen und bezahlte ihn für den ganzen Monat. »Mein Sohn wird nicht wie ein behindertes Kind irgendwelche Buchstaben singen«, sagte mein Vater zu meiner Mutter. Sie weinte. Sie weinte damals viel. Ob es alleine an mir lag, konnte ich damals nicht sagen. Heute weiß ich es besser. Es lag nicht an mir.

Wenig später versuchte ein zweiter Nachhilfelehrer sein Glück, ich habe mir seinen Namen nicht gemerkt, weil er kaum länger als drei Tage blieb, dann tauchte er nicht mehr auf. Er hat sich auch nie mehr wegen der Bezahlung gemeldet, vielleicht erschien ihm das Umfeld hier nicht passend, oder er hatte ein lukrativeres Kind gefunden, dem er Buchstaben in den leeren Kopf gießen konnte. Für meinen Vater war das jedenfalls der Schlusspunkt meiner schulischen Laufbahn. Meine Mutter weinte. »Dann kommt der Junge eben bei mir mit. Die Straße ist eh die beste Schule«, sagte er am dritten Tag, nachdem der Lehrer nicht mehr aufgetaucht war. Mit acht Jahren hatte ich also die Schule an den Nagel gehängt. Ich war froh, auch, weil ich mich nicht jeden Tag damit auseinandersetzen musste, dass ich nicht lesen und schreiben konnte.

Am liebsten kurbelte ich das Fenster nur bis zur Hälfte hinunter und legte dann den Kopf seitlich an das vibrierende Glas. Die ganze Welt hinter der Scheibe verschwamm zu einem bunten Mix aus Farben. Als ob wir in einer gewaltigen Schneekugel leben würden und jemand hatte Lust bekommen, von außen ganz kräftig daran zu rütteln. Der Fahrtwind rauschte durch das geöffnete Fenster und spielte mit meinen Haaren, die dann wie verrückt auf meinem Kopf tanzten. Der Motor brummte, und mein Vater schwieg. Wir fuhren in seinem amerikanischen Straßenkreuzer, einem himmelblauen Chevrolet Impala, den er in Frankfurt bei einem US-Händler gekauft hatte, übers Land und machten Geschäfte an der Haustür. Der Wagen war gewaltig in seinen Ausmaßen. Es war das größte Auto, das ich je gesehen hatte. Man hatte das Gefühl, eine ganze Schulklasse könnte auf der Rücksitzbank Platz finden. Ich war aber froh, dass die Schulklasse da blieb, wo ich sie zurückgelassen hatte. Die braunen Sitze rochen nach Leder, und die Heizung versprühte im Winter einen Duft, wie es eben nur alte Heizungen machen. Das ganze Auto schwebte viel mehr, als dass es über den Asphalt rollte. Mein Vater und ich schwebten also über das Land, genau so kam es mir immer vor.

Ich war stolz darauf, vorne neben ihm zu sitzen. Wir zwei waren fast jeden Tag unterwegs. Seitdem ich die Schule geschmissen hatte, nahm mein Vater mich auf alle seine Touren mit. Jeden Morgen um acht Uhr in der Früh machten wir uns auf. Wir fuhren ganz Schleswig-Holstein und Niedersachsen ab. Stunden um Stunden, Kilometer um Kilometer zwischen Fehmarn und Stade. Viel redete mein Vater nicht. Wir verstanden uns auch schweigend. Wenn er etwas sagte, dann meist zu irgendwem anderen. »Mein Junge«, hat er immer zu allen gesagt. »Das ist mein Junge. Irgendwann übernimmt er das Geschäft. Da bin ich mir ganz sicher.« Dabei packte er mich immer an der Schulter und schüttelte mich mit zwei kräftigen Bewegungen, scheinbar, damit diese gewichtigen Worte auch von meinen Ohren sicher bis zu den Füßen durch meinen Körper purzelten.

Ich war sozusagen sein Partner. Zumindest fühlte ich mich so. Wir fuhren über die Dörfer und kauften den Menschen günstig ihr altes Zeug ab, um es dann teuer weiterzuverkaufen. Antiquitäten, von denen sie nicht wussten, dass sie einen Wert hatten. Um an diese Dinge zu kommen, kannte mein Vater alle Tricks. Und so klingelten wir fleißig an jeder Tür, hinter der mein Vater einen Schatz vermutete.

Wenn wir uns nicht als Antiquitätenhändler vorstellten, gaben wir uns als Altmetallsammler aus und fragten nach alten Bettgestellen. Wenn wir es dann ins Haus und auf den Dachboden geschafft hatten, erkundigten wir uns auch nach den anderen Dingen, die dort lagerten. »Oh, welch schöner Schrank, möchten Sie den vielleicht auch verkaufen?«, oder: »Wir können den anderen Schrott auch gleich günstig für Sie entsorgen.« Die Bettgestelle haben wir nie mitgenommen.

Bei den besonders harten Fällen, also den Menschen, die ihre Türen nicht so einfach öffneten, musste ich ran. In einem Dorf, etwa ein Stunde von Kiel entfernt, stand ein gewaltiger Gutshof. Hier und dort hätte etwas Farbe gutgetan, aber im Ganzen versprühte er noch immer den Glanz alter Tage. Der wilde Wein, der an der Stirnseite wuchs, verlieh dem ganzen Anwesen den Charme einer Ritterburg.

»Da müssen wir rein«, sagte mein Vater und bremste den Impala runter, um auf dem schmalen Waldweg haltzumachen. Er drehte den Schlüssel um, der Motor erstarb. Er blieb eine Weile regungslos sitzen, blickte auf das Anwesen und überlegte. Dann durchbrach er die Stille. »Du gehst an die Tür und klingelst«, sagte er. »Wenn dann keiner öffnet, rufst du ›Post‹.«

Als ich wenig später vor der Tür stand, mit dem Klingeln nicht weiterkam und lauthals »Post« rief, öffnete sich tatsächlich die schwere Holztür völlig lautlos. Es dauerte eine gefühlte Ewigkeit, bis eine uralte Frau, die mehr tot als lebendig zu sein schien und offenbar nur noch von ihrem altertümlichen Kostüm aufrecht gehalten wurde, sich aus dem Dunkel des Flurs löste und ins Tageslicht trat.

»Sie sind ja gar nicht die Post, junger Mann«, stellte sie mit Erstaunen fest. Ihre Stimme war kräftig, und die Worte kamen klar und deutlich heraus. Ein überraschender Gegensatz zu ihrer sonst eher zerbrechlichen Erscheinung. »Nein, Post ist mein Name, werte

Dame. Mike Post.« Ich streckte ihr meine kleine Hand zur Begrüßung entgegen. Eine Stunde später fuhren Vater und ich mit zwei alten Schatullen und einem wunderschön verzierten Sekretär wieder in Richtung Moisling. Sie hatte uns die Dinge für einen guten Preis überlassen. »Wenn man die Türschwelle überwunden hat, ist der Rest ein Kinderspiel«, sagte mein Vater. Ich habe es ihm zu verdanken, dass ich schon früh jede Scheu vor Menschen verloren habe. Und auch die Scheu und Scham zu lügen.

Einzig bei Mädchen war es mir peinlich, zu klopfen und wie ein Bettler nach alten Möbeln und Bettgestellen zu fragen. Obwohl wir die Sachen recht anständig bezahlten, fühlte ich mich irgendwie minderwertig – wie ein Mensch zweiter Klasse. Oft, wenn mein Vater an der Straße im Auto auf ein Zeichen von mir wartete, dass er hochkommen könne, und ich dann aber zufällig durch ein Fenster ein Mädchen im Haus sah, tat ich nur so, als würde ich an die Tür klopfen. »Wohl keiner da, schade«, habe ich dann immer zu ihm gesagt, als ich wieder ins Auto stieg. Ich glaube, er wusste ganz genau, dass ich nicht an der Tür geklopft hatte, weil ich mich schämte. Wir sprachen nie darüber. Was hätte man auch sagen sollen?

Auch ohne diese Häuser mit den jungen Mädchen darin brachten wir viel Schotter von unseren täglichen Touren nach Hause. In einem lukrativen Monat verdiente mein Vater bis zu 20 000 Mark – für damalige Verhältnisse war das ein fürstliches Einkommen. Mir gab er den Teil ab, den er für angemessen hielt. Wenn ich einen guten Job gemacht hatte, zahlte er mehr. Hatte ich mich schlecht angestellt, zahlte er schlecht. Schon als Zehnjähriger konnte ich manchmal auf ein Monatseinkommen von 2000 Mark zurückgreifen. Erwachsene Männer, die einem geregelten Job nachgingen, verdienten kaum so viel.

Das war unglaublich viel Kohle, aber mein Vater hielt nichts davon, etwas zurückzulegen. Er sagte immer: »Der Junge hat es verdient, er soll es auch bekommen.« Es gab oft Streit mit meiner Mutter deswegen. Doch so geschickt, wie er die Menschen an der Tür überzeugte, ihm ihre alten Möbel zu überlassen, so elegant wickelte er meine Mutter um den Finger. Am Ende wurde gemacht, was er sagte. Diese Überzeugungskraft war es, die ihn in meinen Augen zum besten Geschäftsmann der Welt machte. Er brachte mir die Macht der Worte bei, die Macht der Geschichten. Und er brachte mir bei, beides zu verknüpfen.

Wenige Tage nach meinem zwölften Geburtstag wendete ich das erlernte Wissen schon fast automatisch an und spielte meinem Onkel Martin einen bösen Streich – er hatte diesen für mich so wichtigen Tag vergessen.

Von der Telefonzelle aus rief ich bei einem Beerdigungsinstitut an, dessen Nummer ich einfach aus dem Telefonbuch raussuchte. Die Institute waren gut an dem Kreuz zu erkennen. Auch ohne die Buchstaben lesen zu können, wusste ich, bei wem ich anrief: »Beerdigungsinstitut Schäfer & Co«, sagte eine Frauenstimme am anderen Ende der Leitung.

»Franz hier. Dr. Franz. Grüüüüüße Sie«, sagte ich. Stille. Räuspern. »Bitte holen Sie doch Herrn Martin Eichwald in der Bürgerweide 10 hier in Lübeck ab«, fuhr ich meinen Monolog fort. Stille. »Die Untersuchung ist bereits von mir persönlich durchgeführt worden, und er ist jetzt abholbereit. Und tot. Natürlich. Die Bestätigung sende ich Ihnen morgen per Post, ich muss jetzt noch dringend zu einem anderen Fall.« Stille. Dann die Antwort: »Sehr gerne, Herr Dr. Franz. Unsere Adresse haben Sie?« Ich bejahte die Frage, verabschiedete mich und legte auf.

Als die Leichenträger wenig später mit einem Sarg unterm Arm vor Onkel Martins Tür standen, um ihn selbst abzuholen, fiel dieser, lebendig wie er war, fast tot um. »Sie können mich doch noch nicht abholen, ich lebe doch noch«, stammelte er immer wieder. Da erkannte ich: Die Macht des Telefons ist nur durch die eigene Fantasie begrenzt.

All das lernte ich von meinem Erzeuger. Aber auch er war nicht unfehlbar und griff bei seinen Einkäufen gelegentlich daneben. Aber auch für solche Probleme kannte er einen Ausweg. Er hätte sich nie mit einer Situation abgefunden, die in seinen Augen nicht so gelaufen war, wie er sich das vorgestellt hatte.

So kaufte er einmal einen Sekretär bei einem älteren Herrn viel zu teuer ein und bekam das Möbel selbst mit größtem Aufwand und vielen guten Worten nicht los. Egal zu wem er fuhr, keiner seiner üblichen Abnehmer wollte das Ding haben. Zu teuer, zu hässlich, zu irgendwas. Am Ende fuhren wir zu einem Antiquitätenhändler weit weg von Lübeck und zeigten ihm den Sekretär. »Ich möchte für das Teil 6000 Mark haben«, sagte mein Vater. Der Händler lachte. »2000 Mark bekommst du mit viel Glück für das alte Ding. Keinen Pfennig mehr«, entgegnete der. Mein Vater überlegte kurz und machte dann folgenden Vorschlag: »Nimm ihn bitte für drei Wochen ins Schaufenster. Mach ein Schild mit 7000 Mark dran. Dann verdienst du noch einen Tausender, wenn er verkauft werden sollte.« Der Händler lachte, als hätte man ihm gerade einen außergewöhnlich guten Witz erzählt. Er fand es wohl so amüsant, dass er meinem Vater diesen Gefallen tat und den Sekretär ins Schaufenster stellte. Mit einem Preisschild, auf dem in fein geschwungener Schrift stand: 7000 Mark.

Knapp eine Woche später stand eine junge Frau in dem Antiquitätenladen. Sie schaute sich um, rückte ihren Pelz zurecht, ordnete ihr blondes Haar in dem alten Spiegel an der Wand und entdeckte den Sekretär. »Den will ich haben«, sagte sie und zeigte auf das außergewöhnliche Möbelstück im Schaufenster. »Ich suche schon lange nach genau so etwas für den Flur.« Sie lachte, scherzte mit dem Händler und machte ihm Komplimente für sein gutes Händchen. Und vor allem: Sie machte eine Anzahlung von 500 Mark.

»Ich muss morgen zur Bank und den Rest holen«, sagte sie. »Dann komme ich zur selben Zeit wie heute mit meinem Fahrer wieder, um den Sekretär mitzunehmen.« Der Händler nickte, sein Gesicht färbte sich rot vor Freude, und voller Überschwang küsste er der Dame zum Abschied die Hand. »Gnä Frau, ich werde auf Sie warten.«

Am selben Abend fuhr ich mit meinem Vater zu dem Händler, um den Sekretär wieder abzuholen. Mein Vater hatte mir erzählt, er habe einen Käufer aufgetan, der das Teil gerne kaufen würde, und daher müssten wir es von dort wieder zurückholen. Der Antiquitätenhändler war noch immer ganz aufgeregt, als wir unangemeldet den Laden betraten.

»Wir wollen den Sekretär wieder mitnehmen, ich habe tatsächlich einen Käufer«, sagte mein Vater. »Das geht aber nicht, ich habe ihn eben gerade so gut wie verkauft. Ich habe schon eine Anzahlung«, antwortete der Händler. »Und nun, was machen wir jetzt?«

»Du willst doch nur 6000 Mark für das Teil haben«, überlegte der Händler laut. »Dann gebe ich dir jetzt das Geld in bar und du sagst deinem Interessenten wieder ab. Immerhin habe ich es der Dame versprochen«, setzte er mit Bestimmtheit nach, als wollte er damit signalisieren: Die Diskussion ist damit beendet, das Versprechen, das man einer Dame gibt, kann man nicht einfach so mir nichts dir nichts, brechen. Er fingerte unter seinem Hemd nach einem Schlüssel, der an einer silbernen Kette um seinen fleischigen Hals hing. Als er ihn endlich zu fassen bekam, öffnete er damit den kleinen Safe unter seinem Schreibtisch, nahm einen Stapel Scheine heraus und zählte das Geld ab. Dann reichte er es meinem Vater über den Tresen.

Ich muss annehmen, dass der Händler heute noch auf die Dame mit dem Pelzkragen wartet, die nur schnell noch zur Bank wollte und eine sehr gute Freundin meines Vaters war.

Markus Schmieder, Anwalt von Mike Wappler

Ich habe ihn echt gemocht, den alten Franz, wie wir ihn alle nannten. Eigentlich hieß er ja Julius Franz Wappler. Wenn er nicht da war, hieß er einfach der alte Franz. Ein stattlicher Kerl. Immer gut gekleidet. Vornehm. Sein schwarzes Haar aufwendig nach hinten gekämmt und mit viel Pomade am Kopf festgeklebt. Ob er ein guter Vater war? Das kann ich wirklich nicht sagen. Aber er war ein sehr guter Zuhörer, das weiß ich noch. Er war aufmerksam, fragte an den richtigen Stellen nach und hörte bei den unwichtigen Dingen weg. Er hatte die Augen eines alten Luchses. Oder besser, die eines schlauen Wolfs. Man hatte immer den Eindruck, der alte Franz kriegt alles mit. Wie dem auch sei, ich kann mich nicht mehr ganz genau an das Datum erinnern, dafür weiß ich aber noch umso lebhafter, wie der alte Franz das erste Mal mit Mike in meiner Kanzlei auftauchte. Sein Sohn, Peter Wappler, wie er sich ja früher noch nannte, jetzt benutzt er ja nur noch seinen ersten Namen, na ja, wie dem auch sei, Mike war damals noch ziemlich grün hinter den Ohren. Er muss so etwa vierzehn Jahre alt gewesen sein. Es ging um eine Jugendstrafsache. »Werter Herr

Schmieder«, sagte der alte Franz damals. »Es gibt hier eine Angelegenheit von äußerster Wichtigkeit, die mir auch persönlich sehr am Herzen liegt. Ich möchte Sie ersuchen, sich darum zu kümmern.« Er war überaus höflich und wählte seine Worte mit Bedacht. Anders kann man es kaum sagen. Er war bedächtig.
Es ging, wenn ich mich recht erinnere, um einen Autodiebstahl.
So saßen sie also hier, zwar vor diesem Schreibtisch, aber noch in einem anderen Büro, etwa zehn Minuten von hier. Nun, das tut ja auch nichts zur Sache. Wer aber nun verstehen will, was das alles bedeutete, muss sich die damaligen Strukturen der Zigeuner anschauen.

Wir hatten so etwa tausend Sinti und Roma zu dieser Zeit hier in und um Lübeck, mal mehr, mal weniger, da sie ja immer mit ihren Wohnwagen durch die Lande zogen. Das war eine eingeschworene Gemeinschaft. Ein Kreis, der für Außenstehende weder zu betreten noch zu verstehen war. Es gab eine eigene Sprache, eigene Zeichen und eigene Gesetze. Pistole hieß zum Beispiel Karamaski oder so ähnlich. Daran kann ich mich noch erinnern. Für die Polizei war es damals also unmöglich, in diese Kreise reinzukommen. Die waren ja keine Gang, in die man aufgenommen werden konnte. Da wurde man reingeboren oder blieb für immer draußen. Solche Strukturen sind fast unmöglich zu unterwandern. Was in der Sippe passierte, blieb auch dort und wurde auch dort geregelt.

Der alte Franz war der Stammesfürst seiner Sippe, so etwas wie der Häuptling der Zigeuner. In Lübeck entschied er, und zwar nur er, und wenn es um Dinge ging, aus denen der Staat nicht mehr herauszuhalten war, entschied er auch, welcher Anwalt sich der Sache anzunehmen hatte. Mein Partner und ich waren damals noch ganz frisch in dem Geschäft, junge

Strafverteidiger. Da waren auch für uns einige Dinge ziemlich neu. So musste man beispielsweise mit dem alten Franz nie über das Honorar reden, Geld war einfach da. Er trug es immer in Bündeln in der Anzughosentasche mit sich rum und zog die Scheine sprichwörtlich von der Rolle. Eine Eigenart, die, wie ich beobachten konnte, Mike irgendwann übernommen hat – die Bündelei.

Woher das ganze Geld immer stammte und wie sie sich damals alle die dicken Autos leisten konnten, nun, wir haben uns den Teil, den wir nicht wussten, gedacht. Einen richtigen Job hatte ja kaum einer von denen. Erzählt haben sie immer nur das Nötigste und nur, wenn es den Fall betraf. Über Geschäfte redete man mit Deutschen nicht. Schon gar nicht, wenn sie etwas mit der Justiz zu tun hatten. Wenn man Anfang der 80er-Jahre einen Zigeuner nach seinem Job gefragt hat, bekam man als Antwort nur: Scherenschleifer.

Ich hatte all die Jahre mit dem alten Franz zu tun. Es gab immer jemanden aus der Sippe, der wegen Hehlerei, Betrug oder anderen Delikten Ärger mit der Polizei hatte. An Mandaten hat es uns nie gemangelt. Es ist ja so, wenn man bei den Sinti und Roma mal einen guten Job gemacht hat, merken die sich das ganz genau. Natürlich auch andersherum. Nun ja, wie dem auch sei, manchmal verlangten sie auch Dinge, die einen Anwalt an den Rand der Legalität bringen. Manchmal auch drüber. Da musste man knallhart Nein sagen. Dann haben sie es auch akzeptiert. Für solche Dinge gab es dann eben andere Anwälte. Kollegen, die sich auch in illegale Geschäfte ziehen ließen. Einige gingen dabei unter. Auch Mike hat in den 90er-Jahren eine Kollegin tief in den Sumpf des Verbrechens gezogen, um seinen eigenen Hals aus der Schlinge zu ziehen.

Wer hätte das alles ahnen können, damals, als Peter an dem Tag mit seinem Vater vor mir saß?

Es war tief in der Nacht, als irgendwer mit den Fäusten an die Tür unseres Wohnwagens hämmerte. Harte, kurze Schläge. Als ich davon wach wurde, musste es schon eine Weile so gegangen sein, denn ich hörte, wie mein Vater fluchend schon auf dem Weg zur Tür war, um dem Krach ein Ende zu setzen. Ich konnte hören, wie er die Tür entriegelte und öffnete.

»Franz, wir brauchen dich«, hörte ich eine mir fremde Stimme aufgeregt und wohl etwas lauter als gewollt sagen. »Wie wichtig?«, fragte mein Vater. »Sehr«, war die knappe Antwort. Dann tauschten sie noch einige Worte, die ich nicht mehr verstehen konnte, weil sie begonnen hatten zu flüstern. Ich stieg aus dem Bett und wollte meinen Vater fragen, was denn los sei. Doch als ich in den Wohnbereich kam, in dem er sich gerade die Schuhe anzog, sagte er nur: »Geh wieder ins Bett, es ist nichts.« Ich spürte, dass er log.

Am nächsten Morgen weckte mich Gebrüll, das von draußen in den Wohnwagen drang. Männerstimmen, die unverständliche Worte schrien. Ich schaute durch die dreckige Plastikscheibe, konnte aber nichts erkennen. Barfuß und nur mit meinem Schlafanzug bekleidet, stürmte ich hinaus ins Freie, zu der Quelle des Krachs. Dann sah ich es: Mit Füßen traten einige kräftige Männer auf einen anderen Zigeuner ein, den ich nur vom Sehen kannte. Ein älterer Typ mit einer dicken Nase, auf der man die offenen Poren sehen konnte. Er hatte überall geplatzte Äderchen im Gesicht, so wie man es von den Säufern am Hauptbahnhof kannte. Sie drängten und schubsten ihn vom Gelände unserer Wohnwagenkolonie. Vorbei an etwa dreißig großen Campingbussen, über die Wiese, rauf auf die Straße. Er fiel hin, stützte sich mit den Händen ab, sein Blick war angstvoll.

»Du Schwein!«, riefen sie. »Wehe, wir sehen dich hier je wieder!« Sie spuckten ihn an, schrien und drohten mit ihren Fäusten. Sie schmissen ihm Hemden und Hosen, Schuhe und Socken, Bücher und Blätter hinterher. All sein Hab und Gut flog vom Wind getragen und von kräftigen Kerlen geworfen über die Geniner Straße.

Auf allen vieren versuchte er vor den Attacken davonzukrabbeln. Seine Knie waren von dem feuchten Rasen schon ganz grün, sein Hemd an der Schulter zerrissen und an den Handballen hatten sich kleine Kieselsteine vom Asphalt ins Fleisch gebohrt. Es war grausam und sah doch irgendwie lustig aus. Es erinnerte mich an eine Szene aus einem Dick-und-Doof-Film, den ich einige Zeit zuvor gesehen hatte. Dass hier gerade eine Existenz vernichtet wurde, sah ich nicht.

Und wenn ich es gesehen oder verstanden hätte, mein Mitleid wäre hier sicher fehl am Platz gewesen. Er war ein schmieriger Typ, der betrunken seine Frau windelweich prügelte. Er hatte Chancen bekommen und Versprechen gegeben. Man hatte ihm Hilfe angeboten, und er hatte sie ausgeschlagen. Immer und immer wieder war es zu einseitigen Gewaltausbrüchen gekommen. Doch in der letzten Nacht war es wohl ein Schlag zu viel gewesen. Er hatte seine Frau fast umgebracht. Und wenn man eines auf diesem Gelände nicht wollte, dann die Polizei, die Fragen zu einer Frauenleiche stellt – wobei es dann auch sicher nicht geblieben wäre.

So regelte man eine solche Sache lieber selber, bevor noch größeres Unheil passierte. Der Schläger wurde kurzerhand und endgültig aus der Gruppe verstoßen. Er wurde zu Freiwild erklärt, einer ohne Schutz. Das bedeutet in der Welt der Zigeuner nichts Gutes. Jeder, der wollte, konnte ihn behandeln, wie er wollte. Es gab für ihn keine Möglichkeit mehr auf Rehabilitation. Ich war acht, noch sehr jung, aber begriff schon damals: Gegenüber den Baader Werken in Lübeck-Moisling lag das kleine Königreich meines Vaters, und in der vergangenen Nacht hatte er Recht gesprochen. Und ich stellte an diesem Tag noch etwas fest: Gewalt ist nicht mein Weg, obwohl ich mich mit der Wirkung einer Faust auf ein Gesicht bereits seit etwa einem Jahr beschäftigt hatte.

Denn zu meinem siebten Geburtstag schenkte mein Vater mir Boxhandschuhe. Sie waren aus braunem Leder und fein verarbeitet. Am Handgelenk waren einige Ösen eingenäht, und man konnte sie richtig fest an die Hand binden. Sie waren dick, bestimmt über zwölf Unzen schwer. Ich stand einige Zeit nach meinem Geburtstag mindestens einmal am Tag vor dem großen Spiegel an der Tür und brachte meinen schmächtigen Körper in Boxerpose. Linke Faust hoch, rechte eng an den Brustkorb und andersherum. Deckung. Pendeln. Zuschlagen. Ich konnte Stunden damit verbringen, vor dem Spiegel gefährlich auszusehen. Jeden Montag, Mittwoch, Freitag und Sonntag fuhr mein Vater mich zum Boxtraining beim BC Travemünde. Die Fahrt dauerte etwa fünfzehn Minuten, die wir zwei, wie so oft, zum gemeinsamen Schweigen nutzten.

Das Training fand in einer alten Turnhalle, anders als der Name vermuten lässt, nicht in Travemünde, sondern in Lübeck statt. Ich mochte diese alte, tiefrote Backsteinhalle mit der kleinen Holztür, die im Inneren nach altem Schweiß, Leder und ehrlicher Arbeit roch. Es war ein lieblicher Duft, eine Kombination aus Angst, Niederlagen, aber auch ganz großen Siegen – über andere und sich selbst. Von der Decke hingen fettige Kletterseile hinab, die vor Beginn jeder Trainingseinheit von allen Anwesenden erklommen werden mussten. Die Besten waren in wenigen Sekunden und mit einigen kräftigen Zügen oben an der Decke. Wie ein Affe am Seil zu hängen war nie meine Königsdisziplin. Ich habe mich derweil lieber um den Aufbau des Boxrings gekümmert. Außerdem konnte man dort die Arbeit gut verteilen. »Ey, du, mach das mal«, war mein Lieblingssatz.

Besonders die, die neu dort waren, die Frischlinge, wurden von mir für solche Arbeiten herangezogen. Es gab also eine ganz klare Rangordnung, die unabhängig von der Herkunft galt: Ansagen machte, wer härter zuschlagen konnte. Unwichtig ob Zigeuner, Deutscher oder sonst welcher Nationalität.

Das Training war schmerzhaft. Heute würde keine Mutter ihren siebenjährigen Sohn in einen Boxring stecken, damit er sich mit einem Gleichaltrigen so lange auf die Nase haut, bis der Trainer den Kampf abbricht. Heute machen sich Mütter Gedanken, ob das Hausmädchen besser japanisch oder chinesisch spricht, damit man das Kind auch ja mehrsprachig erziehen kann. Oder ob es besser für das Wachstum ist, wenn er anstelle von reinen Biokarotten bei Vollmond gezogene Demeter-Karotten vorgesetzt bekommt. Egal, ob die Zeit früher besser oder schlechter war, sie war auf jeden Fall härter. Aber: näher am Leben. Ich habe viel beim Boxen gelernt. Abgesehen davon, dass ich einen Typen mit wenig Aufwand aus den Socken putzen kann, habe ich vor allem Respekt und Selbstvertrauen gelernt. Zwei Eigenschaften, die ich heute bei jungen Menschen oftmals vermisse. Da draußen laufen so viele Idioten rum, die brauchen keine Demeter-Karotten, sondern was hinter die Ohren.

In der Zeit, die ich nicht mit Training verbrachte, war ich mit meinem Vater unterwegs. Das Geld, also meinen Anteil, den er mir am Ende des Monats in Geldscheinen übergab, habe ich oftmals reinvestiert – Sparen war nie so mein Ding.

Ich drückte die verzierte Holztür auf, an der ich schon so oft vorbeigeschlichen war. Der runde Türknauf schimmerte in einem kräftigen Gold, aber durch das ständige Öffnen und Anfassen war er in der Mitte bereits kupferfarben geworden. Eine kleine Glocke, die oberhalb der Tür befestigt war und der nun durch den Schlag der Türkante ein feines Klingeln entlockt wurde, kündigte mich als neuen Kunden der Schuhmacherei in der Aegidienstraße an. Ein Geruch von Lederkleber stieg einem in die Nase. Dunkle Holzwände schluckten das wenige Licht, das es durch das vollgestellte Schaufenster in den Raum schaffte. Die Stimme eines Mannes etwa Mitte fünfzig drang aus einem Nebenraum und war an mich gerichtet. »Schauen Sie sich bitte noch einen Moment um, ich bin gleich bei Ihnen.« Ich nickte, sagte aber nichts.

Ich schritt bedächtig durch den kleinen Raum, in dem bestimmt über tausend Schuhe Platz gefunden hatten. Loafers, Lederschuhe, Reitstiefel, Lackschuhe. Alle Formen, viele Größen. Nur keine Turnschuhe.

Als ich gerade eine Stiefelette in der Hand hielt, um im Inneren nach der Schuhgröße Ausschau zu halten, wurde mir diese mit einem Ruck entrissen. »Finger weg, das ist kein Spielplatz hier, Zigeunerkind.« Der Mann war nicht besonders groß, aber durch seine Schürze wirkte er erheblich breiter, als er war. Ich muss gerade elf Jahre alt gewesen sein. Mit seiner Hand zwischen meinen Schulterblättern schob er mich in Richtung Tür. Als wir an dem braunen Tresen vorbeikamen, griff er in ein großes Glas, angelte einen Bonbon heraus, drückte ihn mir in die Hand und sagte: »So, und jetzt hau ab.« »Nicht ohne meine neuen Schuhe«, sagte ich und baute mich vor dem Mann auf. Er grinste. Schaute mich an und begann laut zu lachen. Er hielt sich vor lauter Lachen den Bauch. Sein ganzer Körper bebte. »Und, womit magst du zahlen? Mit Steinchen?«

Ich griff in meine Hosentasche und zog vier 100-Mark-Scheine hervor. »Hiermit«, antwortete ich. Als hätte ich ihm mit Anlauf zwischen die Beine getreten, verstummte sein Lachen. Er überlegte einige Sekunden und entschied dann wohl, dass Bargeld immer besser ist, als dumme Fragen zu stellen. »Sehr wohl, der feine Herr«, sagte er und lud mich mit einer übertriebenen Geste zum Setzen ein. Als er nach hinten in die Werkstatt ging, um sein Messwerkzeug zu holen, griff er nach dem Bonbonglas und stellte es neben mich auf den Beistelltisch. »Eine heiße Schokolade zu den Bonbons?«, fragte er. »Gerne«, erwiderte ich. »Aber nicht zu heiß.« Mit Geld lässt sich jede Lücke schließen und jeder Zweifel ausräumen. Mit Geld wird man akzeptiert. Geld teilt die Menschen in nur zwei Gruppen: Die, die es haben, und die, die es wollen.

Und so bekam ich in dem Jahr, als England durch das umstrittene Wembley-Tor Weltmeister wurde und Ludwig Erhard den Job als Bundeskanzler schmiss, meine ersten handgefertigten, rahmengenähten Lederschuhe. Ich fühlte mich erhaben. Ich hatte etwas, was nicht jeder hatte. Und ich hatte etwas, das teuer war und auch so aussah.

1966 war ein aufregendes Jahr. Im Radio spielte eine neue Band eine ganz außergewöhnlich neue Musik. Friseure fingen an, Haarschnitte wie Pilze aussehen zu lassen. Die Straßen füllten sich mit Käfern von VW, und man konnte in den Zeitungen Bilder der Erde sehen, die hinter dem Mond aufging. Aus dem Weltall fotografiert. Es herrschte eine Aufbruchsstimmung in den Straßen. In jeder Ecke, unter jedem Stein. Mein Vater und ich machten gute Geschäfte und verdienten viel Geld, von dem ich mir vorzugsweise Dinge kaufte, die mir irgendwann zwangsläufig nicht mehr passen würden, weil ich aus ihnen herausgewachsen war. Ich verbrachte viel Zeit mit Boxen und gewann einige wichtige Kämpfe und verlor einige unwichtige Kämpfe. Die Monate fühlten sich lang an. Wie Kaugummi zogen sich die Tage, Ereignisse jagten Ereignisse und doch blieb eines immer gleich, die Stunden mit meinem Vater in der norddeutschen Provinz, immer auf der Suche nach Schätzen, die auf irgendwelchen Dachböden auf uns warteten. Zu Hause gab es oft Streit zwischen meinen Eltern, manchmal kam der Alte erst am nächsten Morgen zurück in die Wohnwagensiedlung. Keine Ahnung, wo er dann war, Mutter weinte oft. Irgendwann hatte sie wohl keine Lust mehr, noch eine Träne mehr zu vergießen, und zog aus. Es wurde laut gestritten, sich aber leise getrennt. Im Sommer 1968 packte sie ihre Sachen und ging. Sie nahm meine Schwester mit, ich blieb bei meinem Vater im Wohnwagen.

1969

Die Polizei, kein Freund und Helfer

Sie kamen zur Mittagszeit. Zwei Beamte in einem nagelneuen Polizeiauto. Breitbeinig wie die Cowboys gingen sie über den Platz, vorbei an all den Wohnwagen. Sie wussten genau, an welche Tür sie zu klopfen hatten. Ich sah sie durch das kleine Plastikküchenfenster kommen. Die Nacht steckte mir noch in den Knochen, immerhin war ich knapp 80 Kilometer weit geflohen.

Ich trieb mich mit vierzehn Jahren oft lange draußen herum, kam erst nach Mitternacht nach Hause. Es fragte ja nie jemand, wo ich eigentlich war. Seit Mutter nicht mehr bei uns lebte, konnte ich machen, was ich wollte. Doch in der Nacht zuvor hätte ich mich besser nicht rumtreiben sollen – das wurde mir klar, als ich durch das Fenster blickte.

Martin arbeitete in einem Autohaus an der Stadtgrenze zu Lübeck als KFZ-Mechaniker. Ein Job, bei dem man anscheinend immer Dreck unter den Fingernägeln mit nach Hause nahm. Ich habe ihn nie mit sauberen Fingern gesehen. Er war gerade siebzehn Jahre alt geworden. Ein drahtiger Kerl, der zu kurze Hosen und abgelaufene Turnschuhe trug. Er schien schneller zu wachsen, als man Hosen nachkaufen konnte. Ich fand, dass er deshalb wie ein Penner aussah. Er ging immer etwas gebückt, als hätte man versucht, seinen Wachstumsschüben mit kräftigen Schlägen auf den Hinterkopf Einhalt zu gebieten. Ohne Erfolg. Wir hingen gelegentlich rum und schlugen die Zeit mit Blödsinn tot. Martin war kein guter Freund, eher ein Typ, mit dem man eben so rumhing. Man hatte sich wenig Wichtiges zu erzählen, mich faszinierte eher seine ständige Bereitschaft, die Dinge aus dem Gleichgewicht zu bringen. Wenn uns die Erwachsenen so sahen, wie wir rumhingen, schüttelten sie oft den Kopf und murmelten etwas Unverständliches. Martin war eben einer dieser Typen, der Ärger anzog. Nach Ärger aussah. Nach Ärger roch. Nein, er war Ärger. Jede Pore seines Körpers war auf Chaos programmiert. Die Erwachsenen konnten das wohl sehen, ich nicht. Oder vielleicht wollte ich es nicht.

»Haste Bock?«, fragte er beiläufig, während er erfolglos versuchte, mit einem Feuerzeug die Parkbank anzuzünden. »Auf was?«, fragte ich. Er streckte die freie Hand aus und öffnete seine Faust. Ein Schlüssel. Ein Autoschlüssel, der an einer Kette befestigt war, an deren anderem Ende ein kleines Kunststoffauto hing. »Mustang in Rot. Yeah«, sagte er. »Yeah, ich hab' den Schlüssel in der Werkstatt mitgehen lassen. Die Karre steht bei uns, ist gestern fertig geworden. Vergaser eingestellt. Und wir machen jetzt 'ne schöne Probefahrt, mein Bester.«

Es war Sonntag und weder Martin noch ich hatten einen Führerschein. Und doch hielten wir zwei das für eine ausgezeichnete Idee. Einen Mustang hatte ich schon immer schön gefunden. Ein Auto, das was hermacht. Mit dem Bus fuhren wir zu dem Autohaus, in dem Martin arbeitete, und dort stand er, direkt vor dem Werkstatttor. Er war knallrot und hatte beige Ledersitze. Martin schaute sich kurz um und steckte den Schlüssel ohne jeden Zweifel, dass das eine schlechte Idee sein könnte, in das Schloss. Mit einem Klack öffnete sich die Tür an der Fahrerseite, und Martin sprang mit einem geschickten Satz hinters Lenkrad.

»Er passt«, stellte ich fest. Alles andere wäre ja auch irgendwie seltsam gewesen. Wie ein junger Hund, der sich auf einer alten Decke vor dem Kamin zum Schlafen hinlegt, aalte sich Martin auf dem Ledersitz. »Mmmmh«, entfuhr es ihm. Irgendwie fand ich sein Verhalten abstoßend. »Komm, los geht's«, rief er und öffnete die Beifahrertür von innen, als sei es sein Wagen, mit dem er schon etliche Male irgendwen abgeholt und denjenigen ins Wageninnere geladen hätte. »Wir sind zurück, bevor jemand die Karre vermisst. Ganz locker.«

Der kräftige Motor sprang mit einer Schlüsselumdrehung an. Kein Stottern, kein Gejaule vom Anlasser. »Hat der Meister eingestellt«, sagte er. »Der dumme Arsch.« Es war ein seltsames Gefühl, Martin hinter dem Steuer sitzen zu sehen, doch bevor ich mir darüber ernsthaft Gedanken machen konnte, legte er den ersten Gang ein und drückte aufs Gaspedal. Mit einem Satz sprang der Wagen von dem Gelände und wir fuhren auf der Bundesstraße raus aus Lübeck.

Warum uns dann eigentlich der Weg nach Itzehoe führte, kann ich nicht mehr sagen, aber irgendwie ließen wir uns durch den Abend treiben. Kein Ziel vor Augen, keine Mission im Sinn. An einer Tankstelle besorgten wir uns etwas zu trinken. »Schönes Auto habt ihr da«, sagte der Tankwart. »Yeah«, antwortete Martin, »aber jetzt nicht den Lack abglotzen.« Der Tankwart sagte nichts mehr.

Wir waren mehr als zwei Stunden unterwegs. Felder, Bäume und kleine Dörfer flogen an der Scheibe vorbei. In Itzehoe wollten wir etwas essen gehen, uns zeigen und dann wieder umdrehen, zurück nach Lübeck.

Die Polizei sah ich erst, als ich mich nach hinten umdrehte, um nach dem Getränk zu angeln, das auf der Rücksitzbank lag. Sie waren direkt hinter uns. Wie sie das so unbemerkt hinbekommen hatten, blieb mir ein Rätsel, dass aber ein roter Ford Mustang in der Provinz für Aufsehen sorgen könnte, das hätte man sich denken müssen. Mein Herz begann zu rasen, mein Mund wurde trocken. »Schmiere«, flüsterte ich. Martin blickte in den Rückspiegel. Panik überkam ihn. »Verflucht, das werden die nicht verstehen.« Ich blickte ihn an und konnte nicht verstehen, was er damit meinte. »Das werden die schon verstehen. Die Karre ist geklaut und keiner von uns hat einen Führerschein«, presste ich heraus.

Martin fuhr ohne Zwang immer langsamer. Auf seiner Oberlippe bildeten sich Schweißtropfen, die im Scheinwerferlicht der entgegenkommenden Autos glitzerten. »An der nächsten Kreuzung springen wir raus und rennen, was das Zeug hält«, schlug ich vor. Martin sagte kein Wort. Er erinnerte mich an ein Reh auf der Straße, kurz bevor es knallt. »Alter, nächste Kreuzung.« Er fuhr immer langsamer. Und langsamer. Und hielt, mitten auf der Straße. Ich umklammerte den Türgriff. In dem Moment, als die Reifen still standen, schrie ich: »Jetzt!«

Ich riss am Griff und sprang in die Nacht. Ich sah gerade noch, dass Martin in seiner Panik die Tür nicht aufbekam. Dem konnte jetzt keiner mehr helfen. Ich ganz besonders nicht. Ich rannte, so schnell ich konnte. Sprang über Zäune, schmiss mich durch Hecken, zerriss mir das Hemd. Ich atmete nicht, schwitzte nicht, spürte die Äste in meinem Gesicht nicht, hörte niemanden rufen, dachte nichts, fühlte nichts. Das Boxtraining hatte mich topfit gemacht. Ich rannte, als wäre der Teufel persönlich hinter mir her, um sich meine Seele zu holen. Irgendwo bellte ein Hund, es begann zu regnen. Und dann, als seien die Tropfen das Signal, die Jagd zu beenden, blieb ich stehen. Ich hatte keine Ahnung, wo ich war. Der Hund hörte auf zu bellen, und es wurde still. Keine Polizei, kein Martin. Keine Straße, nur ein paar kleine Höfe. Der Wind fuhr durch die Baumkronen, er war mein einziger Verfolger. Ich war alleine. Ich war auf der Flucht.

Als ich wieder klar denken konnte, wurde mir ein Problem ganz besonders schmerzhaft bewusst: Ich hatte kein Auto mehr unterm Arsch. Wie sollte ich nun wieder zurück nach Lübeck kommen? Immerhin waren wir mit dem Mustang gut 80 Kilometer weit gekommen. Jemanden anrufen ging nicht, was hätte ich denn sagen sollen? »Joa, hab einen kleinen Spaziergang gemacht und mich verlaufen.« Oder: »Wollte mal raus aus Lübeck, ein wenig was von der Welt sehen.« Nein, das ging nicht. Außerdem kannte ich niemanden, der ein Auto hatte, außer meinen Vater. Und Martin – zumindest bis eben.

Ich fand mich damit ab, dass ich auf mich allein gestellt war. Als ich an einem hölzernen Geräteschuppen vorbeikam, machte ich Rast. Meine Klamotten waren verdreckt, und ich hatte von dem Gestrüpp überall Kratzer im Gesicht. Ich sah aus, als hätte ich mit einem Rudel Katzen gekämpft. Ich fragte mich, was sie nun wohl mit Martin anstellen würden. Aber irgendwie war es mir auch scheißegal. Er hatte sich diesen ganzen Mist ausgedacht, also war es auch mehr als fair, dass sie ihn und nicht mich geschnappt hatten.

Ich setzte mich auf einen Baumstumpf und schaute ins Dunkel. In dem Moment sah ich im Schein der Straßenlampe die verrostete Felge eines Fahrrads in einem offenen Geräteschuppen. Bei näherer Betrachtung stellte ich fest: Es war nicht einmal abgeschlossen, und mit wenigen Handgriffen hatte ich die Reifen mit der Luftpumpe, die am Fahrrad befestigt war, gefüllt. Sie hielten die Luft. So wurde ich zu meiner eigentlichen ersten Straftat genötigt, zum Fahrraddiebstahl. Ich radelte fast die ganze Nacht durch und erreichte noch vor Sonnenaufgang unsere Wiese mit den Wohnwagen. Das Fahrrad schmiss ich in eine Hecke. Das würde keiner finden, da war ich mir sicher. Zumindest bis zu dem Zeitpunkt, als ich die Polizisten durch die Plastikscheibe über den Platz schreiten sah.

Es klopfte ein weiteres Mal an die papierdünne Wohnwagentür, und bevor ich irgendetwas tun konnte, öffnete mein Vater. Ich war so überrascht darüber, wie die Polizei es so schnell geschafft hatte, mich zu finden, dass ich stumm blieb. Oder besser: Wie hatten sie es überhaupt geschafft, herauszufinden, dass ich gestern noch in Itzehoe vor einer Verkehrskontrolle geflüchtet war? Es ging dann alles ziemlich schnell. Die Polizisten wechselten einige Worte mit meinem Vater, zeigten mit dem Finger auf mich und erzählten ihm wohl die Kurzvariante der Geschichte, die mir noch ziemlich in den Knochen steckte. Ich stand noch immer wie festgeschraubt in der Küche. Ich hatte nicht den Eindruck, wirklich anwesend zu sein. Es war eher wie ein Theaterstück, dem ich aufmerksam von einiger Distanz folgte. Ich sah, wie mein Vater langsam den Kopf schüttelte. Dann brachte ich doch etwas hinaus: »Ich bin unschuldig«, rief ich, »ich bin unschuldig!« Nicht sehr kreativ, aber theatralisch. Die Polizisten packten mich am Arm. »Schuhe an«, sagte der eine. »Du kommst mit auf die Wache.« Dann schoben sie mich aus dem Wohnwagen. Das Letzte, woran ich mich erinnern kann, war der Blick meiner Schwester, die gerade bei uns zu Besuch war. Schöne Scheiße. Ich entschied mich, mit der Schreierei aufzuhören. Das war ja auch irgendwie albern.

Markus Schmieder, Anwalt von Mike Wappler

Nun, da muss man wohl von einem klassischen Verrat sprechen. Der Junge, den die Polizei noch im Auto geschnappt hatte, plauderte aus, wer mit im Wagen gesessen hatte. So sind die Polizisten doch überhaupt erst auf Mike gekommen. Hätten die ja nie herausbekommen. Es ist doch immer das Gleiche: Am Verrat scheitern selbst die ganz großen Verbrecher. Wenn es darum geht, den Hals aus der Schlinge zu ziehen, liefert jeder jeden ans Messer.
Wie dem auch sei, unterm Strich war die Sache mit dem Autoklau ja 'ne Kleinigkeit. Da würde ich ja kaum von einem handfesten Delikt sprechen. Ganz besonders, wenn man überlegt, was dann alles noch an schweren Dingern kam. Also all die Jahre später. Der Wagen war ja von den Jungs nicht einmal aufgebrochen oder beschädigt worden. Ein Eigentumsdelikt, das man wohl unter jugendlichem Überschwang abhaken könnte. Da wollten sich ein paar Jungs austesten. Na ja, so kam es aber auf jeden Fall dazu, dass der alte Franz meinen juristischen Beistand suchte. Am Ende ging die Sache auch ziemlich unaufgeregt über die Bühne. Ich glaube, ein Wochenende musste er dafür in eine Art Jugendarrest. So etwas gab es hier mal in Lübeck. War direkt an das Gerichtshaus angeschlossen. Ein schmuckloser Bau, kein schöner Ort.
Wie dem auch sei, wenn man nun zurückblickt, wäre sicher hier eine gute Gelegenheit gewesen, Mike den richtigen Weg zu zeigen. Ob er ihn dann auch gegangen wäre? Keine Ahnung. Aber der alte Franz hat es auf alle Fälle versäumt, ihn an dieser Stelle ordentlich zu stutzen. Er hat ihn wohl zu sehr geliebt, seinen Jungen. Er konnte ihm einfach nicht böse sein. »Schönen

Scheiß hast du da gebaut«, sagte er. Viel mehr kam da nicht. Er hat Mike nach dem Wochenende auch wieder abgeholt. Da hat Mike sich natürlich wieder ganz obenauf gefühlt. Keine Chance, ihn mal richtig zum Nachdenken zu bringen. Mike hätte vielleicht was daraus lernen können. Aber irgendwie, nein, die Chance wurde hier eindeutig verpasst. Der alte Franz hat es ihm ja auch schön vorgemacht, wie man sich so seine eigenen Gesetze schreibt.

Mike fühlte sich schon damals als Sieger über das System – und vor allem: ungerecht behandelt. Zumindest sagte er mal so etwas. Dieses vermeintliche Unrechtsbewusstsein hilft natürlich dabei, sich keine Gedanken zu machen. Worüber soll man denn nachdenken, wenn man sich ungerecht behandelt fühlt? Das mit dem Jugendarrest hat er dann gerne rumerzählt, als würde es eben zum guten Ton gehören, einen Knast weder als Beamter noch als Besucher zu betreten, sondern als Gefangener.

Ich hatte schon damals das Gefühl, den Jungen sehe ich schneller wieder, als ihm lieb sein wird. Zu sehr war er an Dingen interessiert, die nur mit hohem Aufwand legal und viel schneller illegal zu erreichen waren. Geld, Macht und Aufmerksamkeit. Besonders das Ringen nach Aufmerksamkeit ist es, das ihn später immer wieder in Schwierigkeiten gebracht hat. Ich habe in meinen Jahren als Strafverteidiger viel gesehen. Ich hab hier Drogendealer sitzen gehabt, millionenschwer waren die. Mit 'nem Golf sind die hierhergekommen. Geld ohne Ende, aber schön unauffällig unterwegs. Aber nee, das war nicht Mikes Konzept. Geld war für ihn immer nur ein Mittel zum Zweck. Ihm macht die ganze Kohle keinen Spaß, wenn er sie nicht zeigen kann.

Meinen ersten Sex hatte ich mit fünfzehn Jahren. So wie Jungs ihren ersten Sex eben haben. Sie hieß Claudia, wohnte einige Straßen von unserer Siedlung entfernt. Sie fuhr Fahrrad, ich fuhr Fahrrad, wir küssten uns und wollten etwas Neues ausprobieren. Etwas weiter gehen. An einen Ort, von dem alle redeten, und um mitreden zu können, musste man selbst mal dort gewesen sein. Es war weder unterirdisch noch außergewöhnlich gut. Ich musste vermuten, dass es so wohl bei allen ist. Claudia war nicht meine große Liebe. Wer sucht mit fünfzehn Jahren schon die große Liebe? Ich zumindest nicht. Etwas mehr als ein Jahr erkundeten wir gegenseitig unsere jungen Körper, dann verließ uns die Lust aneinander. Wir trennten uns, es flossen Tränen. Fertig. So, wie es jeden Tag Tausende Male passiert auf dieser Welt. Ich hatte bis dato nie wirklich schlimme Erfahrungen mit Mädchen gemacht. Niemand hat mich in der Gemeinschaftsdusche wegen eines zu kurzen Schwanzes ausgelacht oder mich an meiner Unterhose an den Telefonmast gehängt. Ich hatte bei der Geburt weder eine Nabelschnur um den Hals noch bin ich je vom Wickeltisch gefallen. Ich wurde zu Hause nicht geschlagen, zumindest nicht mehr als unbedingt notwendig, und meine Eltern haben ihre Streits, wenn es ging, vor uns Kindern geheim gehalten. Sie führten keine Musterehe, und mein Vater betrog meine Mutter mit anderen Frauen. Aber: Zu Hause wurde nicht gesoffen, es wurden keine Drogen konsumiert. Ich habe mich nicht eingenässt oder mir Dinge irgendwo hingesteckt, wo sie nicht reingehören. Denn diese Art von Fragen stellt man sich doch, wenn ein Junge beschließt, Zuhälter zu werden. Oder?

1970
Ein Lude kommt selten allein

Ich tauschte meine erste Freundin Claudia gegen eine andere Person. Gegen einen Mann. Ich lernte Heinz Möller über seinen Bruder Robert kennen. Wie genau, kann ich nicht mehr sagen, aber ich weiß: Wir verstanden uns von der ersten Sekunde an prächtig. Heinz war etwa zehn Jahre älter als ich und der erste Lude, den ich kennenlernte. Man muss wissen: Zigeunern sind einige Dinge verboten. Neben der Zubereitung von Pferdefleisch auch die Prostitution und damit die Zuhälterei. Möller hingegen war Deutscher. Ein gutaussehender Typ mit langen, schwarzen Locken, einem gewinnenden Lächeln und strahlend weißen Zähnen.

Er wohnte in einer schicken Neubauwohnung in Lübeck, besaß einen gewaltigen Farbfernseher und fuhr einen schneeweißen Porsche. Wenn wir gemeinsam durch Lübeck zogen, schauten uns die Leute an. Die Normalen. Die Spießer. Neid lag in ihren Blicken. »Schau sie dir an«, sagte Heinz. »Menschen, die am Ende der Woche mit einer schmalen Lohntüte nach Hause kommen, zu der Frau, die sie mit dem Nachbarn bescheißt, während sie die wenigen Groschen zusammenschuften, um die Beziehung gutbürgerlich am Laufen zu halten.«

Heinz wollte so nicht sein. Ich wollte so nicht sein. In diesem Punkt waren wir uns trotz des Altersunterschieds einig. »In dieser Gesellschaft gibt es nur zwei Gruppen: diejenigen, die fressen, und solche, die gefressen werden«, pflegte Heinz stets zu sagen. »Zum

Glück kann man sich ja aussuchen, zu welcher Gruppe man gehören möchte.« Ich fand, dass Heinz damit recht hatte. Mir war aber auch klar, dass ich mit dem Handel von Antiquitäten und falschen Teppichen schwer in die Gruppe der Fresser kommen würde.

Ich genoss jede Sekunde, die ich mit Heinz unterwegs sein konnte. Und ich liebte es, so angeschaut zu werden, auch wenn ich nur sein Schatten war, der Robin von »Batman«. Sein Auftreten und seine Ausstrahlung sagten: Welt, hier bin ich. Heinz trug einen Kamelhaarmantel, an der Hand eine Rolex und sah aus, ja, wie ein Lude. Er hatte zwei Mädchen in der Clemensstraße am Laufen und pflegte beste Kontakte zum Rotlichtmilieu in Hamburg. »Du erinnerst mich an mich. Nur eben zehn Jahre jünger«, sagte Heinz. »Schön große Schnauze und dicke Eier.«

Ich hatte mich tatsächlich nicht zum Schlechten entwickelt. Auch optisch, versteht sich. Ich hatte mir die Haare lang wachsen lassen und pflegte sie mit viel Öl, was ihnen einen ordentlichen Glanz verlieh. Ich achtete auf meinen Körper, trank ja keinen Alkohol und rauchte nicht, was zwar nicht zu einem verspäteten Wachstumsschub führte, aber meiner Grundverfassung eine gute Form gab.

Fast jeden Tag, wenn ich nicht beim Boxen war oder mit meinem Vater an Türen klopfte, verbrachte ich meine Zeit mit Heinz. Sein Umgang mit Frauen war vorbildlich. Er war immer charmant, nie aufbrausend. Ein Mann von Welt. Oder so, wie ich mir einen Mann von Welt vorstellte. »Wenn du bei Frauen Erfolg haben willst, musst du großzügig sein. Geschenke machen, wenn sie traurig sind, und zuhören, wenn sie Sorgen haben.« Heinz übernahm, und das für uns beide unbewusst, die Rolle eines Mentors für mich.

Eines Abends fuhren wir in seinem Porsche ziellos durch Lübeck, über die Kreisverkehre hinweg zur Clemensstraße. »Heinz«, sagte ich, »ich glaub', ich will auch Lude werden.« Ich hatte mir diesen Satz nicht zurechtgelegt. Er kam einfach aus mir heraus. Heinz nickte, als hätte er schon viel zu lange auf diesen Satz warten müssen. Ein Zuhälter zu sein hatte damals tatsächlich etwas Ehrenhaftes. Heute schwingt da viel mit: Gewalt, Drogen, AIDS, Zwangsprostitution. Früher war das alles anders, da war das noch ein großer Spaß für die Erwachsenen, bei dem man sich im schlimmsten Fall einen Tripper oder ein blaues Auge holen konnte. Und das Schönste: Es gab ordentlich Geld zu verdienen.

An meinem 17. Geburtstag holte mich Heinz in der Wohnung meiner Mutter ab. Ich war vor einigen Monaten zu ihr in die Mietwohnung am Stadtrand von Lübeck gezogen, weil mein Vater einen Verkehrsunfall gehabt hatte. Wie üblich drückte Heinz einmal lang, einmal kurz auf die Hupe. Ich hatte meinen besten Anzug an, eine Goldkette um und zog die Tür mit den Worten »Wartet nicht auf mich« ins Schloss und stürmte die Treppen hinab.

»Was geht ab?«, fragte ich, als ich mich ins Auto setzte. »Die 88 geht ab. Da wartet eine kleine Überraschung auf dich«, antwortete Heinz und steuerte den Wagen Richtung Hamburg. Die 88 war eine Diskothek auf der Reeperbahn. Ein Laden für Luden und leichte Mädels. Wir waren gelegentlich dort, wenn Heinz Geld abholte, Geschäfte machte oder wenn es irgendetwas zu besprechen gab, was man eben nur dort besprechen konnte. Die Wände waren mit rotem Samt bezogen, die Sitzecken kamen schön in rotem Leder. Es duftete nach Zigarettenrauch, Alkohol und süßem Parfüm. Eine Mischung, die nach Geld, Macht und schönen Frauen roch. Die Bar war mit einigen Drehhockern gesäumt, auf denen immer die gleichen Gestalten saßen, um sich mit billigem Fusel den Alltag aus dem Kopf zu spülen. Eigentlich sah der Laden wie ein Puff aus, war er aber nicht. Auf der einen Seite saßen die

Luden, auf der anderen die Soliden. So nannte man die, die nichts mit dem Milieu zu tun hatten – daher hatten sie auf unserer Seite nichts zu suchen.

Heinz bestellte Champagner und bezahlte, wie üblich, mit einem 100-Mark-Schein. Der Fusel kam in einem gewaltigen Kübel, der bis zum Rand mit Eis gefüllt war. Erstaunlich, dass die Bedienung alles an unseren Tisch brachte, ohne auch nur einen Tropfen Eiswasser zu verschütten. »Dann kann es ja losgehen«, sagte er, schaute mich mit einem verschmitzten Lächeln an und drückte mir ein Glas Champagner in die Hand. »Prost.« Ich hob mein Glas.

Seine Hauptfrau, so nannte man damals das Mädel, mit der man neben der geschäftlichen Beziehung auch so etwas wie ein gutbürgerliches Leben führte, war ein ziemlich heißer Feger. Sibille. Blond, fast einen Kopf größer als ich, mit unverschämt großen Titten und einem Arsch, der in eine Hand passte. An diesem Abend brachte sie eine Freundin mit. Brigitte. Seit zwei Jahren schaffte sie auf dem Kiez an und hatte keinen Freund, was bedeutete, sie hatte keinen Luden. Ihre üppigen roten Locken hielt sie in einem Zopf im Zaum, ihre Hüfte war kräftig, das Becken breit. Sie hatte ein Lächeln wie die Unschuld vom Lande. Und: Sie war wohl so etwas wie ein Geburtstagsgeschenk von Heinz. Meine erste eigene Hauptfrau.

Ich redete übers Boxen, sie nickte. Ich sagte, sie würde von nun an für mich arbeiten, sie nickte. Es klingt so einfach, dass man es kaum glauben mag, aber damals war es so. Die Mädchen suchten einen Mann, zu dem sie aufschauen konnten. Einen, über den man sprach, einen, der gut aussah. Ein Typ, der sie beschützen konnte, wenn es mal eng wurde. Man darf dabei nicht vergessen: Diese Mädchen kamen aus dem Milieu und wurden nicht aus Polen verschleppt und zur Prostitution gezwungen. Sie haben sich für diesen Beruf, wenn auch oft durch äußere Umstände beeinflusst, entschieden. Es gab sogenannte Aufreißer. Heinz war der beste Aufreißer, den ich je in meinem Leben traf. Er »begeisterte«, und das ohne Gewalt oder Drohungen, eine Vielzahl von jungen Damen für die Prostitution. Das Geld, das sie dabei verdienten, mussten sie abgeben. Dafür konnten sie sicher sein, wie eine Prinzessin behandelt zu werden. Sie bekamen Schmuck, Pelze, eine schöne Wohnung. Alles, was sie haben wollten, wurde besorgt. Und sie gaben wiederum ihren Körper dafür hin. Es war schlichtweg ein Geschäft. Ein Geschäft, von dem alle etwas hatten – die einen etwas mehr, die anderen etwas weniger.

Es ist müßig, darüber nachzudenken, ob man so etwas moralisch vertreten kann oder will. Ob die Zuhälter schuld sind oder nicht sogar die Männer, die zu Prostituierten gehen. Oder vielleicht die Frauen, die ihre Männer nicht mehr ranlassen, weshalb diese dann die Dienste von Nutten beanspruchen. Oder ob nicht vielleicht eine gesellschaftlich verordnete Monogamie erst Prostitution nötig macht. Es macht keinen Unterschied. Mir war früh klar: Für einen Kerl wie mich, der nicht lesen und schreiben konnte, gab es kaum eine bessere Möglichkeit, etwas aus sich zu machen.

Damals steckte jeder irgendwie mit drin. Selbst die Polizisten schauten weg und durften dafür später an die Mädchen ran. Es war eine ganz eigene kleine Gesellschaft, von der die andere Gesellschaft, die normale, nichts mitbekam. Mit eigenen Regeln und eigenem Slang. Absprachen wurden getroffen, Deals gemacht. Die Guten mit den Bösen, die Schlauen mit den Dummen, und alle waren nur auf eines aus: auf den persönlichen Profit. Solange alle rechtzeitig bezahlt wurden, lebten wir unbeschwert auf unserem kleinen Planeten.

Brigitte arbeitete für mich in der Herbertstraße. Heute ein beliebtes Ausflugsziel für Kiez-Touristen, früher der Wallfahrtsort für Lohntütenempfänger. In der kurzen, abgeschotteten Straße mit dem Hinweisschild »Für Jugendliche unter 18 Jahren und Frauen verboten« hatte Brigitte sich einen Arbeitsplatz gemietet. Er sah aus wie alle anderen dort: vorne ein großes Fenster und hinten ein Zimmer. Sie zahlte für ihr kleines Reich 100 Mark am Tag. Freier wurden am Fenster mit 50 Mark angeködert. Wer in diese Venusfalle tappte, konnte damit rechnen, hinten im Zimmer noch einmal 150 Mark zahlen zu müssen, bevor er überhaupt mal ein paar Brüste zu sehen bekam. Wollte er nicht zahlen, gab es eine Art Hausmeister, den Wirtschafter, der ihm dann freundlichst das restliche Geld aus der Rippe schlug. Der Wirtschafter wurde natürlich auch bezahlt. Mit Geld ging eben alles. An einem guten Abend brachte Brigitte bis zu 2000 Mark nach Hause. Ein fleißiger Familienvater, der einem gewöhnlichen Job nachging, bekam in einem ganzen Monat nicht so viel Geld zusammen und musste noch Frau und Kind durchbringen.

Damals muss wohl der Zeitpunkt gekommen sein, an dem sich für mich der natürliche Zusammenhang zwischen Lohn und Arbeit völlig verabschiedete. Geld war von nun an immer da und jeden Morgen frisch – wie Brötchen vom Bäcker. Meine Einkaufstouren in die teuersten Läden kannten kein finanzielles Limit mehr. Egal ob für mich oder für Brigitte. Man musste seine Mädels gut behandeln, sonst waren sie weg und mit ihnen das schöne Geld. Das hatte ich von Heinz gelernt. So kaufte ich ein, als ob es kein Morgen gäbe. Ich zum Maßschneider Oelke: »Nähen Sie beim Anzug ruhig Goldfäden ein. Schön dick die Dinger.« Ich zum Juwelier Wempe: »Ist das die teuerste Rolex, die es in diesem Ramschladen gibt? Dann nehm' ich zwei.«

Bezahlt wurde immer und alles mit Bargeld. Es wurde nichts gespart, nichts gebunkert. Es gab keine Konten, keine Truhen. Warum auch, Geld kam ja jeden Morgen neu. Und die Idee, dass mal alles ganz anders kommen könnte, die kam mir nicht.

Ich entschied, dass die Zeit reif war, bei meiner Mutter auszuziehen. Sie hatte zu meiner ganzen Entwicklung nichts gesagt. Ich kann mir kaum vorstellen, dass sie so gar nichts gemerkt hat. Aber wer weiß, was in einer Mutter vorgeht, die ihr Kind liebt. Möglicherweise dachte sie auch, dass ich das Geld ausgebe, das ich bei den Touren mit meinem Vater verdiente. Hinzu kam, dass eine Krankheit ihr zunehmend das Augenlicht nahm. Meine Mutter wurde blind.

Ich nahm mir eine schöne Wohnung gleich in der Nähe von Heinz. Da ich keinen Führerschein hatte und nun häufig pendeln musste, um beim Geschäft nach dem Rechten zu sehen, fuhr ich dann mit Heinz oder mit dem Taxi nach Hamburg.

Es war das Jahr 1972, in München wurde eine Handvoll israelischer Sportler entführt und später umgebracht. Und ich lernte Melanie kennen. Ich sah sie in einer Bar in Lübeck. Draußen war Sommer, drinnen fuhr der Zug nach Nirgendwo von Christian Anders aus den Boxen. Sie hockte mit zwei Freundinnen in einer Sitzecke. Sie tranken Weinschorle und gackerten wie die Hühner auf der Stange. Melanie fiel mir sofort auf. Ihr Haar glänzte wie Gold unter dem Licht der billigen Bar-Glühlampe. Unter ihrem Sommerkleid zeichneten sich perfekt geformte Brüste ab. Sie lachte viel, schaute schüchtern in den Raum. »Verdammte Scheiße, die kann was«, schoss es mir durch den Kopf.

Ich bestellte eine Flasche Champagner für die kleine Gruppe und ließ die Flasche von einem Kellner an den Tisch bringen. Das Leben hatte mich gelehrt, dass man sich nehmen muss, was einem gefällt, weil einem niemand etwas schenkt in dieser Welt. Diese Erkenntnis sollte mich durch das ganze Leben begleiten und mir viele Jahre Knast einbringen. Das wusste ich damals aber noch nicht. Und wenn ich es gewusst hätte: Ich hätte nichts anders gemacht, keine anderen Entscheidungen getroffen oder einen anderen Weg gewählt.

»n' Abend, die Damen«, sagte ich, als ich mit wenigen langen Schritten den runden Tisch erreichte. Ich ließ dieses blonde Mädchen mit den schönen Haaren und den perfekten Brüsten nicht eine Sekunde aus den Augen. Man witzelte, scherzte und trank Champagner. Ich bestellte noch zwei weitere Flaschen. Irgendwann gingen die Freundinnen, Melanie blieb. Noch an diesem Abend nahm ich sie mit nach Hause. Wir hatten wunderbaren Sex, verstanden uns prächtig. Sie verkaufte Blumen in einem kleinen Laden an der Weberstraße in Lübeck. Wir redeten nicht besonders viel, es war eher eine Plauderei. So wie sich zwei Menschen unterhalten, die eben nicht viel mehr miteinander verbindet als der reine Akt und die Freude aneinander. Die Rechnung dafür bekam ich einige Zeit später. Melanie rief mich an, sagte, wir müssten uns treffen. Sie war weit überfällig, die Tage blieben aus, sie war schwanger. Einige Wochen nach diesem Treffen zog sie schon bei mir ein.

Melanie fragte mich nie, wo eigentlich das ganze Geld herkam, das immer da war. Glitt ein Gespräch in diese Richtung ab, war ich eben Kaufmann. Hanseatischer Kaufmann. »Das sind Dinge, die dich nur langweilen«, sagte ich dann immer, und sie gab sich mit dieser Antwort zufrieden. So begann ich, ein klassisches Doppelleben zu führen: Beziehungsmensch und Lude. Ich trennte diese beiden Welten strikt voneinander.

Bis ein launiger Pokerabend, kurz vor meinem 18. Geburtstag, alles veränderte. Ich hatte als Starthand ein Ass und einen König –

eine Kombination, die schwer zu schlagen war. Es wurden fröhlich Wetteinsätze gemacht. Geld, Schmuck und Uhren. Nur Riko Montana dachte, es wäre wohl witzig, einen anderen Einsatz zu bringen. Montana setzte seinen Kalfaktor ein, so etwas wie seinen persönlichen Butler. Ein jüngerer Typ, der schon seit Jahren für unterschiedliche Luden arbeitete und viele Dienste erledigte. Natürlich gegen Bezahlung. Er kaufte ein, kochte, führte die Hunde der Mädels Gassi und besorgte alles, was man ihm auftrug. Im Nachhinein wäre es besser gewesen, ich hätte dieses bescheuerte Pokerspiel nicht gewonnen. Immerhin wurde ich Vater. Aber manchmal werden die Karten im Leben eben so ausgeteilt, und man muss sie spielen, wie sie kommen. Ein kluger Mann, den ich später im Knast kennenlernte, sagte mal einen cleveren Satz zu dem Thema: Du solltest nie deine Karten spielen, sondern immer die der anderen. Es ist also eine Frage, wie man auf die Dinge blickt.

1973
Ein Tag der Freude

Ich hatte mir inzwischen einen Platz in der Fahrschule Neumann in Lübeck besorgt. Da ich ein Auto wollte und auch brauchte, machte ich mich also daran, systematisch zu lernen. Etwas, dass ich gefühlt mein ganzes Leben noch nicht getan hatte. Ich verschwieg Frau Neumann, einer netten alten Dame mit grauen Löckchen, gelben Zähnen und einer dicken Brille nicht, dass ich weder lesen noch schreiben konnte. »Kein Problem«, sagte sie fröhlich und zog ein Formular aus ihrem abgewetzten Aktenschrank. »Dann werden wir mal eine mündliche Prüfung beantragen.« Gemeinsam füllten wir das Formular aus. Es gab eine Vielzahl von Sondergenehmigungen, wenn man die richtigen Sachen vorweisen konnte. Mein älterer Bruder Gandhi durfte sogar seinen Führerschein schon mit siebzehn Jahren machen, weil er unsere an den Augen erkrankte Mutter zu den Ärzten fahren musste. Ein Attest vom Arzt reichte aus. In meinem Fall reichte einzig der Antrag. Warum sollte auch jemand, der Lesen und Schreiben kann, eine solche Prüfung mündlich ablegen wollen?

Zur Vorbereitung bekam ich fünfundfünfzig Fahrschulbögen zuzüglich Sonderzeichen von Frau Neumann in die Hand gedrückt. Insgesamt waren es also gut und gern sechshundert Fragen. Zum Kotzen. Ich traf mich von da an immer vormittags eine Stunde mit meinem Kumpel Frank Walser. Er las mir alle Fragen vor und gab mir die richtige Antwort dazu. Frank bastelte sogar kleine

Schilder aus Pappe, die er auf Schaschlikspieße klebte und zwischendurch hochhielt. Ich fand es ein wenig albern, aber es half.

Knapp einen Monat brauchte ich, um alle Fragen auswendig zu lernen. Es ist eine glückliche Eigenschaft meines Gehirns, sich Dinge in bestimmten Zusammenhängen gut merken zu können. Diese Fähigkeit ist für einen Ganoven Gold wert, da ich immer weiß, wann ich wem welche Lügengeschichte aufgetischt habe. Die mündliche Prüfung machte ich später vor einem Ausschuss, der mir eine Handvoll Fragen vorlas. Ich hatte zu allen eine Antwort parat und habe die Prüfung fehlerfrei bestanden, beim ersten Mal.

Noch während Melanies Bauch wuchs und wuchs, entschied ich, dass eine Hochzeit für alle Beteiligten das Beste wäre. Ich machte ihr einen Heiratsantrag. Schön traditionell mit allem Zipp und Zapp. Es war keine Entscheidung aus Liebe, eher aus Gründen der Zweckmäßigkeit. Es ging dann auch alles ziemlich schnell, kein langer Vorlauf, bloß nicht ewig rummachen. Wir wurden in der Kirche in Lübeck getraut, es war eine schöne Feier. Melanie sah in ihrem weißen Hochzeitskleid und mit dem kugelrunden Bauch wirklich lecker aus. Meine Mutter und mein Vater waren auch da. Sie redeten miteinander, über was oder wie, kann ich nicht sagen. Sie wirkten beide nicht sehr amüsiert. Wenn eine Ehe zerbricht, hat man sich vielleicht auch nicht mehr viel zu sagen. Die Enttäuschung war, zumindest glaubte ich das, beiden anzusehen.

Einige Boxer standen Spalier, als wir aus der Kirche kamen. Mein Trainer, Hanni Stahlbaum, stand ganz vorne und zwang seine faltige Gesichtshaut, sich zu einem Lächeln zu formen. Er trug einen grauen Anzug, der schon etwas in die Jahre gekommen schien. An den Schultern hing der Stoff, als sei die Person, für die er mal geschnitten wurde, über die Jahre etwas eingelaufen. Hanni ist eben nicht mehr der Jüngste, dachte ich, als ich ihn so sah.

Es ist irgendwie verwirrend, wenn man Menschen nur in Trainingshose kennt und sie dann in einem Anzug sieht. Es fällt einem schwer, sie gedanklich mit den Ereignissen zu verknüpfen, mit denen sie sonst untrennbar verbunden sind. Am Abend auf der Feier sagte ich zu ihm: »Hanni, ich höre auf. Ich hab keinen Bock mehr, mich zu quälen.« Er schaute mich eine Weile an. Er schien die Worte, die er sagen wollte, immer und immer wieder in seinem Kopf kreisen zu lassen. Er drehte sie, zog an ihnen und stauchte sie wieder. Kaugummigedanken. »Eine gewisse Qual gehört zum Leben, Junge. Nur Erfolge, die man sich auch erarbeitet hat, machen einen nachhaltig glücklich. Das lernst du bestimmt auch noch irgendwann.« Er grinste, als er mir freundschaftlich auf die Schulter klopfte, um sich dann in Richtung Buffet aufzumachen. »Wir sehen uns, Junge. Wir sehen uns.« Ich mochte es nicht, dass er mich immer Junge nannte.

Zwei Monate nach der Hochzeit traf ich Heinz zu einer Besprechung in der 88. Es war nichts Wichtiges. Es war sogar völlig unwichtig. Ich hatte den Kalfaktor losgeschickt, um für Brigitte ein schönes Kleid zu kaufen, sie war in letzter Zeit sehr fleißig gewesen, und ich hatte nicht den Eindruck, als würde sie mich um Geld betrügen. Etwas, das durchaus passieren konnte, wenn man die Zügel so locker hielt, wie ich es tat.

Melanie war kurz davor, unser Kind zur Welt zu bringen, draußen schien die Sonne, und alle Farben waren einen Hauch kräftiger als die Tage zuvor. Der Wind trug den Duft von Sommer durch die Straßen, es war also alles in bester Ordnung. Heinz und ich verquatschten uns, nachdem wir uns in unserer Stammecke im 88 niedergelassen hatten. Es gab ja immer was zu erzählen: Der »Dicke Uwe« hatte dies und das gemacht, der »Schnelle Dieter« wurde wieder mit 'ner Knarre erwischt oder die Mädels vom Rainer spurten nicht mehr. Wir konnten uns stundenlang in sinnlose Milieu-Gespräche vertiefen. Es war wunderbar.

Als ich nach einigen Stunden alleine und bester Laune aus der 88 schlenderte und den Kiez mit einem Lächeln begrüßte, bekam ich einen ziemlich kräftigen Schlag ins Kreuz. Während ich noch damit beschäftigt war, nicht das Gleichgewicht nach vorne zu verlieren und hinzufallen, hatten sie meine Arme schon nach hinten gedreht und die Handschellen geschlossen.

»Mike Peter Wappler«, sagte ein Bulle, und es klang nicht nach einer Frage. »Wir verhaften Sie wegen Menschenhandels und Prostitution.« Mir war klar, dass Brigitte erst zwanzig Jahre alt war und damit vor dem damaligen Gesetz noch nicht als volljährig galt. Dass mir das aber mal zu einem Strick gedreht werden würde, an den sie mich hängten, so weit hatte ich nicht gedacht. Wie ich sehr viel später erfuhr, hatte der Kalfaktor mich verraten. Um seinen eigenen Arsch zu retten – er selbst hatte noch eine Straftat offen –, verkaufte er meinen an die Staatsanwaltschaft. Der Wichser. Es gibt eben keine Ehre unter Verbrechern.

Ich wurde in die Untersuchungshaft nach Neumünster gebracht. Da auch ich noch unter einundzwanzig war, musste ich in einer Anstalt für Jugendliche untergebracht werden. Und die gab es eben nur in Neumünster. Ich bekam eine Zelle mit vergitterten Fenstern, einem Fernseher und jeden Tag eine Stunde Freigang im Hof. Das Essen war grausam, und ich fragte mich in so manch stiller Stunde, ob es das alles wert war. Doch immer kam ich nur zu einer Antwort: Ja, das ist es wert. Nach einer Woche in Untersuchungshaft hinterlegte mein Vater 10 000 Mark Kaution und ich kam wieder auf freien Fuß. An dieser Stelle macht es der Staat gut vor: Wer Geld hat, hat auch Freiheiten.

»Du bist aber auch ein selten dämlicher Hund«, sagte mein Vater, als er mich in Neumünster abholte. »'ne Nutte. Und dann auch noch nicht mal volljährig.« Mehr sagte er nicht. Die Fahrt nach Lübeck verbrachten wir schweigend. Diesmal war es aber kein schönes Schweigen. Und doch legte der König der Zigeuner, mein Vater, seine Hand schützend über mein Haupt. Nie wurde öffentlich über meine Geschäfte gesprochen oder das Ganze zu einem Thema gemacht. Von der Justiz der Zigeuner blieb ich verschont, der Staat hingegen gab mir achtzehn Monate auf Bewährung.

Jochen Schütt, Wegbegleiter von Mike Wappler

Wie Kai aus der Kiste, so tauchte dieser kleine Zigeuner in der Clemensstraße auf. Heinz Möller brachte ihn damals mit. Die Clemensstraße an der Untertrave war unsere kleine, aber feine Reeperbahn in Lübeck. Heute sind da teure Eigentumswohnungen in den Häusern drin, früher war das ein überschaubarer Rotlichtbezirk. Ich sag mal: ein Treffpunkt für Freunde des Milieus. Um zu verstehen, warum alles kam, wie es kam, muss man aber ein wenig weiter zurückreisen. In die Vergangenheit. Ich bin 1957 in Lübeck geboren worden. Mein Vater verkaufte und reparierte Autos. Schon mit vierzehn lernte ich über den KFZ-Handel die Leute kennen, die im Milieu was zu sagen hatten. Da war der Lüneburger Klaus, der Dicke Udo, Hans Habemann oder die Tonat-Brüder. Alle etwa zehn Jahre älter als ich und schwer im Geschäft. Es ging eigentlich immer um Mädels. Nie Drogen oder Waffen, das gab es damals noch nicht.

Lübeck ist 'ne Hafenstadt, das ist sicher auch ein Grund, warum so etwas wie ein Rotlichtdistrikt in dieser Provinzstadt wachsen konnte. Wir hatten viele Werften und damit auch viele Wanderarbeiter hier, und die Clemensstraße bot schon von der Architektur her etwas sehr Intimes. Die Häuser standen eng, die Straße war sehr schmal. Wenn du da mit dem Auto durch bist, durfte da auch keiner laufen, den hätte man glatt umgefahren. Ein paar Luden brachten ihre Mädchen aus Hamburg mit, damit es dort keine Reibereien gab. Und so war das alles eine saubere Sache, damals in der Clemensstraße.
Wenn ich so darüber nachdenke, wie ich zum Luden geworden bin, gibt es nur eine Antwort. Und Gleiches gilt sicher auch für Mike: Als junger Kerl ist man fasziniert von den Möglichkeiten. Wenn man die ganzen Leute kennenlernt und sieht, was die für dicke Zwiebeln am Arm tragen und für geile Karren fahren, kann man sich doch nur dafür entscheiden, Lude zu werden. Heute ist das anders: Der Nachwuchs will ja Popstar oder so was werden. Ich zumindest hatte damals nicht vor, den Rest meines Lebens in der Werkstatt von meinem Alten zu stehen und die Autos fremder Leute wieder zusammenzubasteln. Bis zu den Oberarmen im Motorraum für ein paar krumme Kröten. Nee. Rückblickend muss man also sagen: Ich bin gerade noch rechtzeitig vom richtigen Weg abgekommen.
Irgendwie rutschen ja immer alle auf die gleiche Weise ins Milieu rein. Am Anfang bin ich ja mit den Ganoven nur mitgelaufen. Ins Eroscenter, in die Herzdame oder in die Clemensstraße. Aber irgendwann, es muss mit siebzehn Jahren gewesen sein, nahm ich mir ein eigenes Mädchen. Sie war meine Hauptfrau. Sie suchte einen Kerl, zu dem sie aufschauen konnte, den sie vorzeigen wollte und der sich zur Not auch

mal gerade machte. Man muss vielleicht noch wissen, dass man es als Lude durchaus hinbekam, mehrere Frauen am Laufen zu haben, nämlich die Hauptfrau und dann die 1. Partie, die 2. Partie oder auch die 3. Partie. Zusammengelebt hat man aber immer nur mit der Hauptfrau. Man fuhr damals auch gemeinsam in Urlaub. Ein kleines Familienunternehmen also. Da war alles glasklar. Und wenn es doch mal Debatten gab, gab es was an die Ohren. Dann war wieder alles glasklar.
Nun ja, ich fuhr meine Hauptfrau also mittags in den Puff und holte sie am nächsten Morgen wieder ab. Am Sonntag spielten wir glückliches Pärchen. Dazwischen hatten wir Luft, ordentlich Blödsinn zu machen. Zu diesem Zeitpunkt etwa kam Mike in die Clemensstraße. Er fiel auf, man kannte ja jeden, der dort etwas, nennen wir es mal Geschäftliches, zu tun hatte. Wie ich hörte, kam er gerade aus dem Jugendknast. Sie hatten ihn wegen Prostitution am Schlafittchen, da war er etwa 17 oder 18 Jahre alt.

Melanie schenkte mir eine Tochter, wir nannten sie Nicole. Ein Sonnenschein, der viel schrie, kackte und hauptsächlich mit Schlafen und Essen beschäftigt war. Ich liebte diesen kleinen Wurm. Dennoch, die eine Woche Knast hatte einiges in unserer kleinen Welt ins Wanken gebracht. Melanie fing plötzlich an, mir seltsame Fragen zu stellen. Die Stimmung im Hause Wappler war nachhaltig vergiftet. Daraus drehte ich ihr keinen Strick, aber mir wurde völlig klar, dass diese Ehe keine Überlebenschance hatte.

Die Sache mit der Bewährung war tatsächlich etwas unglücklich. Um einen extravaganten Lebensstil zu halten, musste ein geregelter Geldfluss sichergestellt werden. Als Hilfsarbeiter waren solche Eskapaden nicht drin. Aber so schnell in den Knast zurück wollte ich natürlich auch nicht. Man kann ja leider nicht Hobby-Lude werden oder Lude Light. Entweder man machte den Job richtig und ganz, oder man ließ es besser sein. Auch Brigitte, mein Kapital, wurde mit der Zeit immer schwieriger. Ihre Lust auf Alkohol wuchs sich zu einem handfesten Problem aus. Immer wieder tauchte sie stockbesoffen in der Herbertstraße auf und brüllte herum. Sie bespuckte die anderen Mädchen, keifte wie eine Wahnsinnige und brachte Unruhe ins Milieu. Das fiel natürlich auf mich zurück. Der Mike hat die Sache nicht im Griff und so. Es war nur eine Frage der Zeit, bis mir ihre Alkoholsucht zu einem Stolperstein werden würde. Ich verkaufte sie. Was grausam klingt, war Teil des Geschäfts. Oder besser: Das Ende einer Geschäftsbeziehung.

»Bayern-Peter« war an Brigitte interessiert, und ich verkaufte sie ihm für 10 000 Mark. Eine klassische Abstecke für ein Mädchen dieser Qualität damals. Damit war sie nun sein Problem. Ein damals völlig übliches Verfahren. Die Frauen wechselten wie Ware den Besitzer. Je heißer die Ware, desto höher der Preis. Das war sicher nicht schön, aber unverzichtbar. Denn es gab ganz klare Regeln, die jeder beachtete: Man sprach nicht mit den Frauen von anderen, man lud sie zu nichts ein und fuhr sie nirgendwo hin. Zu einer Schlägerei brachte man kein Messer mit, zu einer Stecherei keine Knarre. Ganz einfach.

Wenn man Interesse an einer Frau hatte, machte man ihrem Freund ein Angebot. Wurde es akzeptiert, war alles gut. Wurde es nicht akzeptiert, hatte man sich aus dem Staub zu machen. An diese einfachen Grundregeln hielt sich jeder. Zumindest Mitte der 70er-Jahre noch. Was mit einer Ganoven-Gesellschaft passiert, die sich nicht mehr an Regeln hält, konnte man knapp neun Jahre später ganz gut beobachten. Denn »Bayern-Peter« kam bei Meinungsverschiedenheiten im Rotlichtmilieu unter die Räder. Man fand seinen leblosen Körper im September 1984 mit einer Kugel im Kopf. Er saß noch aufrecht hinter dem Steuer seines Pontiacs. »Bayern-Peter« war das zweite Opfer von Auftragskiller Werner »Mucki« Pinzner, dem berüchtigten »St.-Pauli-Killer«. Eine Zeit, in der die aufgestellten Regeln mit reiner Brutalität übergangen wurden. Es galt das Recht des Stärkeren. Eine Zeit, die alles veränderte. Den Kiez, die Prostitution. Alles.

1975
Ich und du, Blinde Kuh

Aber noch schrieben wir das Jahr der friedlichen Koexistenz im Milieu. Nach nur zwei Jahren Ehe trennte ich mich von Melanie. Sie nahm Nicole zu sich, ein Umstand, der mir das Herz brach, aber was sollte ich allein mit einem Baby anfangen? Ich hatte ganz andere Sorgen. Denn ohne Frau brauchte ich eine andere lukrative Einnahmequelle. Ich erinnerte mich an meine Fähigkeit, vieles im Leben schon mit guten Geschichten erreicht zu haben. Ich konzentrierte mich auf die sogenannten Luftgeschäfte und begann Dinge zu verkaufen, die ich nicht besaß.

Die Idee dahinter ist ganz einfach und sicher schon so alt wie der Handel an sich. Man bietet einem Hehler Ware an – also einem Ganoven geklaute Dinge. Der unschlagbare Vorteil, wenn man einen Ganoven übers Ohr haut, liegt auf der Hand: Er wird einen kaum anzeigen – das wäre juristisches Harakiri. Ich war Mitglied in einer halbseidenen Gesellschaft. Dort jemanden zu finden, der gestohlene Dinge haben wollte, war ein Kinderspiel. Man muss sich natürlich ganz genau anschauen, wen man sich da vornimmt. Es muss jemand sein, der an der Oberfläche schwimmt. Einer, der im Milieu keine wichtigen Freunde hat. Im Klartext: ein Lutscher.

Ich rief meinen Kumpel Jochen an, und wir fuhren nach Kiel in eine Diskothek, wie sie in den vergangenen Jahren massenhaft aus dem Provinzboden geschossen waren. Übers Boxen kam man zu jener Zeit immer ins Gespräch. In den richtigen Läden kannte man mein Gesicht. Auch wenn ich es boxtechnisch nicht zu Weltruhm gebracht hatte, war ich doch immerhin eine Lokalgröße. Mit teuren Klamotten und gutem Champagner findet man schnell Freunde in solchen Gegenden. Ich trank keinen Alkohol, eigentlich nie, lud aber großzügig dazu ein.

»Und, boxt du noch?«, fragte der Lutscher, den ich zu unserem Tisch eingeladen hatte, und fummelte sich im Gesicht herum. »Nee«, sagte ich, »nur noch leichtes Training.« Stille. »Ich besorge derzeit günstig Dinge, die andere haben wollen.« Stille. Er: »Ach, so was. Was denn?« Ich beugte mich ganz langsam zu ihm herüber und flüsterte: »Zigaretten.« Ich wusste, dass der Vogel mit dem Geld seiner Eltern, die einen gut gehenden Schlachthof hatten, einen auf Gangster machte und hin und wieder kleine Deals durchzog. Ich packte ihn am Revers seines Sakkos und zog ihn so dicht an meine Seite, dass er mein Aftershave mit der Zunge hätte schmecken können. »Aber nicht ein paar Schachteln, sondern Container. Geschäfte für ganz große Jungs.« Der Typ hatte das Selbstvertrauen einer Luftpumpe und suchte nichts sehnlicher, als einen großen Deal, über den die Leute sprechen würden. Das konnte ich ihm durchaus bieten.

Wir verabredeten uns für den kommenden Mittwoch. Er sollte mich an einem Ort aufgabeln, der unverfänglich war. Zwanzig Minuten vor der verabredeten Zeit fuhr ich also mit dem Taxi zu der Grünfläche vor dem Holstentor in Lübeck. Ein guter Treffpunkt für solche Gelegenheiten, dachte ich, als ich auf das Bauwerk hinter mir schaute. Auf der Seite, die stadtauswärts zeigt, sind lateinische Buchstaben angebracht. Sie bedeuten »Eintracht innen, draußen Friede«. Es ist so ziemlich das Einzige, was ich in der Schule gelernt und nie vergessen habe. Aber ein Motto, das irgendwie nicht zu dem heutigen Tag passen sollte.

Pünktlich hielt der Lutscher mit seiner Karre neben mir, einem silbernen Mercedes-Kombi, wohl von seinem Vater. Er trug eine schwarze Wollmütze und eine Sonnenbrille, obwohl dicke Wolken seit Tagen die Sonne aussperrten. So ein Idiot, dachte ich, als ich zu ihm ins Auto stieg.

»Und?«, fragte ich. »Super, alles super. Super«, antwortete er und kaute hektisch auf einem Kaugummi herum. Ich fragte mich, ob der Idiot womöglich auf Drogen war. Ich nannte ihm einen Straßennamen in einem Wohngebiet und führte ihn mit einigen Umwegen dorthin. Nach etwa einer halben Stunde erreichten wir unser Ziel. »Wir sind da. Hast du die Kohle?«, fragte ich. »Klar, klar«, antwortete er und öffnete die Fahrertür. »Wo willst du denn hin, du Pappnase?« Er erstarrte in seiner Bewegung und schaute mich an, als hätte ich ihn gerade um einen Kuss gebeten. »Da da da da rein«, stammelte er und zeigte auf das Wohnhaus. »Du glaubst doch nicht ernsthaft, dass mein Kontakt deine komische Fresse sehen will. Das Risiko geht der nie ein. Du könntest ja ein Bulle sein«, antwortete ich. »Hier geht es um große Geschäfte, du Schießbudenfigur. Und ich glaube kaum, dass du irgendwas machen möchtest, um ihm zu beweisen, dass du kein Bulle bist.« Er blieb einen Moment stumm und schaute mich wie ein Fisch an. »Nö … nee«, presste er heraus. »Na siehste mal«, sagte ich in einem beruhigenden Ton. »Du gibst mir jetzt die Kohle, ich gehe hoch und mache den Deal perfekt und dann holen wir nachher gemeinsam die Kartons raus. Mmmh …?«, schlug ich vor. Er griff in seine Brusttasche und angelte einen Umschlag von der Dicke einer Toastscheibe heraus. Ich nahm das Geld an mich, stieg aus dem Auto und machte mich mit langen Schritten auf in Richtung Haustür.

Die schwere Tür war nicht im Schloss eingerastet, irgendwer hatte den Bolzen entfernt, sodass es nicht möglich war, die Tür zu schließen. Ich drückte den Klingelknopf ohne Namensschild und betrat das kühle Treppenhaus. Über die ersten Stufen erreichte ich das Hochparterre. Doch statt die weiteren Stufen zu erklimmen, um zu den Wohnungstüren zu gelangen, nahm ich die wenigen Stiegen zur Innenhoftür. Hier hatte ebenfalls jemand den Bolzen entfernt, sodass auch diese Tür nicht abzuschließen war. Was für ein seltsamer Zufall, dachte ich und musste lachen.

Den kurzen Weg zur Telefonzelle hatte ich mir bereits am Vorabend genau angesehen, nachdem ich sorgfältig die Bolzen aus den zwei Schlössern entfernt hatte. Ich wählte die Nummer der Polizei. Als sich am anderen Ende der Leitung eine Stimme meldete, begann ich sofort mit meinem Text. »Kommen Sie schnell in den Drosselweg«, rief ich aufgeregt in den Hörer. »Da versucht ein Typ gerade ein Auto aufzubrechen. Ich kann es ganz genau aus meinem Fenster sehen. Kommen Sie schnell. Drosselweg. Drosselweg.« Dann legte ich auf. Es dauerte keine fünf Minuten, da hörte man aus der Ferne die Polizeisirenen. Das Geräusch kam immer näher zum Drosselweg. Der Lutscher bekam Panik. Ich konnte von der Ecke, an der ich mich postiert hatte, ganz gut sehen, wie er sich kurz vor Eintreffen der Polizei aus dem Staub machte. Ich war um 10 000 Mark reicher.

Eine Woche später fuhr ich in die gleiche Diskothek in Kiel, in der ich den Typen aufgegabelt hatte. Ich sah ihn an der Bar stehen und stapfte auf direktem Weg zu ihm. Als er mich kommen sah, wurden seine Augen riesig. »Du verdammter Penner, wo warst du?«, rief ich und packte ihn am Kragen. »Die Bu-. Die Bu-. Die Bu-. Die Bullen«, stotterte er. »Ganz genau«, rief ich und lief wohl vor Zorn sichtbar rot an, denn seine Augen weiteten sich so sehr, dass man Angst haben musste, sie würden jeden Augenblick aus der Fassung fallen. »Als ich aus der Tür kam, hatte ich schon einen Karton mit geklauten Kippen im Arm und sehe dich beschissenes Arschloch, wie du wegfährst.« Er sagte nichts. »Die haben mich drei Tage verhört. Die Kippen sind weg und deine Kohle auch«, rief ich und schüttelte ihn kräftig. Er leistete keinerlei Gegenwehr, blieb aber stocksteif wie eine Schaufensterpuppe. Ihm dämmerte wohl etwas ganz gewaltig.

»Und hast du denen meinen Namen genannt?«, fragte er kleinlaut. Ich sagte nichts. Man konnte sehen, wie sich kleine Tröpfchen Angstschweiß auf seiner Stirn bildeten. »Natürlich nicht. Ganovenehre. Aber mit so einem Penner wie dir mache ich keine Geschäfte mehr. Kollegen hängen lassen, das ist ja wohl das Letzte.« Ich ließ seinen Kragen los und stieß ihn weg. In seinen Augen las ich pure Dankbarkeit. Er war sicher noch nie so froh, um 10 000 Mark gebracht worden zu sein.

Diese Luftgeschäfte funktionierten ausgezeichnet. Immer mit Dingen, die seinerzeit jeder haben wollte. Erst Zigaretten, später VHS-Rekorder oder Videokassetten, Stereoanlagen. Die Liste war unendlich lang. Und wer glaubt, heute würde so etwas nicht mehr funktionieren, der irrt gewaltig. Ein Freund aus alten Tagen fährt noch heute durch die Lande und verkauft Lautsprecherboxen aus einem Transporter heraus. Der Trick ist in meinen Augen so genial wie einfach. Er gibt in regelmäßigen Abständen einige Anzeigen in mehreren Audio-Magazinen auf und bietet dort besonders seltene und teure Audioboxen aus den USA an. Nun fährt er mit einem geliehenen Transporter durch die Lande und hält irgendwelche wildfremden Typen auf der Straße an.

Die Geschichte ist dabei immer die gleiche: Er sei Kurierfahrer und bei einer Lieferung hätte man ihm wohl zu viele Boxen aufgeladen. Eben gerade habe er also die bestellten zehn Lautsprecher bei einem Kunden abgeliefert und muss den Wagen in einigen Stunden wieder zur Spedition zurückbringen. Aber da sind ja noch die zwei Paar 2500-Euro-Boxen, die nun übrig sind und sicher von der Spedition wieder direkt zum Hersteller zurückgeschickt werden. Nun würde er, weil er ja als Kurierfahrer in Eile ist, die Dinger schnell für 400 Euro loswerden wollen, da er in dieser Gegend auch niemanden kennt, bei dem er die Lautsprecher lagern könne. Als Beweis für den Wert der Lautsprecher präsentiert er die Audio-Zeitschriften, die er gerade an der Tankstelle gekauft hat.

Der Zeitdruck ist dabei ein wichtiger Faktor, er unterstreicht die vermeintliche Exklusivität dieses einmaligen Angebots. Jetzt oder nie. Auch mal was riskieren, das eigene Glück endlich am Schopf packen und aus dem Transporter ziehen. Nicht immer nur zusehen, wie andere Glück haben, selber dabei sein. Wenn nun also ein dahergelaufener Dödel glaubt, endlich vom Schicksal begünstigt worden zu sein, rennt er zum Bankautomaten und holt die Kohle. 400 Euro kommen ja problemlos aus jeder Kiste. Es ist nicht zu viel Geld, als dass man zu lange überlegt, es ist aber auch nicht so wenig, dass man die ganze Geschichte in Frage stellt.

Das Tragische: Die Boxen, die man nun erworben hat, sind nicht viel mehr wert als der Karton, in dem sie verpackt sind. Es ist eigentlich ganz einfach: Geschichten, die zu schön klingen, um wahr zu sein, sind meist Lügen. Wer sich das klarmacht, vermindert das Risiko, übers Ohr gehauen zu werden, erheblich. Doch diese Art von Deals gehen heute immer noch problemlos über die Bühne. Jeden Tag und überall. Und wieder sind es Gier und das Gefühl, aus dem Unglück des anderen einen Profit zu schlagen, die diese Geschäfte möglich machen. Es ist doch eigentlich klar, dass man damit der Firma, die diese Lautsprecher herstellt, schadet.

Aber das hält niemanden davon ab, es beflügelt sogar. An einem guten Tag verkauft mein Kumpel zehn Lautsprecher. Das wäre nicht meine Art von Geschäft: die Kleinen abziehen, die möglicherweise die 400 Euro für einen Jahresurlaub mit der Verlobten gespart hatten oder damit der Mutti ein schönes Geschenk machen wollten. Oder einfach diese 400 Euro dringender brauchen als mein Kumpel.

Aber wer wäre ich, dieses Verhalten zu verurteilen? Ich bin nicht besser oder schlechter oder gar frei von Gier. Und frei von Schuld sicher auch nicht. Nach dem ersten Geschäft mit dem Lutscher aus Kiel wurde ich fast süchtig danach, die ganze Welt zu bescheißen. Ich hatte das Gefühl, dass mich keiner mehr aufhalten kann. Zugegeben: Ich hatte angefangen, in unregelmäßigen Abständen Kokain zu konsumieren, was nicht gerade half, auf dem Teppich zu bleiben. Hier und dort eine Nase – das ging immer.

An einem solch launigen Abend saß ich in einer Kneipe auf der Reeperbahn und traf zufällig auf Moni. Sie war eine Puffmutter in Zwangsrente, die ich schon seit ein paar Jahren flüchtig kannte. Ihr Parfüm war viel zu stark, ihre Klamotten viel zu auffällig, ihre Stimme zu laut und das Make-up viel zu dick aufgetragen. Sie war irgendwie von allem zu viel. Sie sah aus wie eine Frau, die schon vor Jahren das Rauchen hätte aufgeben sollen. Vor einiger Zeit hatte sie noch ein kleines Privat-Bordell etwas abseits der Reeperbahn, wurde aber von den großen Jungs aus dem Geschäft gedrängt. Seither trieb sie sich als Statist im Milieu herum, immer in der Hoffnung, von dem großen Kuchenteller doch noch ein paar Krümel abzubekommen. Sie trug eine Vielzahl von goldenen Ringen und silbernen Ketten, die unmotiviert an ihrem Körper hingen. Ich bestellte ihr einen Whisky-Cola und mir einen Pott Kaffee.

»Kann ich dir günstig besorgen«, sagte ich und zeigte beiläufig auf ihren Schmuck. Aus irgendeiner Laune heraus begann ich, ein haltbares Lügengeflecht zu basteln, woher dieser Schmuck kam und warum er so günstig sein sollte. »Die Alte muss den Krempel verkaufen, weil bei ihr eingebrochen worden ist und sie den Schmuck als gestohlen gemeldet hat«, log ich. Einfach so. Die Geschichte nahm in meinem Kopf Form und Farbe an, wuchs und trieb Blüten. Ich quatschte regelrecht auf Moni ein und leierte ihr so das Geld aus dem Kreuz. Die 3000 Mark, die sie mir am folgenden Tag gab, waren eisern angesparte Reserven und wahrscheinlich die letzte Kohle, die ihr noch geblieben war – das zumindest nahm ich an. Und doch ging ich los und besorgte am nächsten Morgen beim Türken um die Ecke billigen Modeschmuck für 100 Mark. Moni gab mir all ihr Geld, in der Hoffnung, ein gutes Geschäft gemacht zu haben. »Das ist ein Teil meiner Rente«, fügte sie noch hinzu. »Na, dann ist es ja gut angelegt«, antwortete ich und übergab ihr den wertlosen Plunder.

Das schlechte Gewissen packte mich schon drei Tage später am Genick. Es begann, als ich auf den Hof von Autohaus Becker schlenderte, um einen goldenen Porsche abzuholen. Viele Jungs aus dem Milieu hatten mit Becker einen Deal. Die Luxusschleudern wurden uns zwar zu hohen Raten überlassen, dafür durften wir aber in bar zahlen und auf Papierkram wurde verzichtet. Im Austausch bekamen wir immer die neusten Karren. Wenn die Raten nicht bezahlt wurden oder jemand in den Knast ging, holte ein Mitarbeiter des Autohauses das Gefährt einfach wieder ab.

Als ich die Einfahrt rausfuhr – es hatte zwischenzeitlich ordentlich zu regnen begonnen, was in Hamburg nicht unüblich ist, aber dieser Regen war von außergewöhnlich nasser Form –, sah ich auf der gegenüberliegenden Straßenseite Moni durch die dicken Pfützen staksen.

Es sah so aus, als ob die ganze Last der Welt auf diesen alten Schultern lag. Sie strahlte eine unendliche Müdigkeit aus, die schon beim Zusehen schmerzte. Ihre Schritte waren langsam, der Kopf gesenkt. Sie machte keine Anstalten, sich schnell ins Trockene zu bringen. Unbarmherzig regnete es auf diese geschundene Seele herab. Es war wohl das traurigste Bild, das ich je gesehen hatte. Ich setzte den Blinker und fuhr vom Hof.

Am kommenden Tag begab ich mich also in die Bar, in der Hoffnung, dort auf Moni zu treffen. Ich sollte aber kein Glück haben, es saß keine bekannte Seele in dem Trinktempel. Kurt, der Barkeeper, kannte ihre Adresse, weil er ihr öfter mal ein Taxi rief. »Hinten, bei der großen Müllverbrennungsanlage«, sagte er, als ich etwas ratlos auf den Bierdeckel blickte, auf den er die Adresse gekritzelt hatte, die ich nicht lesen konnte. Die Müllverbrennungsanlage aber kannte ich. Ich bedankte mich und griff nach dem Untersetzer. Ich werde unterwegs nach dem Weg fragen, dachte ich, da kann die Pappe nicht schaden. Ich steckte sie in meine Hosentasche.

Auf dem Weg zu Moni, oder besser, zur Müllverbrennungsanlage, hielt ich an einem Blumenladen und kaufte einen Strauß. Keine Ahnung, was man einer abgetakelten Puffmutter für Blumen mitbringt. »Ich bräuchte einen Strauß für eine ältere Dame«, sagte ich. »Lebenslustig«, schob ich nach und bekam für 15 Mark eine Mischung gut duftender Stängel in die Hand gedrückt. In dem Blumenladen konnte man mir den Weg recht einfach beschreiben.

Als ich die angegebene Adresse erreichte, parkte ich den Porsche vor dem runtergekommenen Mehrfamilienhaus. Die grüne Farbe fiel schon in handtellergroßen Stücken von der Wand, die Fenster waren von innen beschlagen oder von außen dreckig oder beides. Das oberste Fenster war geöffnet und Moni schaute heraus. Sie hatte ihre Unterarme auf ein Kissen gebettet und blickte in eine Welt, mit der sie nicht mehr viel zu tun hatte. »Moni«, rief ich hoch. Es dauerte ein wenig, bis sie reagierte. Sie schien mich nicht auf Anhieb zu erkennen. »Mike?«, fragte sie. »Ja«, rief ich, »lässt du mich rein?«

Als ich oben ankam, ließ sie mich nicht in die Wohnung. Vielleicht war es ihr unangenehm, aber sicher war es ihr nicht geheuer, dass ich an ihrer Türschwelle stand, mit einem Blumenstrauß in der Hand. »Ich habe dir Blumen mitgebracht«, sagte ich und drückte den Strauß durch den Schlitz, den sie zwischen Tür und Türrahmen ließ. Sie schaute auf den Strauß, als hätte sie noch nie Schnittblumen gesehen – Stängel aus einer anderen Welt. »Ich habe jemanden gefunden, der den Schmuck unbedingt haben will«, sagte ich, bevor sie reagieren konnte. »Und zwar für 4000 Mark. Da machst du auch noch schön Gewinn.« Ihre alten Augen bekamen einen Glanz, wie ich ihn bei ihr noch nie gesehen hatte. Ich ließ ihr also den Blumenstrauß und die 4000 Mark da, nahm den Schmuck an mich und machte mich aus dem Staub. »Du bist ein Engel, Mike«, rief sie mir nach. Einige Straßen weiter hielt ich an und schmiss die Ketten und Ringe in einen Mülleimer. Es hing nichts Gutes an ihnen.

Das war tatsächlich das einzige und letzte Mal, dass ich jemanden betrog, dem es echt dreckig ging. Es steht natürlich außer Frage, dass auch Verbrecher und Reiche darunter leiden, wenn ihnen Geld abhandenkommt, aber der Schmerz ist kaum lebensbedrohlich.

Jochen Schütt, Wegbegleiter von Mike Wappler

Mike war schon immer anders als die anderen Kinder. Das konnte man schon früh merken. Im Milieu galt: Nur mit einer dicken Schnauze kannst du was werden. Ich kenne niemanden, der eine größere Klappe hat als Mike. Eine weitere gute Milieu-Eigenschaft: Er bunkerte die Kohle nicht und gab immer kräftig einen aus – so schafft man sich einflussreiche Freunde und beste Kontakte.

Ich sehe ihn direkt vor mir, mit seinen schulterlangen, schwarzen Haaren. Fast jeden Tag fuhr er zum Friseur, um sie sich hübsch machen zu lassen. »Fräulein«, quatschte er die Auszubildenden an und im selben Atemzug tätschelte er ihnen den Arsch. »Schön mit der schwarzblauen Tinktur.« Angeblich schimmerten daher seine Haare so fein im Licht. Sagte er zumindest. Ich fand, dass es scheiße aussah. Wir zogen ihn damit schön auf. Er hatte schon immer Sinn für Humor. Zumindest wenn es um Freunde ging. Mike passte einfach ausgezeichnet ins Milieu.

Nun, zu der Zeit saßen wir oft beim Klaus in der Clemensstraße im Haus 4. Ein kleines Café direkt zwischen den Nutten und Zuhältern. Ein ganz feiner Laden. Ich erinnere mich noch gerne an den Tag, als Mike, breitbeinig, sein Hemd offen bis zum Bauchnabel, sein Haar war vor kurzem noch im warmen Wind des Friseurföhns geweht, in den Laden stolzierte. »Na, ihr verhungerten Seelen«, rief er. »Ich lad' euch alle ein, der Chef bezahlt.« Uns schien, er hatte was zu feiern. Mit vier Autos sind wir dann zum Italiener gefahren. Tür auf, und da waren wir. Im Laden saßen ja noch andere Leute. Ein Haufen solide Leute. Mike hat sich dann ein Telefon an den Tisch bringen lassen. Ich fragte ihn, wen er denn nun anrufen würde. »Hirsch«, sagte er. Hirsch war ein Kumpel von ihm. Scheinbar war Hirsch nicht da, und die Mutter ging ans Telefon. Mike erhob seine Stimme. »Guten Tag, Frau Hirsch, ist denn Hans-Hermann im Haus? Nein? Mario Meister, Kripo Hamburg. Sagen Sie ihm doch bitte, dass er sich unverzüglich bei uns zu melden hat. Er ist schon wieder aufgefallen. Dödel-Delikt auf dem Kinderspielplatz. Wenn sie verstehen, was ich meine. Ja. Ja. Nee. Danke.« Die ganze Luden-Ausflugsgruppe bog sich vor Lachen, die Soliden ergriffen die Flucht. So war Mike. Aus dem Stegreif fällt ihm so etwas einfach ein. Nun, was er zu feiern hatte, erfuhren wir an dem Abend nicht. Ich glaube, es hatte irgendetwas mit 'ner Frau zu tun. Keine Ahnung. Aber einige Wochen später hatten die Bullen ihn schön an den Eiern. Ich meine, er war immerhin noch auf Bewährung. Er konnte ja nicht die Füße still halten. Wenn man auf Bewährung ein Ding dreht, muss man sich schon sehr sicher sein, dass die Nummer nicht rauskommt, sonst sieht der Staatsanwalt rot. Feuerrot.

Ich hatte wieder mit dem Boxen angefangen. Aber das süße Leben machte mich fett und träge. So richtig kam ich nicht in Schwung. Für meine Körpergröße war ich zu schwer. So kämpfte ich in einer Klasse, in der meine Gegner ständig gut zehn Zentimeter länger waren. Selbst mit Affenarmen war da kein Rankommen. Einmal die Woche, wenn ich es schaffte, sah ich meine Tochter. Sie wuchs und wuchs. Ich besuchte in unregelmäßigen Abständen meine Mutter, die mittlerweile völlig erblindet war. Oft schoss mir ein Gedanke durch den Kopf: lieber tot als blind. Doch sie hatte sich, wie mir schien, mit dem Umstand recht gut arrangiert. Nun, worüber sollte sich eine Jüdin, die Auschwitz überlebt hatte, auch beschweren? Sie hatte schon direkt in die Hölle geblickt – vielleicht war dann die Blindheit eine kleine Erlösung. Zumindest hatte ich den Eindruck, dass es so war.

Die Luftgeschäfte liefen ausgezeichnet, und nebenher hatte ich wieder ein Mädel, Charlotte, die gutes Geld nach Hause brachte. Sie war nicht minderjährig, sodass eine direkte Strafverfolgung nicht zwangsläufig wäre. Ich entspannte mich also und ging shoppen. So liefen gute Tage: Aufwachen, Geld in der Tasche und Porsche vor der Tür. Ich hatte keine höheren Ziele. Eigentlich hatte ich gar keine Ziele. Ich wollte nicht nach Brasilien, um mir dort ein Haus für meinen Lebensabend zu kaufen. Ich wollte keine Jacht in der Südsee, irgendwie in die Geschichtsbücher kommen oder irgendwo Präsident werden. Nein, ich lebte ziellos in den Tag hinein.

An einem Sonntag, ich schlenderte durch die Hamburger Innenstadt, über die Spitalerstraße, vorbei an den schon weihnachtlich geschmückten Schaufenstern, sah ich einen Penner, der eingerollt in seinen dreckigen Schlafsack in einem Hauseingang lag. Er hatte einige Pappkartons aufgerissen und sich daraus eine Unterlage gebastelt. Er stank nach Pisse und schnarchte. Vor dieses üble Szenario hatte er eine Kaffeetasse hingestellt, in die er einen beschriebenen Zettel reingelegt hatte. Es lag kein Pfennig auf dem Tassenboden. Welche Fügung gab ihm einen vollgepissten Schlafsack und mir einen Mantel aus Kamelhaar? Ich bekam schlechte Laune und legte ihm einen 100-Mark-Schein in die Tasse. Warum musste mir der Penner durch seine Anwesenheit nun die Laune verderben?

»Ob der da lange bleibt, ist fraglich«, sagte eine Frauenstimme hinter mir. Ich drehte mich um und blickte in ein freundliches Gesicht. In ein schönes Gesicht. Rote Bäckchen, weiße Zähne, grüne Augen, alles eingerahmt von einer dicken Wintermütze, die über die Ohren ging und unter dem Kinn verknotet war. Hinter mir schnarchte der Penner, vor mir stand ein kleiner Engel. Wie dicht in dieser Welt das Glück und das Pech beieinanderliegen, verblüffte mich.

Anja war sehr gesprächig, sie redete ohne Punkt und Komma. Ein wunderbarer Wesenszug. Wir trafen uns nach diesem Sonntag regelmäßig. Wir hatten eine gute Zeit, sie war ganz anders als die Frauen, die ich sonst kannte. Sie war, ohne Zweifel, unverbraucht.

Ganoven, die ich kenne, reden oft über den einen großen Coup. Der letzte Knaller, um sich danach mit Pauken und Trompeten von der Bühne zu verabschieden. Um dann ein seriöses Leben zu pflegen, als Mensch gewordenes Sahnehäubchen auf der Mittelmäßigkeit. Ich würde gerne sagen, dass ich mir so etwas in den stillen, einsamen Stunden auch wünschte. Eine Frau, ein Reihenhaus, einen Hund und endlich ankommen. Aber es wäre eine Lüge. Ich wollte so weitermachen und nie ankommen. Auch nicht, als Anja mir sagte, dass sie schwanger sei. Eins war mir an diesem Punkt völlig klar: Kinder machen konnte ich. Was ich aber berufsbedingt nicht konnte, war, ein guter Vater zu sein.

Es war das Jahr 1980. Ein ehemaliger Cowboy wurde Präsident in den USA, in Deutschland wurde die Sommerzeit wieder eingeführt und ich hatte jemanden aufgetrieben, den man wunderbar Maß nehmen konnte. Ein klassisches Opfer. Ein Typ, der eine nicht unerhebliche Summe Geld geerbt hatte und damit automatisch in den Schatten seines verstorbenen Vaters rückte, der diese Erbschaft erst ermöglicht hatte. Ich hatte ihn im Casino des Interconti Hotels aufgegabelt. Dort, an der Alster und unter seinesgleichen, kommt man schnell ins Gespräch. Er spielte nur Black Jack und verlor eigentlich immer, was ihn dennoch nicht davon abhielt, fast jeden Abend am selben Tisch zu sitzen und zu spielen. Ein Typ, in etwa so alt wie ich, mit kurzen schwarzen Haaren und einem auffällig kleinen Unterkiefer. Immer wenn er sprach, flogen bei dem Buchstaben D ein paar Fetzen Speichel aus seinem Mund. Dieser Umstand machte Unterhaltungen mit ihm außerordentlich unangenehm. Das Ganze verschlimmerte sich noch, wenn er trank. Und er war eigentlich ständig besoffen. Aber ich hörte zu. Wohl als Einziger. Er erzählte Geschichten über ein Geschäftsimperium, das zerfiel, über eine Mutter, der er es als einziger Sohn nicht recht machen konnte, und über den Umstand, dass er sich das alles nicht mehr lange gefallen lassen wollte. Ich nickte.

Eines Abends schlug ich ihm einen Deal vor, mit dem er seiner Mutter endlich beweisen konnte, dass er es auch draufhatte. Seine glasigen Augen schauten mich wissbegierig an. »Videokassetten und Rekorder. Direkt aus Japan, frisch ausm Container«, sagte ich. Ich machte ihm ein unschlagbares Angebot, weil ich wusste, dass er einige Kontakte zu kleinen Straßendealern pflegte, die für ihn die Dinger verkaufen könnten. Damals waren Videorekorder ein Muss in jedem Haushalt und leicht abzusetzen.

Er hatte, wie er einige Tage zuvor erzählte, noch Schwarzgeld vom verstorbenen Vater übernommen, welches er ja kaum auf legalem Weg vermehren konnte. Er überlegte und sagte dann: »5000 Mark. Das ist mein Einsatz.« Ich schaute ihn an und drehte mich, ohne ein weiteres Wort zu verlieren, um und ging in Richtung Garderobe. Als ich meinen Abholschein auf den Tresen legte, hatte er mich erreicht. »Warte, warte«, rief er. »Was habe ich falsch gemacht?« Ich schaute ihm in seine duffen Augen und war froh, dass in dem Satz kein D vorkam. »Ich mache keine Geschäfte um Pissgroschen. Da verbrenne ich mir doch nicht die Finger für. Und jetzt schieb ab.« Wie immer in solchen Momenten überwiegt die Angst, ein einmaliges Geschäft zu verpassen. Ich wusste genau, dass er einknickt. Wir einigten uns auf Ware im Gegenwert von 25 000 Mark und verabredeten uns für Ende der Woche, um den Deal durchzuziehen. Ich entschied mich, den identischen Plan zu verfolgen wie schon bei so vielen Luftgeschäften zuvor: zu einer Adresse fahren, vorne rein, hinten raus und die Bullen von einem öffentlichen Telefon rufen. Zack, 25 000 Mark reicher.

Doch dieses Mal hatte ich die Rechnung offenbar ohne eine geknechtete Seele gemacht. Es war womöglich der letzte Tropfen, der das Fass zum Überlaufen brachte. Erst die Mutter, die ihn immer unterdrückte, die Spielbank, in der er ständig verlor, die Frauen, die ihn nie zum Zug kommen ließen, und nun ein Ganove, der ihm die Kohle aus dem Knie leierte. Er zeigte mich an, ohne Rücksicht auf eigene Verluste.

Schon einen Tag später klingelte die Polizei an meiner Tür, und man verhaftete mich wegen des Verdachts auf Betrug und Hehlerei. Ein außerordentlich unglücklicher Umstand, da meine alte Bewährungsstrafe noch nicht ausgelaufen war. Ich wurde in die Untersuchungshaft nach Lübeck verbracht. Auf einmal wurde die Luft dünn. Mir gingen auf der Fahrt viele Dinge durch den Kopf. Warum jetzt? Warum habe ich mir keinen anderen Kerl ausgesucht? Hätte er mich wegen weniger Kohle auch angezeigt? Ich war nicht sauer auf den Typen, es war sein verdammtes Recht, mich anzuzeigen. Doch dass er die Eier dazu hatte, hätte ich nicht erwartet. Er würde wegen der Sache ebenfalls eine Strafe bekommen, immerhin war auch seine Absicht, diese Ware zu kaufen, strafbar. Mal ganz abgesehen von den Dingen, die bei dieser Verhandlung noch rauskommen würden. Andererseits: Das war ein schwacher Trost.

Der Knast ist ein seltsamer Ort, in dem die Zeit scheinbar langsamer läuft. Während die Sekunden in Freiheit an einem vorbeisausen, wenn man mit den Jungs Blödsinn macht oder eine tolle Frau trifft, werden sie im Knast zu einer Art Schneckenschleim – zäh und klebrig. Aber das Gute: Der Knast konserviert. Man schläft viel, ist keinem Stress ausgesetzt und bekommt regelmäßig ausreichend zu essen. Zumindest, wenn man sich schnell in eine gute Position bringt und ausreichend Bargeld hinter Gitter schaffen kann.

Schon am zweiten Tag meiner Untersuchungshaft kam Anja mich besuchen. Ich erzählte ihr das, was sie wissen musste, um zu verstehen, warum ich hier einsaß. Mehr war in meinen Augen nicht nötig. Offen gesagt, log ich sie an. Ich sei durch kriminelle Geschäftspartner mit in den Sumpf gezogen worden und – natürlich – war ich frei von Schuld. Ich sei bald wieder draußen, sagte ich ihr. Das war zumindest keine Lüge.

Der Termin für meine Verhandlung vor dem Lübecker Landgericht kam schneller als erwartet. Mein Vater hatte wieder den Anwalt Schmieder beauftragt, der mich schon vertreten hatte, als es damals um die Sache mit dem Autoklau und die Geschichte mit der minderjährigen Prostituierten ging. »Das sieht bitter aus«, sagte er bei unserer ersten Begegnung und reichte mir zur Begrüßung die Hand über den alten Holztisch im Besucherraum. »Der Staatsanwalt versteht bei so etwas überhaupt keinen Spaß. Es sind noch zwei weitere Personen aufgetaucht, die behaupten, von dir abgezogen worden zu sein«, sagte er und strich sich mit der Hand übers Kinn. »Das sieht bitter aus.« Ich schaute ihn an und sagte: »Na, auf bitter kann ich nicht so.«

Ich hatte sicher nicht vor, so lange hier zu sitzen, bis man mich schuldig spricht. Schuldig war ich eh, dass wusste ich. Laut meinem Anwalt sprachen wir hier nicht von irgendwelchen Erziehungsmaßnahmen, die der Staat an mir vornehmen wollte, sondern von ein paar Jahren Knast.

Einige Tage zuvor hatte ich einen Mithäftling kennengelernt, der wegen einer Schlägerei am Lübecker Bahnhof ebenfalls in Untersuchungshaft saß. Das Blöde dabei war, dass er auf einen Polizisten eingedroschen hatte, als der ihn nach seinen Ausweispapieren fragte. So dämlich muss man mal sein. Als ich mich mit dem Schläger beim Hofgang unterhielt, kam mir ein Gedanke. Wie ein Blitz schlug er in meinem Kopf ein und formte einige Sätze, die aus meinem Mund purzelten: »Da brauchst du doch einen Zeugen«, sagte ich. »Ich hab doch die ganze Sache gesehen. Die Schlägerei am Bahnhof. Der Bulle hat dich doch zuerst geschlagen.« Er schaute mich an. »Mike, würdest du das für mich aussagen?« »Sicher. Sicher«, antwortete ich und schlug ihm freundschaftlich auf die Schulter. »Kein Ding, für Kollegen mach ich doch alles.«

Ich kannte das Gerichtsgebäude in Lübeck ganz gut. Ich war früher einige Male mit meinem Vater dort gewesen, natürlich nur, wenn wieder gegen einen Zigeuner verhandelt wurde. Wenn es um wichtige Dinge ging, fuhr mein Vater persönlich dorthin, um der Verhandlung beizuwohnen oder um einfach zu schauen, ob der Anwalt etwas auf dem Kasten hatte. Mein Vater pflegte zwangsläufig beste Kontakte zum Staatsanwalt und legte hin und wieder für Beschuldigte oder Verurteilte ein gutes Wort ein, was zu der Zeit ordentlich Gewicht hatte. Der Justiz war auch klar: Machte der Angeklagte nicht das, was mein Vater zusicherte, würde sich die Gemeinschaft der Zigeuner um den Fall kümmern. Und das war ziemlich sicher für den Wortbrüchigen erheblich unangenehmer als jedes andere Szenario, das Justitia wohl je gestalten könnte.

Also meldete ich mich bei einem der Vollzugsbeamten, dass, wie der Zufall manchmal im Leben spielt, ich die Schlägerei am Lübecker Bahnhof mit eigenen Augen gesehen hatte und nun in dieser unschönen Angelegenheit aussagen wollte.

Verhandelt wurde dieser Fall in der Strafkammer A, die glücklicherweise im Erdgeschoss des Gebäudes lag. So viel wusste ich. Ich schmiedete einen bombensicheren Plan – dachte ich zumindest. Der Vorteil, wenn man nicht schreiben kann, liegt klar auf der Hand: Niemand wird je irgendwelche Notizen finden. Ich wusste noch ganz genau, dass der Eingang ins Landgericht, sollten sie es nicht geändert haben, über eine Drehtür erfolgt. Womöglich war das eine Designentscheidung, denn praktisch war das nur für mich.

Am Tag der Verhandlung, es war der 17. August 1981, wurde ich aus der Untersuchungshaft von zwei Beamten abgeholt. Die Fahrt mit dem Auto sollte nicht viel länger als zehn Minuten dauern. Mein Herz schlug so laut, dass ich befürchtete, die Beamten könnten es hören. Meine Hände schwitzten, meine Handgelenke schmerzten. Ich hatte mir einige Tage zuvor an der rauen Zellenwand die Handgelenke aufgescheuert. Ein Hautausschlag, wie ich den Polizisten sagte, ein Problem, das in der Familie lag. Sie hatten daher auf die Handschellen verzichtet. Auf der Fahrt lockerte ich unauffällig meinen Schuh, aber nur den rechten.

»Wir sind da«, sagte der eine Polizist und steuerte den Wagen auf den dafür vorgesehenen Parkplatz. »Los geht die Show.« Er stieg aus, öffnete meine Tür und zog mich aus dem Fond des Wagens. Wir gingen in Richtung Eingang. Mir schoss vieles durch den Kopf, wenig Konkretes. Wer zu viel denkt, handelt nicht. Als wir die Drehtür erreichten, schob mich der eine Polizist vor. Drinnen wartete ich kurz, dass auch die beiden Herren in Grün durch das Portal kamen. Dann ging alles ganz schnell. Ich bückte mich, riss meinen Schuh vom Fuß und stürmte in der entgegengesetzten Richtung in die Drehtür. Ich setzte auf den Überraschungseffekt. Bevor die beiden Polizisten überhaupt realisierten, was hier gerade passierte, hatte ich den Schuh in den Schlitz zwischen Drehtür und Wand gedrückt und die ganze Anlage lahmgelegt. Ich rannte, so schnell mich meine Füße trugen. Hinter mir das Amtsgericht, vor mir die Freiheit.

Ich sprang in ein Auto, das ich vorher dorthin beordert hatte. »Blitzentlassung!«, rief ich und sprang in den Wagen – mit nur einem Schuh am Leib. Der Fahrer trat aufs Gaspedal, ich wurde in die hintere Sitzbank gedrückt und wir bogen nach rechts auf die Hauptstraße in Richtung Bahnhof. Nach drei Minuten hielt der Wagen in einer kleinen Seitenstraße und ich wechselte das Fahrzeug. Wir fuhren in die entgegengesetzte Richtung. Es ging zum Flughafen. Die ersten fünfzehn Minuten verbrachte ich unter einer Decke, die auf der Rücksitzbank lag. Keine Hubschrauber, kein Blaulicht. Keine Verfolger. Schließlich kroch ich aus meinem Versteck hervor und begann mich umzuziehen. Alles war da, wie besprochen. Meine Flucht schien wirklich zu klappen. »Ein Schuh verändert die Welt«, rief ich nach vorne und schüttelte mich vor Lachen. Die Anspannung fiel von mir ab.

Ohne Papiere, aber mit einem Papierticket in der Hand, sprang ich am Flughafen Hamburg aus dem Auto. Hier zog ich zum ersten Mal die Nummer mit dem kleinen Jungen und dem Autogramm durch, ich hatte sie mir in der Untersuchungshaft ausgedacht und sie sollte sich als äußerst hilfreich erweisen, denn ohne nach meinem Ausweis gefragt worden zu sein, bestieg ich den Flieger nach Berlin – damals noch eine geteilte Stadt und der perfekte Ort für die, die untertauchen mussten. Besonders vor dem Staat.

Ich kam vorerst bei einem entfernten Verwandten unter, der selbst ordentlich Dreck am Stecken hatte. Er machte mich, wie es so schön hieß, frisch. Mit 5000 Mark Startkapital begann ich also ein neues Leben. Zwar auf der Flucht, aber frei. Die ersten Tage verließ ich das Haus nicht. Ich wollte warten, bis sich die erste Aufregung legte. Man darf nicht vergessen, damals gab es das Internet nicht, kein Facebook oder irgendwelche schnellen Medien, die einen Flüchtigen verraten konnten. Es gab die Zeitungen, das Radio, das Fernsehen und Polizeibeamte, denen auch nur bedingt Mittel zur Verfügung standen. Wenn jemand glaubte, einen wiedererkannt zu haben, hätte er ja die Zeitung aufbewahrt haben müssen. Einfach googeln war 1981 noch nicht – und offenbar hatten die Leute andere Sorgen als mich.

Ich bewegte mich recht frei durch Berlin, wusste aber auch, dass ich hier nicht bleiben konnte. Ich wollte und musste irgendwann raus aus der Stadt, doch die Ausreise würde sich sicher nicht so leicht gestalten wie der Weg rein, das zumindest befürchtete ich.

Durch meinen Verwandten lernte ich ein neureiches Opfer kennen und verkaufte ihm eine Palette Faxgeräte. Eine ganz neue Maschine aus Japan, mit der man Zettel von einer Seite des Planeten in Sekundenschelle zur anderen Seite befördern konnte. Ganz ohne Post und so. Ich hatte nie ein Faxgerät gesehen und der Idiot auch nicht, aber der Deal brachte mir knapp 8000 Mark ein. Ich war wieder im Geschäft. Tatsächlich muss man sich die Frage stellen, wie jemand auf der Flucht noch solche Geschäfte durchziehen kann. Die Antwort ist ganz einfach: Es war das Einzige, was ich wirklich gut konnte.

Ich brachte fast zwei Wochen damit zu, zu überlegen, wie ich wieder aus Berlin rauskam. Immerhin waren seit meiner Flucht gut zwei Monate vergangen, und ich hatte das Gefühl, dass die Luft dünn wurde. Einen Beleg dafür gab es nicht, ich spürte es aber irgendwie.

Von einer Telefonzelle aus wählte ich die Nummer meines Bruders in Lübeck. Mit einem Klacken in der Leitung wurde die Verbindung hergestellt. »Steinbach«, sagte mein Bruder. »Pass auf«, sagte ich, ohne ein Wort der Begrüßung. »Sag deiner Frau, dass nur sie die kommenden Tage ans Telefon gehen soll. Wenn ein Beamter bei dir anruft, sagt sie dem, dass du in Berlin auf einer Messe bist. Sie soll dann mich beschreiben, sollte der fragen.« Stille. »Hä?« »Ich hab keine Zeit zu sabbeln, geht das, oder nicht?« Wieder Stille. »Sicher, Mike, aber …« Ich legte auf.

Ich besorgte mir in einem Sportgeschäft Boxhandschuhe, eine kurze, glänzende Hose mit roten Streifen, knöchelhohe Sportschuhe und etwas Baby-Öl. Auf dem Rückweg hielt ich bei einem Geschäft auf dem Ku'damm, wo man auf das Schaufenster eine übergroße Kamera, aus der an der oberen Kante ein Vögelchen sprang, geklebt hatte. Ich drückte die Tür auf. »Guten Tag, ich brauche bitte für eine Geburtstagsfeier einige Autogrammkarten. Ich als Boxer und so«, sagte ich zu der kleinen runden Frau, die hinter dem Tresen stand. Sie freute sich sehr, als sie mich einölen durfte. Die Entwicklung der Bilder und der Druck auf Pappe dauerte etwas, sodass ich mich um einen Flug kümmern konnte. Am besten zu einer Zeit, zu der viel los war. Zu einer Zeit, wenn die Menschen unter Stress geraten und Dinge schnell vom Tisch haben wollen. Es wurde ein Freitagabend. Ich entschied mich, die Kinder-Autogrammkarten-Nummer etwas zu erweitern, ansonsten würde ich am Flughafen Schönefeld sicher scheitern.

Mein Verwandter und sein kleiner Sohn begleiteten mich zum Flughafen. Für solche Experimente hat man leider nur einen Versuch. Oder es liegt zwischen dem ersten und dem zweiten eine verdammt lange Haftstrafe. Ich gab mein Gepäck auf und sah bereits von einiger Entfernung, dass die Grenzschützer aufmerksam die Ausweise der Reisenden kontrollierten. Kurz bevor ich also an der Reihe war, kam der Kleine angerannt und ließ sich von mir ein Autogramm geben. Die Beamten schauten neugierig. Ich hatte ihre Aufmerksamkeit. So weit, so gut. Der Kleine bedankte sich lautstark und verschwand wieder in der Masse der Menschen, die in dem Flughafengebäude rumwuselten. »Guten Tag, meine Herren«, sagte ich freundlich in die Runde. Ein älterer Grenzschützer mit einer schiefen Knollnase, einem hohen Haaransatz und Aknenarben schaute mich misstrauisch an. Du musst eine harte Kindheit gehabt haben, dachte ich. »Ich hab ein kleines Problem«, begann ich. »Ich bin hier in Berlin auf einer Messe gewesen und man hat mir anscheinend dort meine Papiere geklaut. Nun muss ich aber dringend nach Hamburg, weil ich morgen um die Europameisterschaft im Mittelgewicht boxe.« Beim Wort Boxen leuchteten seine sonst so toten Augen auf. »Boxen?«, fragte er. Ich reichte allen eine Autogrammkarte, auf der mein Name Stand, Peter Steinbach, Europameister Mittelgewicht. Ich sah richtig schick aus auf dem Foto, glänzte so schön eingeölt im Blitzlicht. Die Dicke hatte es gut hinbekommen. »Herr Steinbach«, murmelte dann der Beamte. »Können Sie das beweisen?« Ich gab ihm die Nummer von meinem Bruder, und er verschwand für einige Minuten in einem

Hinterzimmer. »Ihre Frau hat das bestätigt und Sie sehr treffend beschrieben«, sagte er. »Ich lasse Ihnen vorläufige Papiere ausstellen.« Es dauerte nicht viel länger als fünfzehn Minuten und ein Passfoto später bekam ich offizielle Papiere mit meinem Gesicht drauf. »Lassen Sie sich schnellstmöglich einen neuen Ausweis machen und viel Erfolg bei dem Kampf morgen, Herr Steinbach. Ich drücke Ihnen die Daumen. Hauen Sie ihn aus den Socken«, sagte der Grenzer und zog mir zum Abschied noch zwei Autogrammkarten aus dem Stapel. »Für meine Söhne«, sagte er und schmunzelte verlegen. Seine Aknenarben verzogen sich dabei zu vielen kleinen Strichen. Von nun an hieß ich Peter Steinbach. Es war ein sehr ruhiger Flug nach Hamburg.

Mit meinen frischen Papieren reiste ich fröhlich durch ganz Deutschland, ließ mich von keiner Verkehrskontrolle schocken, machte Geschäfte und vergaß irgendwann fast, dass ich eigentlich auf der Flucht war. Aber Flucht bedeutet ja auch, dass man irgendwohin flieht und zwangsläufig auch irgendwo ankommt. Aber wo sollte ich hin? Ins Ausland? Mich in einem Loch verstecken? Deckel zu und aus? Das kam für mich nicht in Frage. Für mich galt also nur eine Devise: einfach weitermachen.

Ich war mittlerweile fast ein Jahr auf der Flucht und machte viele Luftgeschäfte, als ich eines Abends in einem Eck-Puff in Frankfurts Bahnhofsviertel Mustang-Martin wiedertraf. Der Typ, der an der Ampel nicht ausgestiegen war und mich später bei den Bullen verpfiffen hatte. »Mike, Mike«, rief er und umarmte mich herzlich. An seiner goldenen Halskette hing eine kleine Pistole, seine Unterarme waren mit groben Seemannsbildern tätowiert, und er roch nach altem Schweiß. Er sah scheiße aus. »Du hast dich kaum verändert«, sagte ich. »Siehst gut aus.« Er bestellte zwei Flaschen Bier und hievte seinen schlaksigen Körper auf einen freien Barhocker. Mit einer Geste lud er mich ein, mich zu setzen. »Haben uns ewig nicht gesehen.« »Ja, eine Ewigkeit«, antwortete ich. Wir schwiegen. »Mike, brauchst du 'ne Alte?«, fragte er. Eigentlich wollte ich von der Prostitution die Finger lassen, weil sie mit Ärger verbunden und schon lange nicht mehr so lukrativ war wie einst.

Aber irgendwie hörte ich mich dennoch etwas anderes sagen. Nämlich: »Klar, warum nicht.« Dass ich mit meiner ersten Einschätzung verdammt richtig lag, sollte sich einige Tage später zeigen. Ich hätte auf meine Vorsätze hören sollen. Aber hinterher ist man ja bekanntlich immer klüger.

Ich nahm ihm Steffi für 10 000 Mark ab und buchte für uns beide am kommenden Dienstag einen Flug nach Hamburg. Ich wollte sie in der Clemensstraße in Lübeck einsetzen und ihr dort eine Wohnung besorgen. Schön unauffällig im beschaulichen Lübeck. So weit mein Plan. Aber so weit sollte ich nicht kommen. Noch in der Abflughalle vom Flughafen Frankfurt versperrten uns drei Polizisten den Weg. »Bitte folgen Sie uns«, sagte der Ranghöchste der drei Orgelpfeifen. Wir wurden in die Polizeiwache des Flughafens gebracht, und man nahm uns die Papiere ab. »Ich habe mit meiner Frau noch den Flieger nach Hamburg zu bekommen«, rief ich dem Polizisten hinterher. »Das wird wahrscheinlich nichts mehr werden«, sagte der Polizist und schloss die Tür hinter sich. Das Schloss rastete ein. Man hatte Steffi und mich getrennt. Die Papiere waren so weit in Ordnung, zum Problem würde die ganze Sache hier erst werden, wenn man meine Fingerabdrücke nehmen würde.

Mir schoss ein Gedanke durch den Kopf wie eine Revolverkugel: Der verfickte Martin hat dich Maß genommen. Seine Rache für die Schläge von vor vielen Jahren, die er von mir bekam, weil er mich verpfiffen hatte. Die Kleine ist in 'ner Stunde wieder draußen und geht zu ihm zurück. Ich geh für 'ne Ewigkeit in den Bau, und er hat meine Kohle. Verfickter cleverer Penner. Das Ganze hat ihn nur einen Anruf bei den Bullen gekostet.

Nach einer halben Stunde – ich hatte gerade begonnen, die kleinen Löcher in der Deckenverkleidung zu zählen – kam der Polizist zurück. »Ihre Papiere sind in Ordnung, Herr Steinbach. Doch irgendetwas scheint nicht zu stimmen. Jemand meint, Sie erkannt zu haben, und behauptet, Sie seien ein Verbrecher auf der Flucht.« Ich wollte gerade dazu ansetzen, wie frech ich es fände, als braver Bürger hier festgehalten zu werden, doch dann behielt ich meine Worte doch für mich. Der Polizist legte ein Stempelkissen auf den Tisch. Ich schwieg, meine Reise war hier zu Ende.

Einige Zeit später bekam ich unerwartet Knastbesuch von einem mir unbekannten Anwalt. Er brachte mir die 10 000 Mark zurück, die ich für Steffi gezahlt hatte. Martin bewies mir so, dass er nichts mit meiner Verhaftung zu tun hatte. Scheinbar war es der Zufall, der mich zu Fall gebracht hatte. Irgendeine fremde Person, die zur selben Zeit am selben Ort gewesen war und sich tatsächlich die Mühe gemacht hatte, zur Polizei zu gehen. Die Welt ist eben doch zu klein, um ewig auf der Flucht zu sein.

Jochen Schütt, Wegbegleiter von Mike Wappler

Mit seiner Verhaftung am Frankfurter Flughafen hing Mike auch die Prostitution an den Nagel, wie es so schön heißt. Na ja, zwangsläufig, die haben ihn ja auch ordentlich weggeschlossen. Genauer gesagt, hörten zu dieser Zeit viele aus unserem Umfeld mit diesem Business auf, es war einfach zu gefährlich geworden. Und zu wenig lukrativ. Ein gutes Mädchen, das sonst an einem Abend 2000 Mark mit nach Hause gebracht hatte, schaffte nun kaum noch die 500-Mark-Grenze.

Tja, wenn man so überlegt, warum die ganze Sache damals den Bach runterging, muss man wohl sagen, dass es eine Verkettung verdammt unglücklicher Umstände war. Da hat auch die Justiz auf ganzer Linie versagt, indem sie es erheblich erschwerte, dass in einschlägigen Gegenden deutsche Luden etwas anmieten konnten, während Ausländer ohne polizeiliche Prüfung freie Bahn bekamen. Zuerst kamen die Wiener, die natürlich auch bei dem ganzen Spaß mitmischen wollten. Mit denen kam schlagartig eine ganz neue Qualität der Gewalt auf die Straße – die Zeit der guten Worte war über Nacht vorbei.

In den 80er-Jahren hatten wir auch einen Wiener in Lübeck. Sobald man mit dem Ärger hatte, zog der Vogel ein Messer. »I' stech' di' ab«, hat er dann geschrien, »I' stech' di' ab.«

So waren die alle, immer ein Messer in der Tasche und sofort auf 180. Im beschaulichen Lübeck konnte man solche Dinge noch alleine regeln. Dem Wiener aus Lübeck haben die Ärzte eines Nachts in einer Notoperation ein Stahldach eingebaut, nachdem er an den Falschen geriet und der ihm die Birne weichklopfte.

Aber in Hamburg war das eben alles anders, und das konnte man auch in der Provinz nicht ganz ausblenden. Wir hingen ja alle an einem langen Seil, und wenn an einer Seite gezogen wurde, fehlte das Stück eben auf der anderen Seite. Hamburg ist weltoffen und damit kommt da natürlich auch mehr Dreck rein.

Mike war einer der Ersten von uns, die die neue Härte gleich live erleben durften. Er hat mir die Nummer mal erzählt, da war er noch auf der Flucht. Muss sich also 1980 oder 1981 im Eroscenter abgespielt haben, unten in der Garage. Mike war, wenn ich mich richtig erinnere, dort, um Geld abzuholen.
Als er wieder in seinen Wagen stieg, bekam er einen Streit zwischen zwei Typen mit, unmittelbar neben seinem Auto. Drei, vier Sätze, dann zog der eine 'ne Knarre und schoss dem Schreihals einfach in den Brustkasten. Peng, Ende der Diskussion. Der Typ hat das wohl überlebt. Zumindest kroch er noch 'ne Weile auf allen vieren röchelnd über den dreckigen Garagenboden. Messer waren eine Sache, aber als die Knarren kamen, war Schluss mit lustig.
1984 wurde die ganze Sache richtig stramm. Da hat der »Wiener-Peter« den Pinzner beauftragt, einen Haufen Leute umzupusten, die ihm geschäftlich im Weg standen. Die Jungs sind umgefallen wie die Fliegen. »Lackschuh-Dieter«, »Bayern-Peter«, »Neger-Waldi« und wie sie alle hießen. Echt unschön war das. Man hatte das Gefühl, dass man jede Woche auf einer Beerdigung schmausen konnte. Aber natürlich wollte niemand der Nächste sein, dem man durch ein qualmendes Loch im Kopf gucken konnte. Und erst ein Machtvakuum, das auch die Polizei und die Staatsanwaltschaft zuließen, machte das alles möglich. Als es in Hamburg so heiß herging, saß Mike mittlerweile schon drei Jahre im Knast.
Ein anderes Problem war: Mit Prostitution ließ sich nun immer weniger verdienen, weil alle zahlungswilligen Kunden eine verschissene Angst vor AIDS hatten. So stiegen viele ehemalige Zuhälter auf Drogen- und Waffenhandel um. Da war auf einmal richtig Musik drin. Fantastische Gewinne waren da möglich.

Alle Jungs mit einem Funken Anstand im Leib und die, die an ihrem Leben hingen, hörten aber an der Stelle auf. Für das, was da nun kam, waren die wenigsten hart genug. So haben sich irgendwann die Ausländer das Geschäft untereinander aufgeteilt. Eigentlich bis heute.

1982
Gardinen und weit und breit kein Schwede

Ich hatte das Gefühl, gar nicht weg gewesen zu sein. Die altbekannten Gänge, dieselben Beamten, der gleiche Fraß. Willkommen zurück in der Untersuchungshaft in Lübeck. Ich hatte mir mit der Flucht und vor allem mit den begangenen Straftaten während meines Ausflugs keinen Gefallen getan. So viel war sicher. Auch mein Anwalt machte mir wenig Hoffnung, dass wir die Sache mit einem blauen Auge über die Bühne kriegen würden. Da sich in Berlin offenbar jemand gefunden hatte, der gegen mich wegen einigen Rampengeschäften aussagen wollte, um seine eigene Haftstrafe zu verkürzen, ich unter falschem Namen, also mit gefälschten Dokumenten, unterwegs gewesen war und auch noch eine Nutte im Schlepptau gehabt hatte, würde das ein ganz enges Höschen werden. Wie eng, verschlug selbst mir die Sprache.

Immer treu, besuchte mich Anja. Während meiner Flucht hatte ich, sooft es eben ging, bei ihr vorbeigeschaut oder sie angerufen. Sie hatte mir einen Sohn geboren. Wieder einmal glänzte ich durch Abwesenheit. Ich war weder bei der Geburt unseres Sohnes an ihrer Seite gewesen, noch konnte ich ihr jetzt, in Untersuchungshaft, eine große Hilfe sein. Und doch kam sie und besuchte mich. Ich fragte mich oft, was in dem Kopf des hübschen Mädchens vorging, das in dem kargen Besucherraum so nervös auf dem Holzstuhl hin und her rutschte.

»Anja, willst du mich heiraten?«, fragte ich sie. Ich fiel weder auf die Knie, noch hatte ich einen Ring dabei. Ich bin vieles, aber sicher kein Romantiker. Ich mochte sie wirklich sehr, aber irgendwie keimte in mir auch das Gefühl, ihr etwas schuldig zu sein. Sie sagte Ja.

Die Hochzeit fand einige Wochen später noch in der Untersuchungshaft statt. Es war ein schmuckloser Raum, in dem uns der Pastor traute. An der Stirnseite stand ein großer Schreibtisch, einige Stühle waren aufgebaut, Gäste hatten wir keine. In der Ecke stand ein Beamter und schaute nach dem Rechten – womöglich hatte die Anstaltsleitung Angst, ich würde die Gunst der Stunde nutzen und türmen. Die Zeremonie war kurz, man ließ uns nicht viel Zeit. Nachdem wir uns geküsst hatten, blieben uns noch zwanzig Minuten füreinander, dann musste Anja das Gebäude verlassen. Der Sex war für uns beide eher unbefriedigend. Ich kehrte als verheirateter Mann in meine Zelle zurück. Die Gefängnistür wurde mit zwei Umdrehungen abgeschlossen, und ich schaltete den Fernseher ein – auf mich wartete eine zweidimensionale Hochzeitsreise in der Flimmerkiste.

Die Verhandlung war für wenige Tage nach der Hochzeit angesetzt. Anwalt Schmieder hatte mich auf das Schlimmste vorbereitet. Er sagte, er hätte noch einige Asse im Ärmel, aber die Beweislast sei mehr als erdrückend und womöglich würden sie verpuffen. Er würde versuchen, die Hochzeit mit Anja und die Geburt meines Sohnes als positive Entwicklung meiner Persönlichkeit herauszustellen. »Egal was wir auch anstellen, es wird allenfalls die Schmerzen etwas lindern, raus bekommen wir dich hier nicht«, sagte er.

Als ich von den Polizisten an meiner Zellentür abgeholt wurde, setzte man bei diesem Transport anscheinend auf Nummer sicher. Erfahrung macht eben klug. Ein Gefangenentransporter stand bereit, mich zum Landgericht zu fahren. Als ich die drei Stufen in den stählernen Bauch des Busses nahm, dachte ich, um aus so einem Ding rauszukommen, braucht es mehr als einen offenen Schuh. Die Verhandlung zog sich hin, es tauchten immer mehr Zeugen auf, die sich als Opfer meiner Luftgeschäfte bezeichneten. Das Ergebnis war erschütternd: Insgesamt zehn Jahre Haft. 3650 Tage weggesperrt.

Die erste Woche nach dem Urteil fiel ich in ein tiefes Loch. Ich schlief am Tag, blieb wach in der Nacht. Ich konnte nichts essen, trank das Nötigste. Ich sprach mit niemandem, und selbst meine Gedanken waren leiser als sonst. Die Luft lag schwer auf meiner Brust, das Licht der Glühbirnen brannte in den Augen. Ich überlegte sogar, wie doof die Beamten schauen würden, wenn sie mich in der Mitte des Raumes von der Decke baumelnd auffinden würden. Ich dachte nicht ernsthaft über diese Möglichkeit nach, es war mehr so ein spielerischer Gedanke. Ich zählte im Kopf durch, wer alles zu meiner Beerdigung auflaufen würde und wer Tränen über mein Dahinscheiden vergießen könnte. Anja. Anja bestimmt. Ob Hanni Stahlbaum kommen würde? Ich hatte ihn seit meiner ersten Hochzeit nicht mehr gesehen. Ich war nun also siebenundzwanzig Jahre alt. Wenn ich wieder das Tageslicht zu sehen bekäme, wäre ich siebenunddreißig, so rechnete ich. Die beste Zeit meines Lebens hinter schwedischen Gardinen – dachte ich zumindest.

Ich fragte mich in diesen langen wachen Nächten oft, welche falsche Abzweigung im Leben ich genommen hatte. Ob ich das alles irgendwie hätte verhindern können. Die Weichen anders stellen und so. Wäre ich vielleicht damals nicht mit in den roten Mustang gestiegen und durch die Gegend gebraust, hätte ich vielleicht Martin in Frankfurt nicht das Mädel abgenommen, dann würde ich hier nun nicht liegen und an die Decke starren. Aber es ändert nichts. Es wäre dann etwas anderes gekommen, da war ich mir sicher, denn irgendwas ist immer. Eines Nachts wurde mir etwas ganz klar: Irgendwann im Leben muss der Punkt kommen, an dem ein Mann akzeptiert, wer und was er ist. Je schneller das passiert, desto einfacher wird die Zeit, die einem dann noch bleibt. Ich habe akzeptiert: Ich bin ein Ganove. Ich kann und konnte nie etwas anderes so gut. Und mich jetzt noch einmal zum Boxweltmeister aufschwingen war wohl nicht mehr drin. So fällte ich die Entscheidung aktiv und ganz bewusst: Ich werde der beste Ganove, den die Justiz je gesehen hat.

Also ging das Leben weiter. Jeden Tag, jede Nacht, jede Minute, jede Sekunde – ich sah nun nicht mehr die Zeit, die ich abzusitzen hatte, nur noch die, die bereits verronnen war. So entschied ich mich, wenn man die Sache hier schon absitzen musste, es doch so zu tun, dass man auch etwas davon hatte. Ich begann wieder mit einem leichten Training im Fitnessraum und ließ mir das Essen wieder schmecken. Ich hatte einen Plan – einen guten, wie ich fand.

Anja besuchte mich oft und so sah ich meinen Sohn das erste Mal, sie brachte ihn mit ins Gefängnis. Ein wirklich hübscher Junge. Er hatte ihre wachen Augen, das fiel mir gleich auf. Kleine blonde Locken. Was dieser Wurm im Leben noch alles vor sich hatte? Ich strich ihm leicht über den Kopf, durch die Haare, die im Licht so schön golden schimmerten.

»Anja, ich lasse mich verlegen«, sagte ich ohne irgendwelche einleitenden Worte. »Wohin?«, fragte sie. »Nach Hamburg, ich will nach Santa Fu.« Sie nickte. Den Rest unseres Treffens verbrachten wir mit unromantischen Nichtigkeiten. Wir lächelten uns hin und wieder an und wussten doch beide, dass sich von nun an einiges ändern würde. Ich erhoffte mir von der Verlegung erleichterte Haftbedingungen. Wie eigentlich jeder wusste, war die Vollzugsanstalt Fuhlsbüttel ein Feriencamp für Erwachsene und Bösewichte. Oder besser: für erwachsene Bösewichte. Dort saßen die ganz schweren Jungs ein. Die, die man nur noch unter Verschluss hielt und bei denen man kaum noch Hoffnung auf Resozialisierung hegte. Dort fand eigentlich täglich eine kriminelle Kernschmelze statt – das Böse entwickelte eine unglaubliche Energie.

Mein Anwalt reichte den Antrag auf Haftverlegung ein. Er wurde recht zügig angenommen. Als Argument nannten wir soziale Kontakte in Hamburg und Aussicht auf einen Arbeitsplatz, wenn Freigänge möglich wären. Nach etwa einem halben Jahr in Lübeck bestieg ich also den Gefangenentransporter nach Hamburg. Wer in Santa Fu einsaß, dem ging es, wenn er sich richtig anstellte, erheblich besser als draußen. Allein durch die Größe der Haftanstalt funktionierte sie wie eine eigene Welt. Planet Fu. Und wie in jeder Welt, die ich kannte, war auch hier Geld der Motor für alles.

Ich bekam eine Zelle in charmanter Umgebung: Der Typ neben mir hatte besoffen einen Schnapsladen ausgeraubt und dabei dem Besitzer zwei Kugeln in den Körper gesteckt. »Das war Notwehr«, sagte er immer, wenn er die Geschichte erzählte. »Der wollte mir die Kohle nicht geben, das war reine Notwehr.« Zu seinem eigenen Pech jagte er sich bei der anschließenden Flucht selbst eine Kugel ins Knie. Bei seiner Festnahme soll er getobt haben wie ein angeschossenes Nilpferd. Sie mussten ihm mit einem Knüppel das Licht auspusten, sonst hätten sie ihn nie in den Polizeiwagen bekommen. Ein klassischer Fall von völlig durchgeknallt. Und dennoch, mit einer solch eindrucksvollen Vita hatte man im Knast eine Chance auf einen anständigen Job als Leibwächter oder Schläger. Ich mochte den Typen nicht, solche Menschen sind unberechenbar, und das macht sie so außerordentlich gefährlich.

Auf der anderen Zellenseite hatten sie einen Typen eingebuchtet, der nie sprach, im Gesicht tätowiert war und um den jeder Mitgefangene einen großen Bogen machte. Er sah aus wie ein Mexikaner und stank nach Schweiß wie ein Bergarbeiter nach einer 48-Stunden-Schicht. Angeblich, so erzählte man sich, hatten sie ihm die Zunge rausgeschnitten, weil er Verrat begangen hatte. Er soll sich blutig gerächt haben. Ich wusste nicht, was ich von der Geschichte halten sollte, er selbst sagte ja nichts dazu. Ich hatte aber auch wenig Interesse, herauszufinden, ob die Geschichte wirklich stimmte. Die Wahrheit, und das wusste ich ja selber ziemlich gut, ist immer das, was andere glauben.

Fu war in der Anfangszeit gut zu mir. Ich besorgte mir einen Butler, der sich um die nötigsten Dinge kümmerte, und ließ mir in regelmäßigen Abständen von meinem Anwalt und Freunden Geld in den Knast bringen. Für diesen Zweck hatte ich in der Gefängniswerkstatt einen meiner Schuhe präpariert. Eine Sache, die ich mal in einem alten Schwarzweißfilm gesehen hatte. Dafür entfernte ich vorsichtig den Absatz, höhlte ihn sorgfältig mit einem Fräskopf und einer Pfeile aus und baute so etwas wie einen Sohlen-Deckel, den man mittels eines kleinen Nagels aufdrehen konnte. Der entstandene Hohlraum bot Platz für etwa 2000 Mark. Je nachdem, wie klein man die Scheine faltete, ging auch noch etwas mehr rein. Bei den Treffen im Besucherraum überreichte mir mein Gegenüber das Geld unter dem Tisch, und ich ließ es unauffällig in meinem Absatz verschwinden.

Fast täglich wurde irgendein Gefangener mit Kröten im Knast erwischt. Die Beamten dokumentierten die Funde gewissenhaft und fügten sie dann den persönlichen Besitztümern zu, die man am Ende der Haftstrafe wieder ausgehändigt bekam. Man kann also sagen, das Gefängnis war auch eine große Bank, in die man durchaus als armer Mann reinkommen und aus der man als Vermögender entlassen werden konnte. Wunderbare Justiz.

Die Tage, Wochen und Jahre wurden zu einem zähen, farblosen Brei, der Knast begann, mich zu konservieren.

Hinter Gittern findet man sich oft nach Interessengruppen zusammen. Die Dealer mit den Süchtigen, die Resozialisierungswilligen mit den Sozialarbeitern, und die Mörder und Luden bleiben unter sich. Nur wenn es geschäftliche Interessen gibt, setzt man sich zusammen. Ich sah das nicht ganz so eng.

1985
Zwei Männer, ein Einfall

Auf der anderen Seite der Gitter begrüßte Hamburg das neue Jahr mit einem langen und bunten Feuerwerk. Der Chaos Computer Club war vor einigen Tagen in das Computersystem der Deutschen Bundespost eingedrungen, hatte sich 135 000 DM auf das eigene Konto überwiesen und den Vorfall anschließend gemeldet. Vollamateure, da waren wir uns hier alle einig. Warum nicht 13 500 000 DM überweisen und abhauen? Egal.

Ich wartete auf meinen 30. Geburtstag und hatte mich vor wenigen Wochen von Anja getrennt. Im Knast geheiratet, im Knast geschieden. Ein Leistung, auf die ich nicht besonders stolz war, aber ich sah keine Zukunft für die Beziehung. Ich wollte ihrem Glück nicht im Weg stehen. Ganz uneigennützig. Das Gefängnis hatte mich verändert. Ob zum Besseren, musste sich noch zeigen.

In der Zwischenzeit hatte ich mich mit Ronald Miehling angefreundet. Aber so nannte ihn hier niemand. Ich auch nicht. Er hieß bei allen nur Blacky. Blacky saß wegen Prostitution und war, wie ich fand, ein verdammt schlauer Hund. Auch er hatte früh erkannt, wer er ist. »Mike«, sagte er bei einem winterlichen Hofgang beiläufig, »diese spießige Welt, in der man samstags das Auto um die Wette wäscht und sich ständig darum sorgt, ob die Nachbarn gut über einen reden, ist nichts für mich. Das packe ich nicht.« »Du hast recht«, sagte ich. Und er hatte tatsächlich recht. Wir waren eben Abenteurer, Piraten oder Freibeuter, aber keine Typen, die ein 08/15-Leben auf die Kette kriegen. Ewig von etwas zu träumen, das man nie erreichen wird, um dann irgendwann frustriert ins Gras zu beißen? Nein, dann lieber glauben, man wäre ein Abenteurer.

Blacky und ich kamen an diesem Nachmittag ebenfalls zu dem Ergebnis, dass in der Prostitution kein Seelenfrieden zu finden sei. Rückblickend wurden an diesem kalten Januartag zwei Weichen neu gestellt: Blacky wurde der größte Kokain-Dealer Deutschlands und ich einer der raffiniertesten Betrüger. An jenem Tag im Jahr 1985 war es aber nur ein gutes Gespräch unter zwei eingesperrten Männern.

Den zweiten Mann, der mein Leben nachhaltig verändern sollte, lernte ich noch im selben Jahr kennen. Martin Engler. Er galt inner- und außerhalb dieser Mauern als König der Betrüger. Das Schicksal stellte uns im wahrsten Sinne des Wortes nebeneinander. In der Krankenstation des Gefängnisses standen unsere Betten Seite an Seite. Mir hatten sie in einer Not-OP den Blinddarm entfernt, Engler hatte etwas mit dem Herzen. Was genau, sagte er nicht. Er war knapp zwanzig Jahre älter als ich. Seine Augen waren auffällig klein, standen eng zusammen, sein Blick war stechend. Er hatte Übergewicht, ich würde mal auf fünfzehn Kilo zu viel tippen, und trug ein Toupet. Er war wahrlich kein gutaussehender Mann. Doch von ihm ging eine starke Faszination aus, die nicht nur ich spürte. Er machte, wie man sich im Knast erzählte, immer noch ziemlich gute Geschäfte, obwohl er keinen Freigang hatte. Im Alter von zwanzig bekamen sie ihn das erste Mal wegen Betrugs dran. Für ihn kein Hindernis: Nun kamen die Idioten eben zu ihm in den Knast und brachten ihr Geld gleich mit. Er hatte noch knapp fünf Jahre vor sich – mit anschließender Sicherungsverwahrung. Eine wirklich beachtliche Leistung für einen Betrüger.

Er war mir das erste Mal bewusst aufgefallen, als ich einige Tage zuvor mit ihm im Besucherraum gesessen hatte. Er empfing einen Schlipsträger, von dem ich annahm, er sei sein Anwalt, in einem braunen Jogginganzug und einer blau getönten Sonnenbrille. Andere Häftlinge reichten den beiden Tee und Plätzchen, der Mann hatte Stil. »Ich weiß halt, wo die PLO Gold in Dänemark vergraben hat. Solche Informationen bringen viel Geld, Junge«, sagte er, als ich ihn auf das Treffen ansprach. Dann lachte er laut. Nichts wusste er und doch verdiente er mit solchen Dingen aus dem Knast heraus eine ordentliche Stange Geld. Ich mochte ihn auf Anhieb.

Wir hatten auf der Krankenstation nicht viel Zeit miteinander, er wurde nach einem Tag wieder in den Vollzug verbracht. Ich wusste aber ganz genau, den Kerl sehe ich wieder, von dem konnte man was lernen, wenn man an den richtigen Stellen zuhörte. Es wäre nun leicht zu sagen: So gut kann er ja als Betrüger nicht gewesen sein, wenn er im Gefängnis sitzt. Aber man muss das anders sehen: Er war ein grandioser Betrüger, aber jemand, der einfach den Punkt zum Absprung verpasst hatte. Für ihn war es immer ein Spiel mit dem Gedanken: Wie weit kann ich noch gehen? Er war süchtig nach dem Betrug, nicht nach dem Geld.

Viele Jahre später wurde in Englers Zelle bei einer Routineuntersuchung Geld gefunden. Er versteckte 113 130 Mark, klein gefaltete Tausender in einem Kammetui, in einer Duschgel-Flasche und im Fuß einer Tischlampe. Er hatte keinen einzigen Tag Freigang gehabt. Alles hatten ihm Menschen in den Knast gebracht, in der Hoffnung, ihre Gier befriedigen und ein gutes Geschäft machen zu können. Kaum zu glauben.

Grundsätzlich standen damals in Santa Fu alle Zellen offen, man konnte hin, wo man wollte – nur nicht raus, versteht sich. Oft trafen wir uns bei einem Luden in der Zelle und pokerten die ganze

Nacht durch. Es gab Whisky und Zigarren, außer an Frauen und Freiheit fehlte es uns an wenig. Fast jeder hatte seinen eigenen Butler. Solange man zahlen konnte, fand man immer einen in der Knast-Hierarchie, der einen Job als Butler suchte. Unter den Luden gehörte es zum guten Ton, jemanden zu haben, der Arbeiten für einen erledigte. Wenn es um Geschäfte ging, mussten sie natürlich vor der Zelle warten oder bekamen frei. In solchen Nächten wurden große Pläne für die Zeit nach dem Knast geschmiedet. Es wurden Kontakte geknüpft, Versprechen gegeben und Deals eingetütet.

Meine Freiheit hingegen kam, einem traurigen Umstand geschuldet, schneller, als ich erwartet hatte. Meine Mutter starb. Seit ich in der Hamburger Vollzugsanstalt einsaß, hatte sie mich nicht besucht. Ich nahm immer an, dass sie wegen der schmerzenden Knochen und der kaputten Augen nicht die Kraft hatte, hierherzukommen. Nun hatte also die Krankheit das geschafft, was die Nazis mit ihrem KZ nicht hinbekommen hatten – meine Mutter endgültig kleinzukriegen. Es war das Jahr 1986 und ein sonniger Julitag, als mein Bruder mir die Nachricht überbrachte.

Ich beantragte für die Beerdigung auf dem Lübecker Friedhof Freigang, den ich, nachdem mein Vater für mich bürgte, auch bekam. Zum ersten Mal nach fünf Jahren konnte ich mich außerhalb der Mauern der Vollzugsanstalt wieder frei bewegen. Es hatte sich viel getan und irgendwie doch nichts. Die Autos sahen etwas schnittiger aus als im Fernsehen, die Frauen trugen ihre Haare nun seltsam, und irgendwie war alles etwas lauter geworden. Den Rest bekam man eh mit, auch wenn man im Knast saß.

Es war eine wirklich schöne Beerdigung. Es roch nach Blumen, bunte Gestecke schmückten den braunen Holzsarg. Ich fragte mich, ob ich meiner Mutter ein guter Sohn gewesen war. Wahrscheinlich nicht. Und ich musste zugeben: Hier wurde eine Frau beerdigt, die ich eigentlich kaum noch gekannt hatte. So wurde die Beisetzung weniger schmerzhaft, als sie vielleicht hätte sein sollen. Aber wen wollte ich belügen? Mich selber? Die wenigen Tränen, die flossen, verdrückte ich vielleicht sogar für mich selbst, weil ich mich selbst bemitleidete, dass es mir nicht leidtat.

Der Tod meiner Mutter hatte, wenn man es so sagen will, trotz allem für mich einen unschätzbaren Vorteil. Durch diese einmalig erteilte Genehmigung standen mir nun automatisch neunundzwanzig Tage Freigang zu. Sozusagen der Jahresurlaub vom Knast. Ich musste zwar am Abend wieder hinter Gittern sein, konnte mich aber den Tag über draußen frei bewegen. Die Zeiten musste man vorher bei der Gefängnisleitung anmelden, dann machte man sich morgens fertig, packte eine kleine Tasche, gab den Urlaubsschein ab und durfte über die Seitentür das Gefängnis verlassen. Ein freier Mann auf Zeit.

Ich wollte aus dieser Möglichkeit natürlich das Maximum herausholen. Es ist nicht so, dass man aus dem Knast kommt und denkt: Oh Gott, danke, dass ich raus bin. Von nun an werde ich ein viel besserer Mensch und suche mir einen anständigen Job. Nein, man kommt raus und denkt: Oh Gott, nächstes Mal darf ich mich nicht erwischen lassen.

Etwas, das mir Martin Engler als Erstes beibrachte, war, immer groß zu denken. Nie klein. Je größer die Lüge, desto wahrscheinlicher ist es, dass die Menschen es für die Wahrheit halten. Es glaubt doch nicht ernsthaft irgendwer, dass die Mondlandung in einem Filmstudio entstanden ist, oder? Nein, wenn man die Latte nur hoch genug hängt, springen alle mit rüber.

Über einen Mithäftling, einen ehemaligen Rechtsanwalt, bekam ich den Kontakt zu einer Anwältin, die laut seiner Auskunft nicht abgeneigt war, auch Geschäfte mit Männern von meinem Format zu machen. Denn ich hatte eine ziemlich gute Idee, für die ich nur einen Rechtsverdreher ohne Moral und Anstand brauchte. Und davon gab es ja glücklicherweise genug.

Ich hatte noch einiges an Bargeld bei Freunden gebunkert, das kam mir jetzt ganz recht. Mein Bruder besorgte mir einen alten Opel Rekord in Rostbraun – eine Farbe zum Würgen. Immer wenn ich Ausflüge machte, die ein etwas repräsentativeres Fahrzeug benötigten, lieh ich mir einen weißen Porsche beim Autohaus meines Vertrauens. Teuer, aber ohne Fragen. Die Leute sollten ruhig sehen, dass ich wieder im Geschäft war. Ich hatte nämlich auch eine Idee, die mich auf einen Schlag unfassbar reich machen konnte.

»Martin«, sagte ich, als Engler und ich einen unserer vielen Spaziergänge über den Gefängnishof machten. »Was weißt du über Staatsanleihen?« Er schaute mich an und zuckte mit den Schultern. »Nicht viel. Sie sind immer das wert, was draufsteht, und wenn viel draufsteht, bist du ein reicher Mann«, antwortete er und lachte kehlig wie ein alter Rabe. Er lachte immer so. Ich erklärte ihm meinen Plan.

Die Idee, so urteilten wir beide, war narrensicher. Mit einem zu vernachlässigenden Restrisiko. Der Plan war einfach. Ich würde über einen Drucker Staatsanleihen der Bundesrepublik Deutschland nachmachen lassen. Mit allem Zipp und Zapp. Wasserzeichen, Stempel und was die Dinger noch so brauchten, um richtig echt auszusehen. Ich hatte mal welche gesehen, weil ein Bekannter von mir einige ganz legal gekauft hatte. Ich selbst hatte zwar nicht den geringsten Schimmer von Staatsanleihen, aber mir war eines sofort klar, als ich sie sah: Die Dinger waren leichter nachzumachen als die Zeitung von vorgestern. Man brauchte also nur einige Leute zusammenzubringen, um richtig abzukassieren. Ich besorgte mir ein Muster und besuchte den Drucker, den mir ein Mithäftling als außerordentlich zuverlässig beschrieben hatte. »Der Typ ist für jedes lukrative Geschäft zu haben. Und er kann die Fresse halten.« Zwei gute Argumente für den Mann. Er zeichnete mir also den Weg zum Drucker auf einem Stadtplan auf. Der Knast – die größte Kontaktbörse auf diesem Planeten. Ich legte mir einige Freigänge eng aufeinander. Bei der Abgabe der Zettel sagte ich: »Will mal sehen, ob ich mich nicht bei ein paar Firmen bewerbe. Als Maler oder so. Meine Zeit hier ist ja auch endlich.« Im Sekretariat der Gefängnisleitung nickte man wohlwollend. Solche Worte kamen gut an.

Die Druckerei lag in einem Hinterhof im Stadtteil Bahrenfeld. Mein Kontaktmann hatte mein Kommen bereits angekündigt. Der Typ, der mich begrüßte, sah genauso aus, wie er mir beschrieben worden war. Wenn ein Hollywood-Regisseur dem Mann vom Casting sagen würde, er will einen klischeehaften Drucker, der krumme Geschäfte macht, hätte der ihm genau so einen schrägen Kerl präsentiert. Ein dreckiges gelbes T-Shirt spannte sich über einen kugelrunden Bauch, auf dem viel zu kleinen Kopf trug er eine Mütze mit Schirm, und wenn er sprach, nahm er den zerkauten Zigarrenstummel nicht aus dem Mund, sondern schob ihn nur in die andere Ecke. Die Haare auf seinem Rücken kamen schon hinten aus dem T-Shirt heraus. Ich vermutete, er sei Italiener.

Er bat mich in sein Büro, in dem es erfreulich frisch roch. Nach Kamille vielleicht. Oder Zitronengras oder so. Ich legte ihm die Anleihe auf den Schreibtisch. Er schaute sich das Muster lange an. Erst unter der Lupe, dann unter der Lampe. Er rieb das Papier zwischen den Fingern und legte es wieder vor sich hin. Dann schwieg er. Lange. Sehr lange. »5000 Mark wird der Spaß kosten. Im Voraus, is eh klar«, murmelte er. Mehr sagte er nicht. Ich nickte und schob ihm das Geld, verpackt in einem Umschlag, über den Schreibtisch.

Wir einigten uns auf Anleihen im Wert von 15 Millionen Mark. Solche Summen verkauft man natürlich nur über einen Anwalt. Den brauchte ich noch. Das muss seriös aussehen, da kann nicht einfach ein Peter Mike Wappler um die Ecke schießen und sagen: »Moin, hab' hier noch Staatsanleihen für 15 Millionen Mark rumfliegen. Die will ich jetzt verkaufen.« Nein, das muss ein Anwalt machen.

Den Verkauf würde ich dann über eine Bank in Zürich abwickeln, dort hatte ich einen Kontakt zu einem Investmentberater, mit dem ich vor ein paar Jahren ganz legal einige gute Immobiliengeschäfte gemacht hatte. Wenn alles glattging, würden wir die Anleihen in Umlauf bringen, und keiner würde es merken. Zumindest vorerst nicht. Die Bank verkauft sie ins Ausland, und bis die Nummer auffliegt, bin ich Schnee von gestern. Oder vorgestern. So war mein Plan.

Die Kanzlei, die mir von einem Mithäftling empfohlen wurde, lag im schönen Pöseldorf. Oder wie es die Hamburger auch nennen: Schnöseldorf. Hier war Geld zu Hause. Im dritten Stock einer Altbauvilla kamen die Anwältin und ich ins Geschäft. Teure Kunstwerke hingen an den Wänden, die Designerstühle waren unbequem. Warum man sich hier auf das krumme Geschäft einließ, ließ sich über die Ausstattung nicht nachvollziehen. Ich schlug vor, den Gewinn aus dem Verkauf der Anleihen zu teilen. Da wollte ich fair sein, warum auch nicht, war ja genug für alle da.

Ich hatte nebenher wieder mit dem Boxen angefangen. Mal wieder. Das brachte mir glücklicherweise noch mehr Freigänge ein. Man verstand es wohl als Stärkung meiner sozialen Kontakte, und so erhielt ich bald montags, dienstags und donnerstags von 17 Uhr bis 22 Uhr Ausgang. Auf einmal war der Himmel wieder zum Greifen nah. Wenige Wochen nach meinem Druckauftrag fuhr ich mit dem verschissenen Opel nach Bahrenfeld. Denn, so hatte mir der Klischee-Drucker versichert, dann würden meine Geschäftspapiere fertig sein. Ich war voller Vorfreude, als ich mit Schwung den Kleinwagen durch die Hofeinfahrt steuerte.

Fast hätte ich den dicken Italiener überfahren. Er stand an der Ecke der Einfahrt und blätterte lustlos in einer Tageszeitung. Er sah genauso aus wie bei unserem letzten Treffen. Ich wäre kaum verwundert gewesen, hätte ich erfahren, dass es sogar derselbe Zigarrenstummel war, der in seinem Mund von links nach rechts auf Wanderschaft ging.

Wir setzten uns in seinem Büro an den Schreibtisch. Er schaute mich an. Dann begann er zu grinsen. So breit, dass ich mich fragte, welcher Muskel nun noch die Zigarre hielt. Schlagartig hörte er damit wieder auf, und sein Gesicht zeigte wieder die vorherige ausdruckslose Miene. Er schob mir eine braune Pappmappe rüber. »Schau sie dir an«, sagte er. »Die sind perfekt.« Ich legte die Mappe sorgfältig auf die Knie und schlug sie auf. Ich war beeindruckt. Die Staatsanleihen sahen aus wie das Muster, das ich ihm dagelassen hatte. Dasselbe Papier, die gleichen Zeichen, nur die Summen waren höher. »Gute Arbeit«, sagte ich und schloss die Mappe.

Ich wollte gerade das Büro verlassen, als es mich wie ein Schlag auf den Hinterkopf erwischte. Dieses Mal riss ich die Mappe auf und schaute mir die Anleihen noch einmal ganz genau an. Diese verdammte, dumme Sau. »Du verdammte, dumme Sau!«, schrie ich und knallte ihm die Mappe auf den Schreibtisch, dass alle Blätter herausflogen und sich auf dem Boden verteilten. Vor Schreck fiel ihm der Zigarrenstummel aus dem Gesicht, er bewegte sich keinen Zentimeter und wurde von der einen auf die andere Sekunde kreidebleich. »Wa ... wa ... was ist los?«, stammelte er. Ich griff nach dem erstbesten Blatt, das mir auf dem Weg zu seiner Schreibtischseite in die Finger geriet, und hielt es ihm unter die Nase. »Die fortlaufende Seriennummer. Es ist immer die gleiche!«, rief ich und schlug mit dem Zeigefinger immer wieder auf die betreffende Zeile der Anleihe.

Er versicherte mir mehrfach, dass er die Sache bis kommende Woche erledigt hätte und dann die Anleihen selbstverständlich zur Abholung bereit seien – mit einer fortlaufenden Nummer. Ich zog also unverrichteter Dinge wieder ab und entschied mich, in Zukunft nicht mehr mit Leuten zusammenzuarbeiten, die ich nicht kannte. Das konnte nur in die Hose gehen.

Als ich mich wie besprochen eine Woche später auf den Weg machte, um meine bestellte Ware abzuholen – man darf dabei nicht vergessen, dass ich ja eigentlich noch eine Haftstrafe abzusitzen hatte –, dachte ich erst, ich hätte mich verfahren. Oder es sei Wochenende. Die Druckerei war dicht. Dunkel und verschlossen. Ich rüttelte an der Stahltür, dass es nur so durch den Innenhof schepperte. Ich schaute durch das Fenster, aber niemand war zu sehen, keiner an den Maschinen. »Die sind dicht«, rief eine alte Frau aus dem ersten Stock vom Balkon hinunter. Der Krach musste sie rausgelockt haben. »Das sehe ich«, rief ich hoch. Sie schwieg und wollte gerade wieder ins Wohnzimmer zurückschleichen. »Äh, Verzeihung«, rief ich, »wo sind die denn alle?« Sie kam zurück ans Geländer und räusperte sich, als hätte sie eine große Rede vorbereitet. »Die Polizei war hier. Die Nachbarn erzählen sich, dass der kleine dicke Spanier hier säckeweise Pezoten, oder wie die Dinger heißen, gedruckt hat.« Spanier also. »Nee«, rief sie. »Peseten. Ja, so heißen die. Hier war richtig was los. Überall Polizei. Mit Peterwagen und so.« Ich sagte nichts mehr, ging zu meinem kackbraunen Opel zurück und ließ mich in den Fahrersitz fallen. Ich hoffte, bei der Druckerei-Durchsuchung nicht mit unter die Räder gekommen zu sein. Wenn, würde ich es sicher bald wissen. Ich fuhr zurück nach Fu und schlief schlecht in jener Nacht. So ist es eben: Wenn man mit Amateuren zusammenarbeitet, verpuffen selbst die besten Ideen.

Ich entschloss mich, trotz der Freigänge die Nummer mit den Anleihen nach hinten zu stellen, bis ich einen geeigneten Drucker gefunden hätte. Abgesehen von der Kohle, die nun weg war, ist die Gefahr hoch, bei einer Nummer in dieser Größenordnung und mit vielen Unbekannten verraten zu werden, sollte die Polizei Wind davon bekommen. Da reicht ein abgehörtes Telefon oder ein Beteiligter, der seinen Kopf aus der Schlinge ziehen will. Ich hatte schon genug Erfahrung mit Verrätern gesammelt. Das reichte eigentlich für zwei Leben.

Ich musste mich nach dem Verlust des Geldes wieder frisch machen. So nennt man es, wenn man sich finanziell wieder auf die Beine bringen muss. Eben frisch machen. Ich machte also in der Zeit, die mir Justitia genehmigte, zwei Dinge, die ich besonders gut konnte: boxen – damit war kein Geld zu verdienen – und Luftgeschäfte. Damit war ziemlich schnell viel Geld zu verdienen.

Ich nahm erneut Kontakt zu der Anwältin aus Pöseldorf auf. Sie hatte beiläufig ihre Geldprobleme erwähnt, was in unserer zukünftigen Geschäftsbeziehung nur zum Vorteil werden konnte. Für mich, versteht sich. Denn wer in Geldnot ist, macht Dinge, die er sonst nicht machen würde. Zum Beispiel krumme Geschäfte.

Sie sollte mir, so wurde es vereinbart, Menschen mit Geld besorgen. Vorzugsweise mit Schwarzgeld. Da sie oft Dinge wusste, die der Staat nicht wissen durfte, war sie ein wunderbarer Mittelsmann. Verzeihung, Mittelsfrau. Eines Abends, ich sollte eigentlich beim Boxtraining sein, machte ich einen kleinen Umweg zur Kanzlei. Es leuchtete noch das Licht einer Schreibtischlampe, das konnte ich gut durch das Fenster sehen. Ich klingelte, mir wurde geöffnet. Oben angekommen, wurde ich mit den Worten begrüßt: »Ich hab einen.« Ein Mandant aus der Kanzlei hatte auf unseren ausgelegten Köder angebissen. Es war ihr sichtlich unangenehm. Verbrechen ist eben nicht jedermanns Sache. Dafür muss man wohl geboren sein. Als mir das in den Sinn kam, musste ich laut lachen.

Es ging um Videorekorder. VHS. Im Jahr 1987 der letzte Schrei. Jeder wollte so ein Ding haben, und unter 900 Mark waren die nicht zu kriegen. Außer bei mir natürlich. 500 Mark das Stück, ein super Angebot, natürlich heiße Ware. Der Käufer hatte Schwarzgeld übrig und wollte es gewinnbringend anlegen. Für 17 500 Mark bestellte ein gewisser Michael Derby über die Anwältin fünfunddreißig Videorekorder, die ich besorgen sollte. Sie hatte ihm gesagt, sie würde selbst vier Stück kaufen, um die Sache glaubwürdig zu machen. Ich hatte natürlich nicht mal einen einzigen. Was er genau mit fünfunddreißig Rekordern wollte, wusste ich nicht. Ich musste annehmen, er würde sie im Freundeskreis weiterverkaufen. Ich gab der Anwältin die 2000 Mark, das Geld für ihre vier Videorekorder. »Und die Kohle am Dienstag nicht vergessen«, stieß ich zum Abschied hervor. Ich bin sicher kein grober Kerl, aber Frauen brauchen klare Ansagen. Auch wenn sie Anwälte sind und ganz besonders, wenn sie kriminell sind.

Ich brauchte bei solchen Deals mittlerweile einen zweiten Mann. Jemanden, den man als Verkäufer der Ware real zeigen konnte. Früher ging so etwas noch alleine, aber die Zeiten hatten sich geändert. Die Menschen wurden vorsichtiger. Ich griff in solchen Situationen auf meinen alten Bekannten Herrn Lux zurück. Ein gescheiterter Schauspieler, den ich oft mit kleinen Statistenrollen in meinen Geschäften unterbrachte. Er bekam für seine Auftritte eine gute Gage und wusste eigentlich von nichts. Oder jedenfalls von sehr wenig.

Wir trafen uns, es war der Dienstag nach Ostern, an der Autobahnraststätte Hamburg-Stillhorn auf der A1. Wir waren: Herr Lux, die Anwältin, Michael Derby und ich. Eine lustige Truppe waren wir. Es war besprochen, dass wir mit zwei Autos nach Horn fahren, einem Stadtteil von Hamburg, der direkt an die A1 anschließt. Dort, in einem Garagenhinterhof, brachten Lux und ich unser Auto zum Stehen. »Los geht's«, sagte ich, und wir stiegen bei unserem Opfer Derby ins Auto. »Das Geld bitte«, sagte Herr Lux und streckte seine offene Hand in Richtung Derby. Der griff in die Brusttasche und holte einen Umschlag heraus, den er Lux übergab. Auch meine Anwältin gab ihm einen Umschlag mit Geld. Mein Geld natürlich. Lux warf einen kurzen Blick in die Umschläge und nickte. »Gut, Sie warten hier, ich hole die Ware.« Er stieg aus und verschwand zwischen den Garagenwänden. Derby war nervös. Meine Anwältin auch. Die Anspannung merkte man allein schon daran, dass plötzlich einer der beiden anfing, übers Wetter zu reden. »Hat ja lange schon nicht geregnet.« »Ja, lange nicht«, war die Antwort. »Aber bald soll es wieder. Also regnen.« Ich schaute auf meine Uhr und unterbrach das tiefgreifende Gespräch. »Wo bleibt denn der Penner?« Ich blickte noch einmal demonstrativ auf die Uhr. Dann stieg ich aus. »Ich sehe nach.«

Ich entfernte mich einige Meter von dem Wagen und folgte dem Weg, den auch Herr Lux eingeschlagen hatte. Nach zehn Metern, außer Sichtweite der beiden Wetterfeen, blieb ich stehen. Eine Minute. Zwei Minuten. Drei Minuten. Dann rannte ich los, zurück zum Wagen. »Die Schmiere«, presste ich hervor. »Die Schmiere.« Ich sprang ins Auto, startete den Motor und fuhr vom Parkplatz. Die beiden blieben stumm. »Und nun?«, brach Derby nach einigen Minuten die Stille. »Ich ruf den Penner jetzt an«, sagte ich und hielt an einer Telefonzelle an der Glinder Straße. Ich schmiss natürlich keine Münzen in den Automaten, redete und gestikulierte wie ein Großer. Ich schrie und ruderte mit den Armen. Dann knallte ich den Hörer auf die Halterung. »Er ist vor den Bullen geflohen«, sagte ich. »Und nun traut er sich erst mal nicht zurück zu den Garagen.« Ich steuerte den Wagen wieder in Richtung Autobahnraststätte. »Wir können verdammt froh sein, dass sie uns nicht bekommen haben«, murmelte ich. Derby fragte nicht nach seinem Geld. Als er kreidebleich ausstieg, hielt ich ihn am Arm fest und raunte verschwörerisch: »Wir ziehen die Nummer durch, sobald etwas Gras über die Sache gewachsen ist.« Er nickte. Er hat sich nie wieder gemeldet. Sein Geld, abzüglich der Gage von Herrn Lux, teilte ich mit der Anwältin. Ich konnte in dieser Nacht außerordentlich gut schlafen, bei ihr war ich mir nicht so sicher.

Wir zogen diese Art von Deals einige Male durch. Wir wechselten selbstverständlich, je nach Kundenbedürfnis, die Ware aus. Mal unverzollte Zigaretten, mal Computer oder Faxgeräte. Bei jedem Geschäft kamen so etwa 15 000 Mark zusammen, die wir anständig teilten. Dass meiner Anwältin diese Art von Geschäften einen unruhigen Schlaf brachte, hätte ich spüren müssen. Doch ich dachte: einen Deal noch, dann ist Schluss.

Jochen Schütt, Wegbegleiter von Mike Wappler

Eigentlich muss man sagen, dass Mike ein Idiot ist. Hab ich ihm immer gesagt. Er hat sich bis zu seinem großen Coup nur mit Kleinkram aufgehalten. Zigaretten und Videorekorder, bitte, was soll das denn? Hier mal 10 000 Mark, da mal 20 000 Mark. Wie will man denn da auf einen grünen Zweig kommen? Irgendwann müssen die Schafe doch ins Trockene. Aber so? Nee, das konnte doch nichts werden. Der Mann ist ein kriminelles Genie und hält sich mit so etwas auf. Ich bin einer der wenigen, die von seiner Schreib- und Leseschwäche wissen. Wenn der Mann auch noch was zu Papier hätte bringen können, dann hätte es keine Grenzen mehr für ihn gegeben. Aber dann wäre er womöglich seriös und würde mit seinen Firmen Millionen machen. Aber so war es, wie es eben war. Er war ein Krimineller.

Es war auch ein Problem, dass er allen beweisen musste, dass er es draufhatte. Er musste allen zeigen: Ich hab' mehr in der Hose als du. Ich zieh euch alle ab, wenn ich nur will. Das wurde ihm ja später auch zum Verhängnis. Ich hab' da ein gutes Beispiel: Ich weiß noch, wie irgendein unbekannter Dödel zu Mike kam und ihm sagte, er wolle seinen Wagen verschwinden lassen – Versicherungsbetrug. Das war hier in Lübeck, und Mike hatte gerade Freigang. Wieder ein völlig unnötiger Kleinkram. Es war ein Audi 80. Das Ding war keine 2000 Mark mehr wert. Er hätte dem Typen in den Arsch treten sollen und gut wäre die Sache gewesen. Aber was macht Mike? Er behauptet, er würde jemanden kennen, der Autos verschwinden lässt. Irgendwo im Ostblock würden sie die Karren dann auf Nimmerwiedersehen auseinandersägen.

Er ließ sich von dem Typen 1000 Mark und die Autoschlüssel geben. Am nächsten Tag holte Mike die Karre ab, und der Typ meldete sie als gestohlen. Doch anstatt das Auto in der Elbe oder Trave zu parken, will Mike den Wagen noch verkaufen. Auf dem Weg nach Timmendorf, zu dem Käufer, verreckt ihm der Audi auf der Autobahn. Motorschaden. Da steht dann also ein verurteilter Betrüger auf Freigang mit einem gestohlenen Audi 80, der raucht wie ein feuchtes Osterfeuer, auf dem Standstreifen. Da reicht ein Bulle, und der Drops ist gelutscht. Da frag ich mich doch: Warum?
Wir haben ihn dann noch rechtzeitig mit drei Jungs abgeholt und den Wagen in einer Nacht-und-Nebel-Aktion in der Werkstatt von meinem Alten auseinandergenommen und die Teile in ganz Lübeck verstreut. Es würde mich nicht wundern, wenn ich beim nächsten Aufräumen nicht auch noch irgendwas davon in meinem Keller finden würde. Eine völlig unnötige Aktion. Heute lachen wir darüber, aber damals hingen halt viele Leute mit drin. Wir waren ja alle keine Chorknaben. Wenn so etwas einmal auffliegt, fallen wie beim Domino einige andere mit um. Und dieses Risiko ging er gedankenlos ein.

Es war ein Fehler. Eigentlich wusste ich es schon, als ich zusagte. Im Knast lernte ich einen Kerl namens Hansi kennen. Ein feiner Typ mit kräftiger Statur, einem großen Kopf mit vielen Haaren. Er saß wegen bewaffnetem Raubüberfall ein. Eigentlich nicht meine Baustelle, aber da er auch Blacky und Engler kannte, trainierte ich mit ihm zusammen. »Ich habe da 'nen Plan«, sagte er. Als ich nicht reagierte, fing er noch einmal an. »Ich habe 'nen Plan.« Ich schaute ihn fragend an. »Ich hab' spitzgekriegt, dass ein Antiquitätenhändler, sein Name ist Friedlich, durch seine Geschäftsauflösung über

300 000 Mark in einem Safe in seinem Haus in Hamberge bunkert. Alles Schwarzgeld«, sagte Hansi und nickte kräftig, um seine Aussage noch zu unterstreichen. »Und«, fragte ich, »wie willst du ihm das Geld aus der Hüfte leiern?« Er schaute mich fragend an: »Na, ich hole es mir einfach.« An dieser Stelle hätte ich das Gespräch abbrechen sollen. Aber irgendwie mochte ich seine einfache Sicht auf die Dinge. Einfach holen, nicht so schlecht.

Sein Plan passte tatsächlich in einen Satz: »Wir besorgen uns Pistolen, fangen den Antiquitätenhändler vor seinem Haus ab, zwingen ihn, den Safe zu öffnen, und hauen mit der Kohle ab.« Er grinste. »So einfach?«, fragte ich. »Ja, so einfach. Das ist Schwarzgeld, der würde doch nie die Bullen rufen. Und wenn, dann sind wir lange weg.« Diebstahl ist ja Betrug ohne gute Worte, so redete ich mir die Sache schön. Einzig der geplante Einsatz von Pistolen gefiel mir überhaupt nicht.

Keiner von uns hatte vergessen, was vor knapp einem Jahr, am 29. Juli 1986 passiert war. Es hatte eigentlich kein anderes Gesprächsthema gegeben damals, und alle Details waren mit Lichtgeschwindigkeit selbst bei uns im Knast angekommen. Jutta, die Frau von Mucki Pinzner, hatte einen Revolver, den sie vorher in ein Geschirrtuch eingewickelt hatte, in ihrem Slip ins Polizeipräsidium geschmuggelt. Es war ein Revolver Smith & Wesson, Kaliber 38. Ein ziemlicher Brecher, wie mir Mithäftlinge bestätigt hatten. Bekommen hatte sie das Ding von der Anwältin ihres Mannes. Die Munition, es waren zwölf Patronen, brachte sie separat in einer Socke, die sie in der Handtasche verstaut hatte, mit ins Vernehmungszimmer.

Für die Kripobeamten und den Staatsanwalt war das angeblich eine Routine-Vernehmung. Pinzner war die Tage zuvor schon oft vernommen worden und versprach immer wieder, er wolle noch mehr Morde gestehen. Nur so schaffte er es wohl, dass seine Frau Jutta bei den Vernehmungen dabei sein konnte und nicht durchsucht wurde. Sie könne angeblich seine Aussagen untermauern, wie er behauptete. Treffpunkt war das Zimmer 418. Um 10.20 Uhr steckte Jutta ihrem »Mucki« die Waffe zu, der richtete sie auf den Staatsanwalt und sagte: »Meine Herren, das ist eine Geiselnahme.« Der Staatsanwalt soll dann aufgesprungen sein, und Pinzner schoss ihn direkt über den Haufen. Den zweien von der Kripo gelang die Flucht. Mit einem Tisch verbarrikadierte Pinzner die Tür und rief seine Tochter an: »Wir haben es so gewollt«, soll er ihr gesagt haben. Dann kniete sich Jutta hin, öffnete ihren Mund, und Pinzner drückte ab. Danach steckte er sich selber den Lauf des Revolvers in den Mund und jagte sich eine Kugel durchs Hirn. Es muss ein fürchterliches Blutbad gewesen sein. Der damalige Hamburger Innensenator Rolf Lange und seine Kollegin im Justizressort, Eva Leithäuser, zogen die Konsequenzen und traten am 6. August 1986 zurück. Es war zu der Zeit richtig Bewegung in Hamburg.

Ich rief meinen Bruder an und schilderte ihm Hansis Plan. Gandhi ist mir bis heute vom Typ nicht unähnlich. Er trägt wie ich am liebsten Anzug, ist aber einen halben Kopf kleiner und sein Gesicht schmückt eine Brille mit runden Gläsern, die ihm eine Buchhalteroptik gibt. Genau wie ich ist er ein Ganove, der nicht so aussieht. Ein seriöser Ganove eben.

Drei Leute, jeder 100 000 Mark Beute für fünfzehn Minuten Angst. Ein guter Stundenlohn, wie wir fanden. Man darf nicht vergessen, dass es sich dabei damals um richtig viel Geld gehandelt hat. Der verrückte Pinzner hat für einen Auftragsmord 20 000 Mark bekommen. So viel war damals ein Leben auf dem Kiez wert, wenn man jemandem, oder besser, »Wiener-Peter« im Weg war. Er war der Auftraggeber dieser Mordserie gewesen und Pinzner sein Handlanger.

Für uns galt als Bedingung: keine scharfen Waffen. Uns allen war klar, dass echte Waffen keine gute Idee waren, auch wenn es genug Möglichkeiten gab, welche zu bekommen. Aber sobald die Nummer aus irgendeinem Grund aus dem Ruder lief, würde es Tote geben. Das wollte keiner.

Mein Bruder besorgte also Motorradmasken, Nylonstrümpfe, eine Gaspistole »Reck«, Modell PK Kaliber 8 mm und einen Spielzeugrevolver in schwarzem Plastik, aber wenigstens mit Schalldämpfer. Tatsächlich war das Ding in einer großen Männerhand sofort als Kinderspielzeug zu erkennen. Aber wenn die Sache schnell über die Bühne ging, sollte das kein Problem sein.

Ich habe mich im Nachhinein oft gefragt, wie ich so skrupellos bei einem Gewaltverbrechen zusagen konnte. Ich habe mir womöglich eingeredet: »Ist ja nur Schwarzgeld« oder »Ist ja gewaltfrei«. So genau kann ich es nicht sagen, aber am 17. November 1987 stand ich, nach einem koordinierten Freigang, mit Hansi und meinem Bruder vor dem Haus des Antiquitätenhändlers und zog mir eine Baumwollmaske über den Kopf.

Es war ein schönes Einfamilienhaus mit rotem Klinker und Reetdach in einer spießigen Wohngegend. Nach richtig viel Geld sah das Ganze nicht aus, aber wer konnte schon sagen, was sich hinter diesen Mauern verbarg. Mein Bruder hatte einige Tage zuvor den Antiquitätenhändler observiert. Immer pünktlich um 18 Uhr, so wusste er zu berichten, schloss Friedlich sein Geschäft in der Innenstadt ab, drei Schlüsselumdrehungen, und machte sich dann mit seinem silbernen Mercedes auf den Heimweg. Dort tauchte er, wenn es keinen Stau gab, eine halbe Stunde später auf.

Ich blickte auf die Uhr, es war zwanzig Minuten nach sechs. Wir hatten uns die Sache ganz fein ausgedacht. Ich versteckte mich hinter einem Gebüsch in der Nähe der Haustür, Hansi mit dem Nylonstrumpf über dem Gesicht hinter der kleinen Mauer neben der Garage und mein Bruder wartete im Fluchtauto. So waren wir gut über das ganze Gelände verteilt.

Der Zeiger meiner Uhr sprang auf halb sieben. Ich schob die Zweige beiseite, die mir die Sicht versperrten, und blickte hindurch, runter zum Weg. Ich sah, wie Friedlichs Mercedes in die kleine Stichstraße einbog, pünktlich wie der Maurer. Jetzt gab es kein Zurück mehr. Ich atmete tief durch und wechselte die Gaspistole von der rechten in die linke Hand. Ich tat mich schwer mit der Entscheidung, ich welcher Hand ich sie besser halten sollte.

Plötzlich kam mir der »Verrückte Ossi« aus Lübeck in den Sinn. Er hatte mal eine Kleinkaliberwaffe mit in die Clemensstraße gebracht. War schon eine Ewigkeit her. Da sind wir dann alle in das verlassene Umstellwerk gefahren und haben stundenlang auf Dosen geballert. Er hatte behauptet, er hätte die Waffe gefunden. Es stellte sich aber später heraus, dass er das Ding von einem Russen bekommen hatte, der wiederum damit einige Krämerläden überfallen und dabei wohl einen Polizisten angeschossen hatte. Auf jeden Fall hatte der Ossi später noch viel Ärger mit der Bleispritze – Waffen bringen eben nur Probleme. Aber mit welcher Hand ich die Pistole damals hielt, vermag ich nicht mehr zu sagen.

Friedlich brachte den Wagen vor der Einzelgarage zum Stehen. Er wollte wohl an diesem Abend noch einmal los, denn er fuhr nicht durch das offene Tor, sondern stieg noch draußen aus. Er sah aus wie ein freundlicher Kerl. Er trug einen Anzug aus braunem Cord, dazu künstlerhaft einen langen weißen Schal, den er sich nur einmal um den Hals gewickelt hatte und dessen Enden nun im Wind wie Fahnen flatterten. In sein graues Haar hatte er elegant einen Scheitel gekämmt. Friedlich bewegte sich geschmeidiger, als sein Aussehen und sein Alter vermuten ließen. Er machte etwa fünf Schritte in Richtung Haustür. Gleich würde es losgehen.

Ich konnte aus meinem Versteck heraus ganz gut sehen, wie Hansi sich hinter Friedlich mit seiner Spielzeugpistole in Stellung brachte. Doch plötzlich blieb Friedlich stehen und blickte ins Leere. Hansi drückte sich zurück an die Wand, neben das Blumenbeet, und blieb ganz still stehen. Friedlich dreht sich um und kehrte zum Wagen zurück. Was machte der Idiot nur? Mein schwacher Magen meldete sich mit ziehenden Schmerzen zu Wort. Diese ganze Aufregung ist nichts für dich, dachte ich. Irgendetwas hatte Friedlich anscheinend vergessen, denn er schloss den Wagen wieder auf und wühlte im Handschuhfach.

Er fand offenbar nicht, was er gesucht hatte, und beendete die Wühlerei. Er stieg aus und knallte die Fahrertür zu. Sein Weg führte ihn nun direkt auf Hansi zu. Dieser bückte sich tief und verschwand im Schatten einer Hecke. Dann schlich er auf Zehenspitzen über den Grasweg von der Garage zur Haustür hinter Friedlich her. Es trennten sie etwa zwei Meter. Im Halbdunkel sah das echt albern aus, wie der eine mit dem Schlüssel in der Hand, der andere mit einer Pistole, beide in Richtung Haustür steuerten. So konnte man doch keinen Überfall machen, dachte ich. Ich blieb wie verabredet hinter meinem Busch hocken.

Bevor Friedlich seinen Haustürschlüssel ins Schloss stecken konnte, verkürzte Hansi mit einer blitzartigen Bewegung die zwei Meter Abstand auf null und drückte Friedlich die Pistole in den Rücken. »Das ist ein Überfall. Kein Mucks. Mitkommen. Sofort mitkommen.« Ehe sich irgendwer mit dieser unangenehmen Situation anfreunden konnte, geriet Friedlich in Panik. Er schrie, als hätte man ihm schon ins Bein geschossen: »Hilfe! Überfall! Hilfe!« Hansi war völlig überfordert. »Mach ihn leise!«, rief ich aus dem Busch heraus. Was ich damit so ganz genau meinte, wusste ich auch nicht. Aber er sollte auf jeden Fall aufhören zu brüllen.

Hansi hielt Friedlich die Spielzeugpistole an den Kopf, der daraufhin noch lauter schrie, aber nicht die Flucht ergriff. So standen sie sich also beide gegenüber. Hansi hatte den Arm ausgestreckt und die Spielzeugwaffe auf Friedlichs Augenhöhe, Friedlich hielt seinen Schlüssel immer noch auf Hüfthöhe, als wollte er eine Tür aufschließen, und schrie. Es war ein bizarres Bild. Ich fragte mich, warum Hansi nicht zuschlug, dann wäre wenigstens Ruhe. Er entschied sich aber, die ganze Sache abzubrechen. »Peter, das Ding ist kaputt«, rief er und lief in Richtung Gartenzaun. Was hatte er von einer Spielzeugpistole erwartet? Im Haus gegenüber schaute eine Frau aus dem offenen Küchenfenster und schrie, sie würde sofort die Polizei rufen. Friedlich stand noch immer an der gleichen Stelle und brüllte wie am Spieß. Er hing fest wie eine Langspielplatte. »Aaaaarghh … aaaaarghh … aaaaarghh.« Die ganze Nachbarschaft konnte das hören. Ich stürmte aus meinem Versteck und rannte Hansi hinterher. Er sprang über den Gartenzaun, ich rannte durch die Hecke. Im Auto saß noch mein Bruder. »Rein, rein!«, schrie er. Alle schrien. Friedlich, Hansi, die Nachbarin und mein Bruder. Ich hielt mein Maul. Bloß weg hier, dachte ich, als ich auf die Rücksitzbank sprang und die Reifen durchdrehen hörte. Bloß weg hier.

Wir fuhren auf dem direkten Weg nach Lübeck. Die Masken, die Kennzeichenabdeckungen und unsere völlig zwecklose Bewaffnung entsorgten wir in einem Müllcontainer auf einer Baustelle.

Keiner sprach während der Fahrt, es gab ja auch nicht viel zu sagen. Wir schwitzten, hatten überall Grasflecken, waren nass vom Rasen und hatten echt Scheiße gebaut. Was sollte man dazu noch sagen?

Wir fuhren zum Haus meines Bruders. In der Aufregung dieser saudummen Aktion schienen Hansi und mein Bruder dennoch Redebedarf zu haben. Was hätte man anders machen sollen, was besser? Für mich stellten sich diese Fragen nicht, Gewaltverbrechen schloss ich für die Zukunft aus, das war mir zu stressig.

Es dauerte dann noch etwa zwanzig Minuten, bis die Polizei das Haus umstellte, die Tür eintrat und uns noch in der hitzigen Diskussion mit dem Gesicht in den Teppich drückte und uns Handschellen anlegte. Feierabend.

Die Antwort auf die Frage, wie sie uns so schnell hatten finden können, erhielt ich noch im Polizeiwagen. Die hatten meinen Bruder wegen anderer Delikte schon lange auf dem Kieker und überwachten das Haus und den Telefonanschluss. Am Ende sagte auch noch die Anwältin aus Pöseldorf gegen mich aus. Sie hielt dem Druck wahrscheinlich nicht mehr stand und wurde mit einer Bewährungsstrafe geködert. Wie gesagt, zum Lügen muss man geboren sein. Und um Lügen für sich zu behalten, braucht man ein dickes Fell.

Markus Schmieder, Anwalt von Mike Wappler

Wir haben doch jeden Tag mit Ganoven, Verbrechern, Hochstaplern, Dieben und Gaunern zu tun. Wenn man daraus eines gelernt haben sollte, dann doch, dass sich Verbrechen nicht auszahlen. Oder? Allerdings man sieht ja immer nur die, die geschnappt wurden. Man hört auch von vielen, die ungeschoren davonkommen. Diesen Glauben habe ich bei Mike auch immer wieder festgestellt: dieser unerschütterliche Glaube an die eigene Raffinesse. Wenn man drinsteckt, in einer Gaunerei, glaubt man nicht, dass sie einen kriegen. Ich hatte damals die Verteidigung übernommen, doch bei einer solchen Beweislast war der Spielraum sehr begrenzt. Wenn ich mich noch recht erinnere, haben wir damals einen Deal machen können. Die Staatsanwaltschaft hatte im Zwiegespräch schon Sicherungsverwahrung angedroht. Der Vertreter der Anklage, ich weiß seinen Namen leider nicht mehr, hatte Mike ziemlich gefressen. Er war ein ganz scharfer Hund, der keine Spur Spaß verstand.

Das ganze Thema mit der Sicherungsverwahrung konnte dann nur verhindert werden, weil Mike sich zu einer umfassenden Aussage von mir überreden ließ. Alle bekamen ihr Fett ordentlich weg, und Mike konnte die Anordnung zur Sicherungsverwahrung gerade noch abwenden. Sozusagen die letzte Ausfahrt vor Knast auf unbestimmte Zeit.

Ich bin Strafverteidiger. Würden die Menschen keine Verbrechen begehen, wäre ich praktisch arbeitslos. Doch Mike hatte ich damals inständig davor gewarnt, noch einmal irgendwelche Nummern durchzuziehen. Ich mochte den Kerl, ich wollte nicht, dass sie ihn auf ewig wegsperrten.

Das Landgericht Lübeck verurteilte mich also am 3. März 1989 wegen versuchten schweren Raubes, Betrugs in vier Fällen und Beihilfe zum Betrug zu einer Gesamtfreiheitsstrafe von sieben Jahren und sechs Monaten. Gute Nacht, Marie. Dass ich während dieser Straftaten eigentlich noch eine Haftstrafe zu verbüßen hatte, kam noch erschwerend hinzu. Ich gab niemandem die Schuld dafür. Ich führte ein frei gewähltes Leben. Und die Zeit in Freiheit habe ich auch in vollen Zügen genossen. Ich fiel, es erstaunte mich selbst, bei der Urteilsverkündung in kein Loch, so wie beim ersten Mal, als mir klar wurde, dass meine Lebenszeit hinter Mauern und Gittern immer länger wurde und die Zeit draußen immer kürzer. Von außen ist es nun sicher leicht zu sagen: »Dann hör doch auf damit. Lerne doch aus den Fehlern und dem Vollzug und fang danach ein Leben in Freiheit an.«

Aber was ist denn ein Leben in Freiheit? Ich wusste von einigen Zigeunerfamilien, mit denen ich damals auf unserem schönen Platz aufgewachsen war, dass sie sich in Lübeck häuslich niedergelassen hatten – unsere Wohnwagenwiese war ja von der Stadt aufgelöst worden. Diese Großfamilien hausten also von da an mit sechs oder sieben Leuten in einem Neubaughetto an der Stadtgrenze. Die meiste Zeit saßen sie alle vor dem Fernseher, und in den Minuten, in denen die Flimmerkiste sie nicht ablenkte, überkam sie die Angst, dass man morgen als Tagelöhner nicht mehr gebraucht wird und man sich selbst das wenige, was man hat, nicht mehr leisten kann. Ist das Freiheit? Ich würde sagen: nein.

Da ich meinem Vater mein Wort gegeben und dieser wiederum für mich bei der Polizei gebürgt hatte, war ein Bruch nun unvermeidlich. Der Alte besuchte mich in der Justizvollzugsanstalt in Kiel, in die sie mich verbracht hatten. Ein schönes Backsteingebäude mit etwa 290 Haftplätzen. Die Zellenbereiche des fünfgeschossigen Gebäudes sind kreuzförmig um vier Innenhöfe angeordnet. Überschaubar und familiär. Sie hatten den ganzen Laden vor drei Jahren renoviert. Sah alles echt schick aus.

Das Gesicht meines Vaters hingegen sah alles andere als schick aus. Es war wie versteinert, als ich mich in dem Besucherraum ihm gegenüber setzte. »Du hast mich sehr enttäuscht, Sohn«, begann er ohne ein Wort der Begrüßung. Auch wenn ich nicht viel über meinen Vater wusste – wenn er Späße machte, klang das anders. Er blieb nicht lange und war eigentlich nur gekommen, um mir mitzuteilen, dass ich in Zukunft nicht mehr mit seiner Unterstützung rechnen könne. Nach diesem Treffen in der JVA Kiel hörte ich sieben Jahre lang nichts mehr von meinem Vater. Es war seine Art, mit dem Vertrauensbruch umzugehen.

1991
Was am Ende des Tages bleibt

Ich ging mit der Sache anders um. In regelmäßigen Abständen besuchte mich Anja wieder. Wir sprachen viel über eine Zeit ohne Haftstrafen und über die Möglichkeiten, das hier alles hinter uns zu lassen. Im Jahr 1991 ehelichte ich Anja ein zweites Mal. Wieder im Gefängnis. Wieder hatten wir nur eine Stunde Zeit, ich versprach ihr viel. Einen Job, den ich suchen würde, wenn hier alles ausgestanden wäre, und dass mit den krummen Geschäften nun Schluss sei. Aber offen gesagt, war mir der Knast mittlerweile ein alter Bekannter geworden. Vielleicht wie der tägliche Weg zur Arbeit – der einen zwar nervt, aber nicht aus der Fassung bringt, weil er ja irgendwie überwunden werden muss. Der Knast gehörte zu meinem Leben wie Essen, Schlafen und Pinkeln.

Ich war mittlerweile siebenunddreißig Jahre alt und hatte nun schon mehr als zwölf Jahre davon, mit einigen Unterbrechungen, eingesessen. Nach der Rasur konnte man schon erste graue Haare im Waschbecken sehen. Jetzt mal ehrlich: Welchem normalen Job hätte ich denn nachgehen können? Maler oder Lackierer? Es musste ja etwas sein, bei dem man jemanden einsetzen konnte, der nichts, aber auch gar nichts gelernt hatte. Also konnte ich mir meine Zukunft nur so vorstellen: Ich stehe da, mit meiner goldenen Rolex aus alten Zeiten am Arm, auf einer Holzleiter und streiche eine verschissene Wand. Am Abend kehre ich dann in die Zweizimmerwohnung, die zur Hälfte vom Amt bezahlt wird, heim und mache mir Ravioli aus der Dose warm, weil es für einen anständigen Fraß nicht reicht. Dann lieber Knast oder tot, bevor ich so dahinsieche, dachte ich. Die Gesellschaft bietet einem Mann mit meinen Talenten eben keine legale Aufgabe.

Ich musste immer häufiger daran denken, dass ich meinen Kindern keinen Pfennig hinterlassen konnte. Ich hatte immer alles ausgegeben. Sicher, für Notfälle lag bei meinem Bruder noch etwas Geld, vielleicht 40 000 oder 50 000 Mark, aber was war das schon? Ich überschlug in einer ruhigen Minute, dass ich wohl bisher gut drei steuerfreie Millionen durch die Finger hatte rieseln lassen. Mit Luftgeschäften, der Prostitution und all den Nebenverdiensten, die sonst noch liefen, vielleicht sogar noch ein wenig mehr. Wer kann das schon so genau sagen, wenn weder Konto noch Steuerberater zum Einsatz kommen?

»Na, was macht der Leberhaken? Immer noch so kräftig?«, weckte mich eine Stimme aus meinem Tagtraum. Ich schaute von der Pritsche auf und sah den Anstaltsleiter, wie er in meiner Tür stand. Er machte eine Bewegung, die den Wunsch nach Eintritt signalisierte. Ich bat ihn in meine Zelle. Er hatte eine weiche Pädagogenstimme aufgelegt. Man konnte die ganze Zeit seine Zähne sehen, wenn er redete. »Sie hatten echt Talent, Herr Wappler«, sagte er und erklärte mir, dass er vor einigen Jahren ein paar Kämpfe von mir gesehen hatte. Es stellte sich heraus, dass er ein großer Fan des Amateurboxens war. Schlagartig wurde ich ein Fan von ihm. Wir sprachen wie alte Freunde über Sport und Frauen. Er besuchte mich die Tage darauf einige Male in meiner Zelle.

Es dauerte nur einige Wochen, und ich konnte in seinem Büro ein und aus gehen, wie ich wollte, äußerte Wünsche und bekam recht schnell Hafterleichterung. Ich durfte sogar in seinem Vorzimmer ohne Aufsicht telefonieren. Nicht, dass ich es vorranging auf diese Vergünstigungen angelegt hatte, aber ein freundschaftlicher Umgang mit der Gefängnisleitung war ja grundsätzlich nicht gegen meine Prinzipien. Ich mochte ihn, auch weil uns unabhängig von der jeweiligen Seite, auf der wir standen, eine Leidenschaft verband.

So bekam ich tatsächlich schon zwei Jahre nach meiner letzten Verhandlung wieder erste Freigänge, um wieder boxen zu können. Aber wie es immer so ist – einmal Milieu, immer Milieu. Man trifft sich mit alten Freunden und ehemaligen Geschäftspartnern, allesamt Ganoven. Eines Tages, ich hatte Urlaub eingereicht, um Anja zu sehen und anschließend meine kranke Schwester zu besuchen, traf ich zufällig Knause wieder. Ich kannte ihn von der Reeperbahn und sah ihn in Lübeck an der Straßenecke eine rauchen. Ich hielt den Opel Rekord an, den mein Bruder während meiner Abwesenheit in einer Garage geparkt hatte. Der Wagen sah noch genauso aus wie vor zwei Jahren. Er roch sogar noch wie vor zwei Jahren. Erschreckend, wenn Zeit gar nicht mehr greifbar wird.

Manch ein braver Bürger wird sich jetzt sicher fragen: Wie kann die Justiz einen Betrüger frei rumlaufen lassen, der mehrfach verurteilt wurde und eigentlich noch eine ordentliche Haftstrafe abzusitzen hat? Sie würden sich wundern, wie groß der Spielraum der Gesetzgebung ist. Im Knast muss man sich gut führen, das ist Voraussetzung, aber dann stehen einem im wahrsten Sinne des Wortes alle Türen offen. Es kam durchaus vor, dass ich in der Innenstadt Leute sah, die offenbar einem ganz gewöhnlichen Alltag nachgingen und die ich am Abend im Vollzug dann wiedertraf. Wir leben in einem Sozialstaat, aber man will die Leute ja nicht auf ewig verpflegen und ihnen ein Dach über dem Kopf bieten.

Ich lud Knause auf einen Kaffee ein. »Und, was treibst du?«, fragte ich ihn. Er erzählte mir, dass er sich vom Kiez in Hamburg zurückgezogen habe und nun gelegentlich Dinge verkaufe, die vom Hänger fielen. Er war ein netter Kerl. Nicht sonderlich helle, aber einer, der, wenn es grob herging, für Ruhe sorgen konnte. Er hatte früher im Boxkeller der Ritze trainiert, ich glaube, ich habe ihn dort auch kennengelernt. Er hatte einen ordentlichen Schlag am Leib, so viel wusste ich noch. Wir bestellten, wie zwei alte Omis, noch ein Stück Kuchen und ließen uns mit alten Geschichten ein wenig durchs Milieu treiben. Er gab mir seine Telefonnummer, und ich sagte ihm, ich würde mich melden, wenn ich etwas für ihn hätte.

Ich hatte noch zwei Stunden, bevor ich wieder im Knast sein musste. So besuchte ich noch Jochen und meinen alten Mentor Heinz. Beide hatten sich zumindest geschäftlich aus dem Milieu zurückgezogen, und wie ich fand, tat es beiden sehr gut. Jochen hatte ein Hotel aufgemacht, und Heinz investierte in Immobilien. Beide hatten ihr Geld aus der Nummer gezogen und waren dann seriös geworden. Natürlich beschwerten sich beide, dass nun das Leben nur noch halb so spannend war, aber beide bestätigten mir, sie würden nun ruhiger schlafen. Mit einem unruhigen Schlaf hatte ich glücklicherweise nie Probleme gehabt.

Einige Tage später wählte ich aus dem Vorzimmer meines Gönners die Nummer, die mir Knause gegeben hatte. Ich hatte im Knast zufällig mit einigen Typen gesprochen, die jemanden kannten, der wiederum irgendwelche Ware haben wollte. Weil ich Knause mochte, dachte ich: Bring die Leute zusammen und tue was Gutes. Auf der anderen Seite der Leitung nahm jemand den Hörer ab. »Knause, notier dir mal ein paar Nummern«, sagte ich. Insgesamt drei Interessenten gab ich ihm durch. Er bedankte sich überschwänglich und sprach eine Einladung zu einem großen Essen für meinen kommenden Freigang aus. »Gerne«, sagte ich und legte auf. Schön, mal was Gutes zu tun, dachte ich. Einige Wochen später nahm ich ihn beim Wort. Wir fuhren ins Block House in Pöseldorf. Seit ich denken kann, steht der Steakladen am Mittelweg in Hamburg. Wenn man ein richtig gutes Stück Fleisch essen wollte, war man dort genau richtig. Knause ließ ordentlich auftischen, bestellte einmal die Karte hoch und wieder runter. »Danke für die Kontakte, Mike«, begann er, »da hab ich richtig dick abkassiert.« Ich musste annehmen, dass er einfach eine gute Marge beim Verkauf seiner Ware gemacht hatte. Leider stellte sich nur wenige Minuten später heraus, dass er die Leute wunderbar Maß genommen hatte. Ein paar klassische Luftgeschäfte.

Ich hatte keinerlei moralische Bedenken dabei, aber dass mein Name zwischen diesen Geschäften auftauchte, machte mich etwas unruhig. »Locker machen, Mike«, sagte Knause und biss bestens gelaunt in ein Stück Fleisch. »Locker machen.« Locker machen half nicht. Etwa einen Monat nach diesem wunderbaren Steak, medium rare, flog Knause mit seinen Deals auf. Er hatte einen entfernten Verwandten des Polizeipräsidenten über den Tisch gezogen. Aber entfernt reichte in dem Fall schon.

Bei der anschließenden Gerichtsverhandlung wurde mit Kanonen auf Spatzen geschossen. Der Geschädigte kannte meinen Namen und sagte aus, ich wäre an der ganzen Sache beteiligt gewesen. Der Staatsanwalt, der es sowieso auf meinen Arsch abgesehen hatte, bekam nun seine Gelegenheit. Ich war all die Jahre wirklich kein Kind von Traurigkeit gewesen, aber hätte mir mal irgendwer erzählt, ich würde irgendwann unschuldig verurteilt werden, ich hätte ihn ausgelacht. Aber zum Lachen war mir wirklich nicht mehr zumute.

Am 14. Januar 1993 sprach das Landgericht Lübeck (Aktenzeichen 711 Js 42104/91) vermeintlich Recht. Ich wurde wegen Betrugs zu einer Freiheitsstrafe von zwei Jahren und sechs Monaten verurteilt. Viel schlimmer aber war die Anordnung der Sicherungsverwahrung. Ich hatte es echt geschafft. Wie Martin Engler saß auch ich nun wegen Betrugs möglicherweise den Rest meines Lebens hinter Gittern. War das möglich? Wir gingen in Revision, aber es war uns nicht möglich, an dem Urteil noch etwas zu drehen. Laut Anklageschrift hatte ich mich »des Betrugs gemäß § 263 StGB schuldig gemacht«.

Die Sicherungsverwahrung dient ja nicht, und das wusste ich ganz genau, der Sühne der Schuld, sondern dem Schutz der Bevölkerung vor gefährlichen Tätern, die ihre Strafe bereits abgesessen haben, aber im juristischen Sinn kein Fall für die Psychiatrie sind. War ich also nun ein gefährlicher Täter, weil ich Geldgierigen mit guten Worten das Geld aus der Tasche zog? Natürlich war ich ein Ganove, und man hatte mir viele Chancen gegeben. Und natürlich akzeptierte ich jede Bestrafung für meine Taten. Aber eine Bestrafung für etwas, das noch nicht geschehen ist, ist nicht fair. Voraussetzung für die Anordnung der Sicherungsverwahrung war ein psychiatrisches Gutachten, das den Täter als weiterhin gefährlich oder eben nicht gefährlich einstuft.

Das erste psychiatrische Gutachten vor der Urteilsverkündung endete also damit, dass keine »Anhaltspunkte für eine erheblich verminderte Schuldfähigkeit des Angeklagten zur Tatzeit im Sinne von § 21 StGB« vorlagen. Damit galt vorerst: Haftstrafe absitzen und abwarten. Verrückt war ich laut dem Gutachten zumindest nicht, auch ganz beruhigend.

Auszug aus der Gerichtsakte Mike Wappler

Außerdem war gegen den Angeklagten die Unterbringung in der Sicherungsverwahrung gemäß § 66 Abschnitt 1 StGB anzuordnen, denn er ist – die Voraussetzungen der Sicherungsverwahrung gemäß § 66 Abschnitt 1 Ziffer 1 und 2 StGB liegen vor – infolge eines Hanges zu erheblichen Straftaten, durch die insbesondere ein schwerer wirtschaftlicher Schaden angerichtet wird, für die Allgemeinheit gefährlich. Von Belang für die Hangtätereigenschaft des Angeklagten ist vor allem die Tatsache, dass der Angeklagte sein strafbares Verhalten trotz Verhängung zahlreicher empfindlicher Freiheitsstrafen unbeirrt fortsetzt. Wenngleich dem Angeklagten die vorliegenden Taten durch eine unangemessen großzügig gehandhabte Urlaubsregelung seitens der Justizvollzugsbehörden erleichtert worden ist, so steht dennoch fest, dass der Angeklagte weder durch Verhängung noch durch Vollzug von Freiheitsstrafen – sofern diese mit Lockerungen verbunden sind – an weiteren Straftaten gehindert werden kann. Auch in der Strafhaft scheut der Angeklagte – wie die mit Urteil vom 3. März 1989 abgeurteilte Tat vom 24. September 1987 zeigt – nicht vor weiteren Straftaten zurück. Ersichtlich ist deshalb auch in Zukunft beim Angeklagten mit weiteren schwerwiegenden Vermögensstraftaten zu rechnen.

Der Angeklagte neigt demzufolge zur Überzeugung der Kammer weiterhin zu Straftaten, durch die – dies ergibt sich schon aufgrund des vorliegend eingetretenen Schadens – schwerer wirtschaftlicher Schaden angerichtet wird. Er ist dadurch auch für die Allgemeinheit gefährlich. Dem steht nicht entgegen, dass sich der Angeklagte bei seinen letzten Straftaten – auch bei der vorliegenden Tat – die Geldgier und den Leichtsinn seiner Opfer zunutze gemacht hat. Auch solche Personen stehen als Allgemeinheit unter dem Schutz der Vorschrift des §66 StGB.

Mein Anwalt las mir nach der Verhandlung die Begründung des Gerichts vor. Er klappte die Mappe zu, kniff die Lippen zusammen und nickte. »So ist es leider, Herr Wappler.« Interessant: So klang also mein Todesurteil. »Ich will schnellstmöglich nach Fu zurück, bitte beantragen Sie das«, sagte ich.

Wenige Tage nach der Urteilsverkündung rief ich Anja an. Wir sprachen lange und kamen zu keinem Ergebnis, wie die Sache zwischen uns nun weitergehen sollte. Wenn alles glattlief, würde ich frühestens im Oktober 2001 aus der Haft sein. Wenn alles schiefging, auf unbestimmte Zeit in der Sicherungsverwahrung. Ich konnte mit dieser Ungewissheit sehr schlecht umgehen. Anja ging es ebenso, sie reichte Ende des Jahres 1993 die Scheidung ein. Ich konnte es ihr nicht verübeln. Wie sollte ich auch? Wer wollte schon mit einem Mann verheiratet sein, der eigentlich nie da war und von dem keiner wusste, ob er je wiederkommen würde?

In Fu schien alles beim Alten zu sein. Es war ein wenig wie nach Hause kommen. Die Vollzugsbeamten ließen sich noch immer schmieren, bei den Luden wurde gepokert, und wer Drogen oder etwas anderes brauchte, bekam es ohne große Probleme. Man traf alte Gesichter, einige waren schon sehr alt geworden, und ein paar neue. Ich traf Martin Engler und Blacky wieder, die ich während meiner Aufenthalte in anderen Vollzugsanstalten mal besucht hatte, aber nun hatten wir ja wieder viel Zeit miteinander. Auch »Wiener-Peter« saß seit Februar 1989 in der JVA Fuhlsbüttel ein. Der Grund: Bevor Kiez-Killer Werner »Mucki« Pinzner im Polizeipräsidium rumballerte, hatten er und ein Kronzeuge »Wiener-Peter« schwer belastet. Nach über hundert Verhandlungstagen, was ein ordentliches Stück war, bekam er lebenslänglich. Lustig, wie wir da alle wieder beisammen waren.

Wenn man uns so sah, konnte man sich durchaus bestätigt fühlen, dass Verbrechen sich nicht auszahlten. Blacky, der Schneekönig, war zwischenzeitlich sicher einer der größten Kokain-Dealer des Nordens geworden. Zeitweise spannte er mehr als hundert Leute bei seinen Geschäften ein und verdiente richtig Kohle. Seit 1994 saß er wieder hier, nachdem sie ihn in Venezuela festgesetzt hatten.

Nun, und Martin Engler, der König der Betrüger, der saß ja eh immer hier. Erst kürzlich hatten sie das viele Geld in seiner Zelle gefunden. Martin fragte mich oft, was sich denn draußen so getan hätte, denn eigentlich schloss sich bei ihm jede Haftstrafe an die andere an, weil er den Großteil seiner Deals aus dem Knast heraus machte. Ich hatte keine Antwort für ihn. »Nichts, Martin, nichts.« Es deprimierte mich zu sehen, wie dieser Mann hinter diesen Mauern alt wurde.

Ich verbrachte viel Zeit im Innenhof der Vollzugsanstalt und schaute mir die Gestalten an, die dort Fußball spielten, anderen Sport machten, spazieren gingen oder wieder krumme Nummern vorbereiteten. Jeder verbrachte seine Zeit hier anders, doch uns alle einte ein Schicksal: Wir waren eingesperrt. Ich verirrte mich sogar einmal in die Bibliothek der Anstalt und fragte mich, ob es nicht eine gute Gelegenheit wäre, Lesen und Schreiben zu lernen.

Ich nahm mir wahllos ein Buch aus dem Schrank, setzte mich an einen Tisch und schlug es auf. Aber irgendwie machten mir die vielen Buchstaben, die in diesen Büchern eingesperrt waren, Angst. Wörter sind zum Sprechen da, nicht um sie in den Schrank zu stellen. Man muss sie benutzen können. Ich packte das Buch zurück in den Schrank, und damit war für mich das Thema endgültig vom Tisch. Ich stellte mir diese Frage nie wieder und ich betrat auch keine Bibliothek mehr.

Es wäre zu viel des Guten, wenn ich behaupten würde, es wäre ein Moment der Erleuchtung gewesen. Vielmehr war es so etwas wie eine Eingebung. Oder noch besser: eine verdammt gute Idee. Ich ließ mir einen Termin bei der Gefängnisleitung geben, den ich auch prompt für den kommenden Tag erhielt.

Das Büro des Gefängnisdirektors war hell und freundlich. Aus dem Fenster hinter seinem Schreibtisch blickte man in den kleinen Park vor der Anlage. Auf seinem Tisch standen einige Familienbilder in selbstgebastelten Rahmen. Mit einem uralten Sessel versuchte er wohl, dem Büro eine persönliche Note zu geben. Im Großen und Ganzen aber ein schöner Arbeitsplatz, wenn man einen Job mochte, bei dem man den ganzen Tag hinter dem Schreibtisch saß. »Bitte, Herr Wappler, was darf ich für Sie tun?«, fragte er und öffnete dabei jesusmäßig seine Hände, die er vorher noch gefaltet auf dem Tisch liegen hatte. »Ich möchte eine Boxgruppe aufmachen, die regelmäßig trainiert«, sagte ich. »Und zum Sommerfest machen wir dann ein kleines Turnier«, setzte ich nach. Mehr sagte ich nicht. Er fuhr sich mit der Zunge über seine Scheidezähne, das konnte man auch gut bei geschlossenem Mund sehen. Dann faltete er seine Hände wieder und sagte: »Gut, ich werde Sie unterstützen. Sie kriegen einen Raum von mir.«

So eröffnete ich im Jahr 1995 die erste Boxgruppe aus Häftlingen in Santa Fu. Wir trainierten jeden zweiten Tag, eine bunt zusammengewürfelte Gruppe aus Deutschen, Türken, Russen und Spaniern. Jeder, der Lust hatte, durfte mitmachen. Ärger gab es eigentlich nie, und wenn doch, trug man das anständig mit Handschuhen und Mundschutz aus. Darüber hinaus stellte uns die Anstaltsleitung einen Karton mit Sprungseilen und einem ranzigen Ledersandsack zur Verfügung, den wir an der Decke aufhängen durften. Die Ringecken mussten wir uns denken, aber eine gesunde Fantasie hatte jeder, der versuchte, eine mehrjährige Haftstrafe ohne bleibenden Schaden zu überstehen.

Es machte einen gewaltigen Spaß, den Jungs ein paar Dinge zu zeigen, die ich über die Jahre gelernt hatte. Ob Jab, Uppercut, Finte, Clinch oder Doublette, ich teilte mit jedem, was ich wusste. Wir hatten mit Sergej sogar einen waschechten Champion im Team. In Weißrussland hatte er in seiner Gewichtsklasse um den Weltmeistertitel gekämpft und gewonnen. In Deutschland saß er ein, weil er bei einer Kneipenschlägerei einem Typen den Barhocker auf dem Kopf zertrümmert hatte. Dumm dabei: Der Typ hatte das nicht überlebt. Und wegen Totschlags saß Sergej nun recht lange. Er war ein einfacher Kerl, aber gerade das mochte ich an ihm. Nach dem Training saßen wir gelegentlich noch zusammen, und einmal sagte er: »Mike, ich groß Fran von Dariusz Michalczewski.« Ich wusste nicht ganz, was er mir damit sagen wollte. »Ich echter Fran«, wiederholte er. Da musste ich nachfragen. »Ihr seid Freunde?« Er schüttelte den Kopf: »Nee. Fran, Fran.« Jetzt wusste ich, was er mir sagen wollte. Er war ein Fan von Michalczewski.

Dariusz Michalczewski, der Tiger, war zu der Zeit Weltmeister im Halbschwergewicht. Am 10. September 1994 gewann er in Hamburg den WBO-Weltmeistertitel nach zwölf Runden gegen Leeonzer Barber. Ich hatte Michalczewski vor einiger Zeit im Keller der Ritze kennengelernt, dort boxte er gelegentlich oder ließ sich dort fotografieren, wenn es um pressewirksame Auftritte ging. »Weißt du, Sergej«, sagte ich, »ich sag ihm, er soll herkommen.«

Am kommenden Tag wählte ich die Telefonnummer, die er mir damals gegeben hatte. Es kam ein Freizeichen. Noch eins. Dann, mit einem »Klack«, wurde der Hörer aufgenommen und eine Frauenstimme meldete sich. Es war Dorota, die Frau von Dariusz. Ich stellte mich höflich vor und bat um Rückruf vom Tiger. Als Nummer gab ich die der Vollzugsanstalt an. Er sei gerade im Vorbereitungscamp, ich solle mich etwas gedulden, sagte sie. »Zeit habe ich genug«, antwortete ich. Es dauerte zwei Tage, bis aufgeregt der Dicke Willy, so nannten wir den Vollzugsbeamten, der aussah wie der Freund von Biene Maja, nur in richtig dick und echt, vor mir stand und sagte: »Wappler, ein Dariusz Michalczewski will dich sprechen. Der Dariusz Michalczewski?«

Ich machte mich auf den Weg in die Telefonkabine und nahm das Gespräch entgegen. Dariusz konnte sich an mich erinnern. Wir sprachen etwa zwanzig Minuten. Ich erzählte ihm von der Haftstrafe und den Jungs, die so gerne mal einen echten Weltmeister sehen wollten. Über die Bedingungen in Santa Fu und über die Möglichkeit, etwas Gutes zu tun. Er überlegte nicht lange und sagte: »Da mach ich mit.«

So ließ ich mir erneut einen Termin bei der Gefängnisleitung geben und kündigte den Tiger an: zu einer Autogrammstunde. Zwei Wochen später stand Weltmeister Dariusz Michalczewski vor den Mauern der JVA Fuhlsbüttel und besuchte den Ganoven Mike Wappler. Wir hatten für ihn in der Gefängniskirche, die auch als Besucherraum genutzt wurde, einen Tisch aufgestellt.

Bereits eine lange Schlange von Gefangenen und Beamten wartete auf ihn. Zwei Stunden gab er Autogramme, ließ sich mit den Gefangenen fotografieren und beantwortete Fragen. Ich saß neben ihm und hatte das Gefühl, was Gutes getan zu haben. Und zwar nicht nur für mich selbst.

Markus Schmieder, Anwalt von Mike Wappler

Es hat mich schon echt beeindruckt, wen er da alles nach Santa Fu locken konnte. Er hatte die Fähigkeit, Menschen für seine Sache zu begeistern, endlich mal positiv eingesetzt. Es waren ja so viele da: Schauspieler, Boxweltmeister und Musiker. Alle kamen, weil Mike sie rief: Henry Maske, Wladimir Klitschko und wer weiß ich noch alles. Mike musste später sogar einigen absagen, weil es zu viele wurden, die sich dort zu Autogrammstunden anmeldeten. Das hat mir schon sehr imponiert. Ich dachte damals: Vielleicht kann er da ja richtig was Positives rausziehen und einen Job für sich finden. Nach der Haftstrafe und nach der Sicherungsverwahrung natürlich.

Ich bekam eines Tages, es muss ein paar Wochen nach der ersten Autogrammstunde gewesen sein, einen Anruf von Mike, aus dem Gefängnis. Er lud mich zu seiner Hochzeit ein. Welche Art von Mädchen sich mit Männern einlassen, die im Knast sitzen, kann ich nicht sagen. Ich für meinen Teil finde es seltsam. Sei es drum. Auf jeden Fall hatte Mike eine Marion gefunden, die ihn, der noch regulär fünf Jahre abzusitzen hatte, ehelichen wollte. Gut, jeder ist seines Glückes Schmied. Ich sagte ihm, dass ich mich sehr für die beiden freuen würde, und bedankte mich für die Einladung. Die Hochzeit fand schon zwei Wochen später statt.

Mike hatte die Hochzeit mal wieder als Bühne genutzt. Seit dieser Autogrammstunden-Nummer hatte er in Fu fast Narrenfreiheit. »Es wird sich einiges ändern«, sagte Mike zu mir.

Was er damit genau meinte, erwähnte er nicht. Ich ging aber grundsätzlich von etwas Gutem aus. Dass ich mich so irren sollte, konnte ich ja damals wirklich nicht ahnen.

Die Zeit im Knast plätscherte dahin wie das Wasser des Brunnens vor dem Lübecker Gerichtsgebäude. Alles sammelte sich zu einer Pfütze und verschwand dann in einem schwarzen Loch im Boden. Marion besuchte mich oft. Sie war wirklich ein nettes Mädchen, aber von großer Liebe konnte ich leider nicht sprechen. Vielleicht war ich ja auch schon zu alt oder hatte zu viel gesehen, um noch richtig lieben zu können. Ich nahm ihren Nachnamen an. Das hatte den Vorteil, dass ich mit einem anderen Anfangsbuchstaben im Nachnamen in eine neue Strafkammer rutschte. Damit würde ich bei kommenden Verhandlungen zu meinem Fall vor einem anderen Richter sitzen, was nicht schlecht sein konnte, da der alte sich auf mich eingeschossen hatte.

Marion wurde etwa ein Jahr nach unserer Heirat schwanger. Sie brachte unsere Tochter zur Welt – auch, oder vielleicht gerade, weil ich ihr davon abriet. Ich konnte ihr nichts bieten. Zumindest vorerst nicht. »Ich weiß das«, sagte sie, »aber es ist mir egal.« Frauen sind manchmal aber auch zu bescheuert.

Ich hatte mittlerweile den Spitznamen »Don King« von einigen Mitgefangenen bekommen. Anscheinend, weil ich die Sache mit der Boxtruppe so gut organisiert hatte – an den Haaren und der Hautfarbe kann es jedenfalls nicht gelegen haben, denn der Boxpromoter aus den USA ist dunkelhäutig und trägt bis heute eine wirklich wirre Frisur. Zu Weltruhm gelangte King, als er im Jahr 1974 den Kampf zwischen Muhammad Ali und George Foreman in Kinshasa organisierte. Der Kampf wurde als »Rumble in the Jungle« bekannt.

Und da organisieren mir ebenfalls im Blut lag, fand ich, dass der Name gar nicht so schlecht gewählt war. So kümmerte ich mich nebenher auch um andere organisatorische Dinge, die in meinen Augen lange überfällig gewesen waren. Offenbar brauchte meine kriminelle Energie ein Ventil. Ich begann, mich ein wenig durch die Gelben Seiten zu blättern, das öffentliche Telefon der Anstalt wurde mein Büro. Das Schöne an den Gelben Seiten war, dass viele gewerbliche Anzeigen noch immer Bilder dabeihatten. Der Maler einen Pinsel, die Kfz-Werkstatt ein Auto, das Beerdigungsinstitut ein Kreuz und der Anwalt einen übergroßen Paragraphen. So einfach kann das Leben manchmal sein.

Ich erkundigte mich bei einigen Malereibetrieben nach alter Farbe, die vielleicht übrig war. Oder nach neuer Farbe, die sie uns schenken wollten. Die Geschichte, die ich erzählte, entsprach immer der Wahrheit. »Ja, die Insassen würden gerne die Haftanstalt selbstständig verschönern.« Wir bekamen kostenlos mehr Farbe zugesagt, als wir hätten verstreichen können. Leider meinte es einer der Betriebe etwas zu gut mit uns und versenkte, eingewickelt in einer Plastiktüte, drei Flaschen Jack Daniels in einem Farbeimer. Ein Beamter, der natürlich alle angelieferten Farbeimer kontrollierte, fand die Flaschen, und die Anstaltsleitung stoppte umgehend unsere Verschönerungsaktion.

Kurz vor Weihnachten, der Jahrtausendwechsel stand bevor, rief ich bei unzähligen Firmen an, um Weihnachtsgeschenke für die Jungs im Knast zu besorgen. Ich bin wirklich kein Gutmensch, aber da sitzen arme Schweine ein, die seit zehn Jahren kein Mensch mehr besucht hat. Die seit einer Ewigkeit keinen Brief oder irgendein Lebenszeichen von draußen bekommen haben. Warum sollten die daran glauben, dass es erstrebenswert wäre, irgendwann mal wieder aus dem Knast rauszukommen?

Ich rief bei Niederegger an, bei Sonnen Bassermann, bei Maggi, bei Nestlé, bei Coca-Cola und wie sie alle hießen. Ich stellte mich als Gefangener der JVA Fuhlsbüttel vor und erzählte die Geschichte der armen Schweine, an die niemand mehr dachte. Dieser Teil der Geschichte reichte meist schon für eine Zustimmung. Am 24. Dezember 2000 bekam jeder der Inhaftierten einen Fresskorb. Mein Schwager, der eine Schlachterei in den Großmarkthallen betrieb, legte noch fünfhundert Würstchen und jede Menge Salami drauf. Ich habe sicher kein Leben an diesem Tag gerettet, aber vielleicht ein wenig Hoffnung gegeben. Und wenn selbst das nicht, dann doch etwas, das man gut im Knast gegen etwas tauschen konnte, was einen wirklich glücklich machte.

Im Februar 2000 wurde der »Wiener-Peter« entlassen. Nachdem er vor elf Jahren wegen schweren Raubes, gemeinschaftlich begangenen Mordes, Anstiftung und Beihilfe zum Mord zu lebenslanger Haftstrafe verurteilt wurde. Elf Jahre, so war das in Deutschland. Du kannst zwar jemandem die Lichter auspusten, richtig kriminell wird es aber erst, wenn du ihm das Geld wegnimmst.

»Die weisen mich nach Österreich aus«, sagte Nusser in seinem unverwechselbaren Wienerisch. »Komm doch nach deiner Haft zu mir, vielleicht mach ich wieder ein' Puff auf. Dann beteilige ich dich.« Dazu muss man wissen, dass der Großteil der Leute, die er hat ins Gras beißen lassen – denn selbst gemacht hat er ja nichts –, alles alte Geschäftspartner waren, die ihm irgendwie im Weg standen. »Ich bin doch nicht lebensmüde«, sagte ich, »da wache ich ja eines Tages mit 'ner Kuchengabel in der Brust auf.« Er lachte. »Dann komm mich wenigstens besuchen.«

Wenig später trennten Marion und ich uns wieder. Sie hatte auch erkannt, dass es eben nicht wie bei Bonnie und Clyde war, wenn man einen Mann heiratete, der im Gefängnis saß. Es war nicht glamourös oder aufregend, es war eine große Scheiße. Mit dem Kind auf dem Arm in den Besucherraum, in dem ein Haufen gescheiterter Existenzen einen anderen Haufen gescheiterte Existenzen besuchte, mit dem einzigen Unterschied, dass der eine Haufen eingesperrt war. Man verbrachte eine staatlich verordnete Zeit miteinander, und als Mutter mit einem Neugeborenen auf dem Arm und ohne Mann an der Seite verließ man dann wieder das Gebäude am Suhrenkamp 92. Man führte zwei Leben: eines im Besucherraum der JVA, das andere zwischen all denen, die einen Platz in der Gesellschaft gefunden hatten.

Ich wurde zum Ende meiner regulären Haftstrafe etwas überraschend nach Altengamme verlegt, in ein sogenanntes Freigängerhaus. Es war ein offener Vollzug, der möglich wurde, weil ich mir auf Anregung der Gefängnisleitung einen Job verschafft hatte. Das war wirklich das kleinste Problem: Ein Freund aus dem Milieu betrieb eine große Lackiererei und schrieb mir eine Arbeitsbescheinigung aus. Den Lohn, den er mir zahlte, gab ich ihm vorher in bar. Ich sah den Betrieb nie von innen und wusch nebenher gleich noch etwas Schwarzgeld.

Wie mir mein Anwalt bestätigte, gilt für den offenen Vollzug in den Ländern, in denen das Strafvollzugsgesetz des Bundes gilt, dessen § 10 Abs. 1 maßgebend ist: »Ein Gefangener soll mit seiner Zustimmung in einer Anstalt oder Abteilung des offenen Vollzuges untergebracht werden, wenn er den besonderen Anforderungen des offenen Vollzuges genügt und namentlich nicht zu befürchten ist, dass er sich dem Vollzug der Freiheitsstrafe entziehen oder die Möglichkeiten des offenen Vollzuges zu Straftaten missbrauchen werde.« Straftaten während des Vollzugs? Das entspricht ja gar nicht meiner Natur. Manchmal ist Justitia wirklich blind – sogar auf den Hühneraugen.

Es mag für die Opfer jeglicher Verbrechen übel klingen, aber in diesem Staat sitzt selten jemand so lange ein, wie es das Gericht bei der Urteilsverkündung festgelegt hat. Bei mir gab es aber tatsächlich noch einen Stolperstein, oder besser, eine Mauer: die Sicherungsverwahrung. Wenn die Gutachter nun entschieden, dass ich diese antreten müsste, hätte diese neue Freiheit ein schnelles Ende. Vorerst nutzte ich den gegebenen Spielraum oft für stundenlanges, zielloses Durch-die-Stadt-Treibenlassen. Eines wollte ich auf keinen Fall: eine neue Straftat begehen. Ich steckte mehr Geld in den Parkautomaten als nötig, überquerte keine Straße, die nicht durch eine grüne Fußgängerampel freigegeben wurde, und traf mich, mit wenigen Ausnahmen, kaum mit irgendwem aus dem Milieu. Vorerst.

Ich ging gerne unter Menschen. Auch alleine konnte ich mich stundenlang in ein Café setzen und die Leute beobachten, ohne mich zu langweilen. Ihre Gesten und ihre Mimik, wie sie alle darauf bedacht sind, mehr zu scheinen als zu sein. Wunderbar lehrreich.

Eines Tages lernte ich in einem Café Gabriele kennen. Sie sagte, ich sehe so lebenshungrig aus, wo das wohl herkäme. Sie setzte sich zu mir, ich lud sie auf eine heiße Schokolade ein. Sie bestellte einen Schuss Rum dazu. Seltsam, es war gerade 13 Uhr. Ich erzählte ihr, dass es wohl daran liegen müsse, dass ich ein Betrüger auf Freigang war. Sie lachte und nahm an, ich würde einen Scherz machen.

Als sie die Wahrheit erfuhr, konnte sie damit tatsächlich recht gut umgehen. Immer wenn ich Freigang hatte, sahen wir uns. Sie war eine unterhaltsame Persönlichkeit, die gerne und ein wenig zu viel redete. Aber wer wie ich im Glashaus saß, sollte mal besser mit gar nichts schmeißen. Anfänglich trafen wir uns zu unverbindlichem Sex, später in dem Glauben, dass aus der Nummer auch mehr werden könnte. Es wurde auch etwas daraus, ein Sohn. Mein viertes Kind von der vierten Frau – das Ganze hatte ja auch eine gewisse Beständigkeit.

Meine reguläre Haftstrafe endete am 30. September 2001. Danach würde ich also direkt in die Sicherungsverwahrung wandern, die dann wieder in Santa Fu abzusitzen wäre. Das hieß im Klartext: aus dem offenen Vollzug zurück in die geschlossene Anstalt. Ich war nun sechsundvierzig Jahre alt, war vier Mal verheiratet, vier Mal geschieden. Ich hatte vier Kinder gezeugt und saß bereits so viele Jahre im Knast, dass ich mich kaum noch daran erinnern konnte, wie es war, keine Haftstrafe offen zu haben. Ich hatte in letzter Zeit oft überlegt, sollte ich hier wieder für immer rauskommen, dann würde ich seriös werden. Doch vor dem Rauskommen musste ich noch an den Gutachtern vorbei.

Auszug aus dem Gutachten von Dr. med. Lorenz, 10. September 2001

Herr Wappler hat begonnen, aus seinen Erfahrungen zu lernen und eine Einstellung zu verinnerlichen, aus welcher heraus er die vergangenen Straftaten bei sich selbst verurteilt. Er besitzt ein Unrechtsbewusstsein. Die amerikanischen Psychopathy-Merkmale korrelieren bei deutlicher Ausprägung mit einer ungünstigen Kriminalprognose. Dieses gilt ebenso, wenn die Merkmale einer dissozialen Persönlichkeitsstörung gemäß ICD 10 hochgradig ausgeprägt sind. Nach Anwendung der Kriterien von Kernberg, des ICD 10 und der amerikanischen Psychopathy-Merkmale kommen bei den dem Gefangenen jetzt vorliegenden Persönlichkeitsmerkmalen daher prognostisch keine ungünstige oder sehr ungünstige Bedeutung zu. Bei den prognostischen Überlegungen anhand der Dittmann-Kriterien komme ich zu einem insgesamt positiven Bild. Die wenigen Faktoren, die für eine sehr ungünstige Prognose sprechen, begründen insgesamt keine ungünstige Prognose, weil diese Faktoren im Wesentlichen im engen Zusammenhang mit früheren Lebensphasen und mit Verhaltensauffälligkeiten des Verurteilten in der Vergangenheit stehen, die der Verurteilte im weiteren Verlauf seiner Entwicklung zu kompensieren und zu überwinden in der Lage war.

Mein Anwalt, Herr Dr. Mühlhausen, hat mir die Sache erklärt. Verstanden habe ich sie nicht. Entscheidend dabei aber war: Am 17. Oktober 2001, nach nur sechzehn Tagen in der Sicherungsverwahrung, wurde diese auf die Dauer von fünf Jahren zur Bewährung ausgesetzt. Zum ersten Mal seit knapp zwanzig Jahren hatte ich für alle meine Straftaten gebüßt, meine Schulden an die Gesellschaft endlich beglichen. Ich war ein freier Mann.

2001
Ein Name wie eine Bank

Während der ersten Tage in grenzenloser Freiheit besuchte ich einige Menschen, die ich lange nicht gesehen hatte. Ich zog bei Gabriele im Hamburger Stadtteil Eppendorf ein und trug etwas Geld zusammen, das ich über all die Jahre bei unterschiedlichen Bekannten gebunkert hatte. Ich fühlte mich wie ein vollwertiges Mitglied der Gesellschaft. Ich hatte vorerst genug Kohle, eine Lebensgefährtin, ein Dach über dem Kopf, und ich fühlte mich stark genug, in ein Leben voller Seriosität zu starten.

Was dabei erstaunlich war: Nun hatte man also all die Jahre im Knast Zeit, sich zu überlegen, was man macht, wenn man freikommt, und dann, wenn es so weit ist, hat man trotzdem nichts vorbereitet. Das ist so ein wenig wie Weihnachten, das Fest, das auch immer überraschend kommt.

Mir war wie wohl kaum einem anderen bewusst, dass es unerlässlich ist, die Menschen glauben zu machen, dass man erfolgreich ist in dem, was man treibt. Niemand will mit jemandem Geschäfte machen, der rummosert und klein denkt – egal ob legal oder illegal. So besorgte ich mir umgehend in der ABC-Straße in Hamburg ein repräsentatives Büro. 60 Quadratmeter, mit zwei großen Fenstern, einem Chefschreibtisch und einer Besetzungscouch. Ein kleiner Vorraum bot die Möglichkeit, noch eine Sekretärin einzustellen, wenn man denn wollte. Die Wände waren weiß gestrichen, die Alster nur drei Gehminuten entfernt, und jeder, der hörte, dass man in der ABC-Straße residierte, nickte wohlwollend.

Für den Schreibtisch hatte ich anstelle eines Computers einfach einen Flachbildschirm gekauft und hingestellt. Die Leute erwarten, dass dort etwas steht. Dass es keine Tastatur und Maus gab, weil ich ja nichts zu schreiben hatte, fiel niemandem auf. Ich hab mal gehört, dass Blinde in ihren Wohnungen Bilder hängen haben, obwohl sie die ja gar nicht betrachten können. Sie hängen die Bilder für die Menschen auf, die sehen können. Damit die Wohnung eben so aussieht, wie man als Besucher eine Wohnung erwartet – eben mit Bildern an der Wand. Verrückte Welt.

Ich glaubte, einen Bedarf gefunden zu haben, den ich spielend bedienen konnte. Ich würde eine Modelagentur für Ringmädchen eröffnen. Mit Boxen kannte ich mich ja aus. Und mit Mädchen auch. Das konnte man doch gut zusammenbringen, dachte ich. Modelagenturen sind die Luden der Neuzeit. Nur smarter und respektierter. Geduldet, geliebt, gnaden- und gesichtslos.

Eine Erkenntnis bestätigte sich in all den Jahren, ob während einer Haftstrafe oder nicht, immer wieder: Es gibt in unserer Gesellschaft zwei unterschiedliche Typen von Männern – die Denker und die Macher. Die Denker rechnen, führen Standortanalysen durch, beobachten den Markt und die Konkurrenz und basteln bunte Businesspläne – am Ende passiert aber gar nichts, weil ihnen das Risiko zu hoch oder nicht wirklich kalkulierbar erscheint. Die Macher, so wie die Türken beispielsweise, eröffnen eine Dönerbude, einfach so. Egal, ob es da schon drei Drehspießklitschen in der Straße gibt. Einfach mal so ein Ding aufmachen, man wird schon sehen, was passiert. Unter diesem Aspekt war ich eher der Türke, ein Macher.

Um die juristischen Unwegsamkeiten zu klären, traf ich mich

mit einem Anwalt namens Flohr in seiner Kanzlei in der Innenstadt. Ich war das erste Mal in seinem Büro, kannte ihn nur vom Telefon. Er wurde mir durch einen Kontakt empfohlen. Alles war, wie ich fand, etwas zu spießig eingerichtet, aber die Kleine, die den Kaffee brachte, war ein Feger genau nach meinem Geschmack. Immerhin etwas. Die Sache mit der Modelagentur ging tatsächlich noch viel einfacher, als ich gedacht hatte. Hier ein Zettel, Flohr nickte, da ein Zettel, und Flohr nickte. Die Sache lief richtig schön rund.

Mit Gabriele lief es hingegen leider genau gegenteilig. Wir stritten uns oft, und die Versöhnung war dann nicht annähernd so schön, wie Versöhnungen eben sein könnten. Ich trennte mich von ihr und suchte mir eine eigene Wohnung in Eppendorf, nichts Großes, aber ich hatte ja derzeit kein geregeltes Einkommen. So heißt es doch, wenn man keinem Job nachgeht, oder?

Die Fleischbeschau mit den Nummerngirls lief ganz gut an. Ich hatte für einige kleinere Boxveranstaltungen schon Mädchen vermittelt, die ich auf der Straße angesprochen hatte. Das Gute war: Jedes Mädchen wäre gerne Model, aber für den Laufsteg oder für die Hochglanzmagazine reicht es bei den wenigsten. Und doch träumen sie alle von dieser zweifelhaften Karriere, die so oft nur über das Bett von Fotografen oder Bookern läuft. Und selbst dann kaum richtig.

Ich brauchte Mädchen, die eben genau diesen Traum hatten und gerade clever genug waren, mit einem Schild, das sie über dem Kopf in die Luft hielten, zwei Mal im Kreis zu laufen, ohne umzufallen, und dabei im Badeanzug eine gute Figur machten. Es dauerte nicht lange und ich konnte auf etwa hundert Mädchen zugreifen.

Eines Abends verspürte ich einen Unwillen, alleine in meine

Wohnung zurückzukehren, und so machte ich noch einen kleinen Umweg über die Spieltische des Casinos. Ein paar kurze Runden Black Jack konnten gegen Schlafstörungen manchmal Wunder wirken.

Am Nachbartisch erkannte ich eine Stimme aus alten Tagen wieder. Es war »Krawatten-Tony«, der da lautstark rumkrakeelte und sich über die schlechten Karten beschwerte, die ihm gegeben worden waren. Auch er hatte dem Milieu schon vor Jahren, als man zunehmend um Leib und Leben fürchten musste, den Rücken gekehrt. Damals machte er dann in Immobilien. Was und wie genau, wusste ich nicht.

»Mike, alte Rinde!«, brüllte er. »Ewig nicht gesehen.« Er stand mitten in seinem Spiel auf, fegte mit dem Unterarm alle seine Spielchips zusammen und wackelte zu mir rüber. »Komm«, er schlug mir auf die Schulter, als gäbe es für ihn derzeit nichts Tolleres als meine Gesellschaft, »wir gehen an die Bar.«

Wir setzten uns in eine freie Ecke. Er bestellte ein Wasser, ich eine Cola. »Zeiten ändern sich«, sagte ich, blickte auf die Gläser und wir stießen an. »Magst du ein Näschen«, fragte er und schob ein kleines Briefchen rüber. »Heute nicht«, antwortete ich und hob dankend die Hand. Ich hatte meinen Kokainkonsum im Knast ziemlich zurückgeschraubt, auch wenn es keinen Riesenaufwand dargestellt hätte, etwas zu bekommen. »Du entschuldigst mich?«, fragte er und verschwand, ohne auf eine Antwort zu warten, in Richtung Toilette.

Als er von dort zurückkam, wo er sich offenbar gehörig die Nase gepudert hatte, redete er ungebremst und meist über sich. Er würde nun Adelstitel verkaufen, ganz offiziell. »Aber so einfach ist das jetzt auch nicht«, sagte er. »Du kannst so 'n Ding nicht einfach im Supermarkt kaufen, da brauchste jemanden. 'nen Adligen, der dich adoptiert. Dann musst du unterschreiben, dass du keinerlei Erbschaftsansprüche hast, und fertig ist die Laube. Kostet aber. Kostet aber«, ratterte er hinunter.

Ich nahm nun doch eine kleine Nase Marschierpulver, der Typ war ja so nicht zu ertragen. »Und wie viel?«, fragte ich, als ich vom Klo zurückkam. Das Kokain entfaltete schnell seine stimmungsaufhellende Wirkung. Mein Nase wurde taub, mein Mund trocken, und ich fühlte mich hellwach. Mir schoss eine Liedzeile von Konstantin Wecker durch den Kopf: »Meine Seele löst sich, fliegt dahin. Kokain, Kokain.« Er schaute mich an und sagte: »Fürs Koks? Ist geschenkt.«

An dem Abend fand ich die Idee wunderbar, mir auch einen Adelstitel zuzulegen. Das schien mir für mein Geschäft nur förderlich zu sein. Für 15 000 DM wurde ich wenige Wochen später geadelt, zu Ernst-August-Mike Baron von Wappler.

Wie so oft im Leben verändern die kleinen Begegnungen das große Ganze. Sie verschieben die Gleise nur um ein paar Grad, und der Zug fährt auf der langen Distanz in eine ganz andere Richtung. Mein Geschäft mit den Ringmädchen lief ganz anständig, nebenher machte ich ordentlich Kröten als Makler und plante, an dem großen Run auf Dubai mitzuverdienen. Mir schwebte so etwas wie eine Box-Liga in den Emiraten vor. Noch nichts Ausgegorenes, aber es arbeitete in meinem Kopf – Boxnächte unter dem Beduinenzelt. Ich war ein freier Mann, die Welt stand mir offen, nein, noch besser, sie lag mir zu Füßen.

Bei einer Boxveranstaltung in Hamburg-Harburg, bei der ich die Ringmädchen organisiert hatte, traf ich zwei Geister aus alten Tagen wieder. Neumann und Kuster. Wir hatten Mitte der 1970er-Jahre einige Luftgeschäfte und Betrügereien gemeinsam gemacht, bei denen man mehr als einen Mitspieler brauchte. So Sachen, bei denen einer den Anwalt, der andere einen weiteren potenziellen Käufer mimte. Es gab eben einige Lügenkonstrukte, die mehr als einen brauchten, der sie hielt. Der Boxkampf war überaus unterdurchschnittlich, und so verschwanden wir, bevor jemand auf die Bretter ging.

Neumann, Kuster und ich fuhren in getrennten Autos noch auf ein Getränk in die Lämmertwiete, eine niedliche Altbaugasse mit Kopfsteinpflaster, schiefen Häusern und einigen Bars und Restaurants im Herzen des sonst so hässlichen Stadtteils. Wir suchten uns einen Laden, der nicht zu voll war und bei dem keine nervige Musik aus den Lautsprechern dödelte. Ich freute mich, die beiden wiederzusehen, verband uns doch ein Haufen lustiger Geschichten und Erlebnisse aus früheren Tagen.

Ich bestellte einen kalten Vorspeisenteller und Neumann servierte mir dazu eine Geschichte, die ich kaum glauben konnte. Mitte der 1990er-Jahre hatten sie in Berlin einen Mann kennengelernt, der sich als verstoßenes Mitglied einer unfassbar reichen und europaweit bekannten Unternehmerfamilie vorgestellt hatte. Ob er sich diese Geschichte aufgrund einer Namensgleichheit nur ausgedacht hatte, um sich wichtigzumachen, oder ob sie tatsächlich stimmte, wussten die zwei nicht zu berichten. Eines aber war sicher: Geld genug hatte der Mann.

Er selbst, Uwe Hubert, so hieß er, hatte mit weiß der Teufel was ordentlich Kohle gemacht und scheinbar einen familiären Hintergrund, der nahezu unerschöpfliche Geldreserven versprach. Er schien, laut Erzählungen von Kuster, ein Mann zu sein, der glaubte, allen beweisen zu müssen, dass er in der Geschäftswelt der ganz Großen an den ganz dicken Hebeln zog. »Diese völlige Selbstüberschätzung, diese Selbstgefälligkeit und seine Gier machen ihn fast blind«, sagte Kuster und schlug die schneeweiße Serviette schwungvoll über seinen Knien auf.

»6 000 000 Mark«, er sprach quasi jede Null für sich aus. So viel hatten sie ihm seit dem ersten Treffen bis zu diesem kalten Vorspeisenteller mit Versprechungen und Scheingeschäften aus der Tasche geleiert. »Wie bitte?« Ich dachte, mich verhört zu haben. »Er muss enorm viel Schwarzgeld durch seine Firmen eingefahren haben«, sagte Neumann. »Wir haben ihm eine Möglichkeit versprochen, sein Geld binnen kürzester Zeit auch noch zu verdoppeln.« Beide lachten lauthals. »Das war schon vor fünf Jahren.« Dennoch hatten sich beide erst kürzlich von Hubert gelöst, als dieser zwar noch Geld nachgeschossen hatte, aber irgendwann Sicherheiten dafür wollte. »Also, ich nach Venezuela, weil ich Krebs hab'«, sagte Neumann und wischte sich den Mund mit seiner Serviette ab. »Und ich bin tot, Autounfall«, fügte Kuster hinzu. Jetzt bekamen sich beide kaum noch ein vor Lachen. Dieser Hubert schien, sollte die Geschichte stimmen, ein Sechser im Lotto für jeden Ganoven zu sein: gierig, geldig und mit hohem Geltungsbedürfnis – die drei G.

Ich fuhr an dem Abend über die Wilhelmsburger Reichsstraße zurück nach Hamburg. Das dauerte zwar länger als über die Autobahn, aber irgendwie war mir nach Umweg. Hinterm Steuer konnte ich gut nachdenken. Ich fuhr manchmal, nur um nachzudenken, ziellos durch die Gegend. Als ich zu Hause die Wohnungstür aufschloss, merkte ich, dass meine Finger feucht waren. Ich war nervös. Alleine bei dem Gedanken, wie man diesen Mann wunderbar Maß nehmen könnte, schoss mir das Adrenalin durch den Körper. Dieses Gefühl war mir nicht fremd. Ich setzte mich auf die Couch und starrte lange auf die weiße Wand. War ich so süchtig nach dem Rausch des Betruges? Wollte ich wieder einsitzen?

Ich war dieses Mal mit einem blauen Auge davongekommen. Beim nächsten Mal, und da war ich mir ziemlich sicher, würden sie die Sicherungsverwahrung voll durchziehen, egal, ob es unmenschlich war oder nicht.

Ich ging ins Badezimmer, öffnete den Spiegelschrank und schmiss mir zwei Schlaftabletten ein, die ich darin schachtelweise stapelte. Morgen, so dachte ich, würde die Welt schon ganz anders aussehen. Ich fiel in einen traumlosen, unruhigen Schlaf.

Tatsächlich sah die Welt am nächsten Morgen anders aus. Ich entschloss mich, Hubert anzurufen. Nur um mal zu hören, was so ging. Ich würde gerne behaupten, ich hätte mich länger mit dieser Entscheidung getragen, hätte Tage und Wochen mit mir gerungen, um dann, von den eigenen Selbstvorwürfen zerrissen, bei Hubert vor der Tür zu stehen und mir einen Funken Abenteuer abzuholen. Aber so war es nicht, so bin ich nicht.

Ich fuhr in mein Büro in der ABC-Straße und wählte die Nummer von Neumann. Freizeichen. Stille. Freizeichen. Stille. Freizeichen. Stille. Ich legte auf, vielleicht war es ein Zeichen oder Schicksal, dass er nicht ans Telefon ging.

Ich hatte für die kommende Woche den Auftrag eines Möbelhauses bekommen, das zum fünfundzwanzigjährigen Bestehen fünfundzwanzig Mädels in einem roten Bikini haben wollte, die dann zwischen den Furnierbetten und Blechstühlen Flyer verteilen sollten. Ich war zur Besichtigung hingefahren und stand nun auf einem gewaltigen Parkplatz und blickte auf dieses Möbelghetto. »Herr Baron.« Darauf reagierte ich meist nicht, weil ich mich daran noch nicht gewöhnt hatte, freute mich aber, wenn ich realisierte, dass man mich meinte, umso mehr. »Herr Baron, wir müssen unbedingt auf die CI achten. Auf die CI«, haspelte so ein aufgeregter

Knabe in einem schlecht sitzenden Anzug. Ich nahm die Sonnenbrille ab und schaute ihn direkt an. Das war also mein Auftraggeber, und als ob sein Leben davon abhängen würde, stopfte er mein Hirn mit unglaublich öden Zusammenhängen voll, die angeblich für meinen Auftrag vonnöten waren.

Ich wusste nicht, und das war der Gedanke, der mir durch den Kopf ging, als der übereifrige Auszubildende mich vollsabbelte, ob ich das auf Dauer ertragen konnte. Auf dem Weg zurück ins Büro versuchte ich erneut, Neumann zu erreichen – Schicksal und Zeichen hin oder her. Es kam noch nicht einmal ein Freizeichen, da ging er schon ans Telefon. »Neumann, Mike hier, wir müssen uns sehen«, sagte ich, und wir verabredeten uns für den kommenden Tag.

Er gab mir die Telefonnummer von Hubert. Er kam sich wohl ein wenig so vor, als würde er einem Junkie Drogen verkaufen. »Ich dachte, du willst seriös bleiben«, sagte er. »Sicher, aber vielleicht kann man ja ein paar ganz legale Geschäfte mit ihm machen«, antwortete ich. Ich war auf dem besten Weg, mich selbst zu belügen.

Ich wählte die Nummer nicht gleich, sondern drehte den Zettel mit den Zahlen noch einige Male zwischen meinen Fingern, dann steckte ich ihn weg. Eile mit Weile, dachte ich. Doch je länger ich abwartete, desto weiter entfernte ich mich von dem Gedanken, seriöse Geschäfte mit dem Kerl machen zu wollen. Er war gierig nach noch mehr Geld, und diesen Trieb konnte ich durchaus befriedigen.

Ich musste zurück ins Büro, seit einiger Zeit belagerte mich ein Kerl, der unbedingt einen persönlichen Termin mit mir wollte. Er hätte mir ein Geschäft vorzuschlagen, betonte er mehrfach. Da ich keine Ahnung hatte, wer oder was er war, sagte ich einem Treffen zu. Im besten Fall brachte er Geld mit, im schlechtesten Fall war er von der Steuerbehörde. In beiden Fällen sollte man sich mit so jemandem treffen. Mir gegenüber saß ein junger Typ. Ich würde sagen, er war etwa achtunddreißig Jahre alt. Sein Lächeln war freundlich, seine Augen ehrlich. Er war dünner, als ein Mann seiner Körpergröße sein sollte, und sein dunkles Haupthaar war bereits einer überhohen Stirn gewichen. Er hatte, so stellte sich schnell heraus, um diesen Termin gebeten, weil er irgendwoher gehört hatte, dass er bei mir in einem riskanten, aber durchaus lukrativen Geschäft sein Geld vermehren könnte. »Es ist, geehrter Baron, für ein Haus«, sagte er. »Meine Frau und ich haben gespart und wollen uns irgendwann ein Eigenheim kaufen, wir wollen ja auch Kinder«, fügte er hinzu. Dann legte er einen Umschlag auf den Tisch. »Da sind 30 000 Mark drin. Alles, was wir haben. Aber wenn sie es vermehren könnten, dann dürfte es doch irgendwann für ein Haus reichen«, sagte er, nicht ohne Stolz, überhaupt so viel Geld schon verdient zu haben. Ich schaute ihn an und dachte, wie kann jemand nur so dumm sein.

»Nein, ich kann leider nichts für Sie tun«, antwortete ich und schob ihm den Umschlag wieder hin. »Aber, Herr Baron, ist es Ihnen zu wenig? Ich nehme an, Sie haben sonst mit anderen Summen zu tun, aber mehr haben wir nicht.« Es war unglaublich, wie sehr er darauf bedacht war, um sein Geld gebracht zu werden. Früher hätte ich das gemacht. Ich hätte ihm dann nach drei Wochen gesagt, dass sein Geld weg sei und er sich doch noch mal melden könne, wenn er frisches besorgt habe, dann könnten wir versuchen, die Verluste wieder auszugleichen. Aber heute, nach all den Jahren, nein.

Wenn ich also den Kerl vor sich selbst beschützen wollte,

musste ich größere Geschütze auffahren. Ich stand auf, nahm den Umschlag und warf ihm das Ding auf den Schoß. »Nehmen Sie die Pissgroschen, und legen Sie die lieber auf ein Bankkonto«, rief ich. »Mit Kleingeld gebe ich mich nicht ab, und jetzt raus aus meinem Büro. Sie wollen mich doch nicht beleidigen, oder?« Völlig verstört nahm er seinen Umschlag, steckte ihn wieder in den Aktenkoffer, den er mitgebracht hatte, und ging schweigend bis zu meiner Bürotür. Dann dreht er sich um und sagte: »Wenn ich mehr Geld habe, werde ich wiederkommen. Guten Tag, Herr Baron.« Wie kann man nur so leichtsinnig sein und für Frau und Haus die einzigen Kröten einem Typ wie mir nachschmeißen wollen. Ich hoffte für ihn, er würde den Weg zu einer Bank finden, die durfte ihm das Geld wenigstens juristisch sauber aus der Tasche ziehen. Armer Kerl, oder besser: arme Frau.

»Herr Hubert? Mein Name ist Ernst-August-Mike Baron von Wappler«, sagte ich. Ich hatte ihn angerufen, nur um mal seine millionenschwere Stimme zu hören. »Ja, und?«, fragte er. Und da ich mir eigentlich keinen genauen Grund zurechtgelegt hatte, warum ich ihn anrief, fing ich einfach an. Ich erzählte ihm, dass ich ein Bekannter von Neumann und Kuster sei und die beiden bereits seit einer Ewigkeit kennen würde. Er hörte schweigsam zu. Mit diesen zwei Namen hatte ich seine volle Aufmerksamkeit. Ich zeigte mich über sämtliche Geschäfte mit den beiden bestens informiert. »Nun ist es so, Herr Hubert, das werden Sie nicht wissen, aber Neumanns und Kusters Familien sind im Dritten Reich vom NS-Regime verfolgt worden.« Irgendwie gefiel mir die Geschichte. Ich sagte ihm, dass beide Familien schon von jeher verbandelt waren. Dem läge eine frühere Ehe zwischen den Familien zugrunde, die sie auf ewig aneinander gebunden habe. »Nun, mit dem Dahinscheiden beider, den letzten Familienmitgliedern also, gibt es nun niemanden mehr, der ein Anrecht auf die Diamanten hätte«, sagte ich. Ich hörte Hubert schlucken.

Dass der angeblich vom Krebs zerfressene Neumann nun offenbar in Venezuela ins Gras gebissen hatte, interessierte ihn wenig. Viel spannender fand er die Steine. »Was für Diamanten?«, fragte er. Ich erzählte ihm, dass die zwei Familien kurz vor Kriegsbeginn einige Brillanten und Diamanten zur Sicherheit in die USA gebracht hätten. Dort seien sie heute noch, in einem Schließfach. »Vielleicht sollten wir uns mal treffen, Herr Hubert, dann kann ich Ihnen die ganze Geschichte mal erzählen. Es dürfte Sie auch finanziell interessieren.«

Er lud mich nach Berlin ein. Sicher wäre hier ein Punkt gewesen, von dem Zug, der ins Rollen gekommen war, bequem abzuspringen, besser noch, abzusteigen. Aber die Notbremse ziehen, so dachte ich, konnte ich ja jederzeit.

Es war ein feuchter Tag im Januar 2002, Deutschland hatte gerade erst seine geliebte D-Mark gegen den Euro getauscht und langsam machte sich die Ungewissheit breit, ob es sich dabei um eine wirklich so gute Idee gehandelt hatte. Aber es gab ja kein Zurück mehr. Ich saß in meinem Jaguar und fuhr auf der A24 in Richtung Berlin. Hubert hatte mir seine Adresse per Fax geschickt, und ich hatte die Zeichen ins Navigationsgerät übertragen. Diese Dinger waren eine wunderbare Erleichterung für alle, die mit Buchstaben so ihre lieben Sorgen hatten. Das Ziel war ein Bürogebäude in Charlottenburg. »Kommen Sie über den Aufzug in den achten Stock, da werden Sie mich finden«, hatte Hubert am Telefon gesagt. An der Eingangstür waren sämtliche Firmenschilder abgeschraubt, und der Platz des Pförtners war verwaist. Die Tür aber war offen. Ich betrat das leere Foyer und ging direkt zu den Aufzügen. In der Ecke musste über Jahrzehnte eine große Couchgarnitur gestanden haben, die Abdrücke würden auf ewig im Teppich zu sehen sein.

Als sich im achten Stock die Fahrstuhltür öffnete, wurde ich durch einen hellen Lichtstrahl geblendet. Ich hielt eine Hand vor mein Gesicht und kniff die Augen zu. »Ja«, hörte ich eine Stimme, »hier oben scheint selbst in Berlin die Sonne.« Er gefiel sich gut mit diesem Satz. Es klang so clever. Seine Überheblichkeit waberte mit jedem Wort zu mir herüber.

Das Büro war komplett leergeräumt, nur ein Schreibtisch und zwei Stühle standen in dem Raum von der Größe eines Squash-Courts. Aus der Wand hingen ein paar Kabel, Steckdosen gab es keine mehr. Die Deckenverkleidung war abmontiert und an der Wand senkrecht aufgestellt worden. Hubert stand von seinem Stuhl auf und kam mir ein Stück entgegen. »Alles meins«, sagte er und öffnete wie Jesus zur Kreuzigung die Arme. »Ich hab den ganzen Laden ziemlich günstig gekauft und lasse ihn jetzt sanieren. Da fällt 'ne Stange Geld bei ab.«

Er war ein hochgewachsener Kerl, sein Haar schimmerte mattschwarz und war aufwendig nach hinten gelegt. An einigen Stellen sah man die Kopfhaut durchschimmern und er hatte klassische Geheimratsecken. »Na, dann setzen wir uns mal«, sagte er, woraufhin er sich lässig zurück in seinen Stuhl warf.

Ich erzählte ihm die Geschichte, die ich bereits am Telefon kurz umrissen hatte, nun aber sehr ausführlich, ich ließ keine Anekdote, keinen Umstand aus. Machte es hier etwas bunt, da etwas rund. Nach einer guten halben Stunde Monolog sagte ich: »Nun, nach dem Tod der beiden liegen die Steine jetzt in den USA, und keiner weiß etwas davon. Außer uns beiden.« Er hatte sich die ganze Geschichte angehört, ohne mich einmal zu unterbrechen. Immer wenn ich eine kleine, dramaturgische Pause gemacht hatte, animierte er mich mit einer kurbelnden Handbewegung, ich solle mit der Geschichte fortfahren. »Interessant«, murmelte er, »interessant.« Er schenkte sich ein Glas Whisky ein, den er in der Schreibtischschublade verstaut hatte, ohne mir eins anzubieten. Er sah ziemlich nachdenklich aus. »Und Sie haben die Steine gesehen?«, fragte er schließlich. »Vor einigen Jahren«, antwortete ich. »Ich weiß aber, in welcher Stadt, in welcher Bank und in welchem Schließfach sie liegen.«

Er schenkte sich noch ein weiteres Glas Whisky ein, die Mittagssonne drückte durch die verschmutzten Scheiben. »Welchen Wert haben die Steine?«, fragte er. Ich wartete einen Augenblick mit meiner Antwort. Ich spürte, wie es ihn innerlich zerriss. »Nun«, begann ich, »20 000 000 Dollar.« Hubert pfiff durch seine Schneidezähne, dass es einen seltsamen Ton ergab. Ich erklärte ihm, dass ich bereits einen Käufer für die Steine hätte, nur derzeit nicht über ausreichend Barmittel verfügte, um die Klunker rüberzuholen.

»Interessant«, murmelte er wieder. »Warum erzählen Sie mir die Geschichte?« Auf die Frage hatte ich gewartet. »Sehen Sie, ich stelle mir die Sache so vor: Sie finanzieren die Beschaffung der Diamanten, und von dem Verkauf erhalten Sie sechs Millionen Dollar zur Tilgung der Schulden von Neumann und Kuster …«, sagte ich. »Das Geld habe ich ja auch schon in die zwei investiert«, unterbrach er mich. »Richtig«, fuhr ich fort, »daher erhalten Sie noch sechs weitere Millionen von dem Verkauf. Den Restbetrag von 8 000 000 Dollar werde ich als Provision einbehalten. So sind wir alle glücklich.«

Hubert saß vermutlich noch einige Zeit nach meiner Verabschiedung in seinem Stuhl, schaute aus dem Fenster im achten Stock und überlegte, ob er seiner Gier nachgeben sollte. Zwölf

Millionen Dollar, auf einen Streich. Das war ein verlockendes Angebot für einen Mann, den es antreibt, immer allen zeigen zu wollen, was er auf dem Kasten hat. Wir trennten uns mit der Absprache, dass ich auf seine Antwort eine Woche warten würde, weil ich mir sonst einen anderen, ebenfalls potenten Geldgeber organisieren müsste.

Schon nach drei Tagen rief Hubert mich auf der Nummer an, die ich extra für ihn besorgt hatte, und bat mich, ein weiteres Mal nach Berlin zu kommen. Es sei ein Zufall, erklärte ich ihm, denn gerade sei auch der Käufer der Diamanten in Hamburg. »Eigentlich lebt Mister Jones in Australien, er hat aber gerade in Hamburg noch einige geschäftliche Dinge zu regeln«, sagte ich. »Na, dann bringen Sie ihn doch vielleicht gleich mit.« Ich sagte ihm, dass es Mister Jones sicher eine Ehre sei, und ich würde auch gleich den Bankdirektor Grünberg mitbringen, er würde die Filiale der Schweizer Bank in New York leiten, bei der die Diamanten derzeit gebunkert wären. »Das wird ja ein volles Haus«, sagte Hubert und lud uns in seine private Wohnung im Stadtteil Zehlendorf ein.

Ich hatte gewusst, dass er anbeißen würde. Schon nach kurzer Zeit konnte ich in seinen Augen die Gier sehen, die über das klare Denken die Herrschaft übernommen hatte. Aber auch ich war voll drin. Ich wollte ihm zeigen, dass er nicht der clevere Geschäftsmann war, für den er sich hielt. Ich war auch gierig, genau wie er. Wir beide wollten uns beweisen, dass wir es draufhatten.

So fuhren also mein Bruder Gandhi als Bankdirektor Grünberg, mein gescheiterter Schauspieler Herr Lux als Mister Jones und ich als Vermittler dieses Deals nach Berlin. Mein Bruder und ich sahen aus wie seriöse Geschäftsmänner. Feine Anzüge, Krawatten und Einstecktuch. Herr Lux sah aus, als wäre er dem Filmset von *Crocodile Dundee* entlaufen. Ich fand, er hatte optisch etwas zu dick aufgetragen, sodass wir uns darauf einigten, dass er den albernen Hut lieber im Auto lassen sollte.

Hubert wohnte wirklich traumhaft in einer Altbauvilla, die vermutlich sündhaft teure Architekten mit modernen Elementen angereichert hatten. Das Wohnzimmer war leicht tiefergelegt und über drei Stufen zu erreichen. Aus dem gewaltigen Panoramafenster konnte man in einen liebevoll angelegten Garten schauen, in dem ein Gärtner umherwuselte. »Pedro, nicht die Eiche vergessen«, rief Hubert aus der halb geöffneten Terrassentür dem Angestellten zu. Er erinnerte an einen Großgrundbesitzer, der seinem Sklaven Kommandos gab. Ich stellte die Herren einander vor. »Grünberg, soso«, sagte Hubert, »Jude und im Bankgeschäft.« Mehr sagte er vorerst nicht.

Wir setzten uns auf die lederne Couch, eine Frau brachte Tee und Kaffee. Aber es war offensichtlich nicht Huberts Frau, denn er nahm die servierten Getränke kaum zur Kenntnis, und die Frau uns auch nicht. »So, meine Herren«, sagte er und warf sich einen Schokoladenkeks in den offenen Mund. »Wie ziehen wir die Kuh jetzt vom Eis? Oder besser: die Diamanten aus dem Schließfach«, er lachte, Keksbrösel fielen aus seinem Mund. Ich erklärte ihm, dass wir, um die Diamanten aus dem Schließfach zu kriegen, Herrn Grünberg hätten, der später dafür eine kleine Anerkennung bekommen sollte. Ich zeigte auf meinen Bruder, oder besser: Bankdirektor.

Vor allem aber brauchten wir einen oder zwei vertrauenswürdige Piloten, die die Steine in ihrem Gepäck von New York nach Frankfurt und dann weiter nach Sydney zu Mister Jones bringen mussten. »Yeah«, sagte Lux »that's great.« Wir alle schauten etwas verwirrt zu ihm, weil er die ganze Zeit zuvor nichts gesagt hatte. »Gut«, sagte Hubert, »und solche Piloten haben Sie?« Ich nickte.

»Die Kosten belaufen sich vorerst auf 250 000 Euro. Dafür bekommen wir den richtigen Mann«, sagte ich. Bankdirektor Grünberg nickte. Hubert nickte auch. »Dann soll es so sein«, prophezeite er.

Im April 2002 kam Hubert in mein Büro in der ABC-Straße. Er hatte für uns einen Termin bei einer bekannten Bank in Bern in der Schweiz gemacht, und wir fuhren gemeinsam zum Flughafen Hamburg, wo er zwei Tickets für uns hinterlegt hatte. Nach einem kurzen, ruhigen Flug erreichten wir die Landebahn von Bern. Da er, wie er mir auf dem Weg erzählte, oft in dieser Region sei und noch eine Wohnung hier hätte, verfüge er ständig über einen Wagen, der am Airport stünde. Es war ein alter Bentley in Cremeweiß. »Scheckheftgepflegt«, sagte Hubert und schlug feste aufs Armaturenbrett, nachdem wir eingestiegen waren. »Sechsundzwanzig Jahre alt. Schnurrt immer noch wie ein Kätzchen.«

Wir fuhren nach Bern rein und stellten den Wagen in einer Seitenstraße ab, ohne Geld in den Parkautomaten zu werfen. »Ach, die kennen den Wagen hier, kein Problem«, sagte er und entfernte sich zügig in Richtung Innenstadt. Wir gingen direkt runter zum Fluss, natürlich nicht, ohne vorher an seiner Lieblingseisdiele jeder drei Kugeln Eis aufzuladen: Schoko, Vanille und Banane. Er bestellte für uns beide. Ich mag weder Vanille noch Banane. Eigentlich mag ich überhaupt kein Eis. Es erinnert mich immer an kleine, ungezogene Rotzbengel, die sich mit dem Handrücken die Nase abwischen und permanent dreckige Finger haben.

Wir schlenderten an einer Bar vorbei, die anscheinend keinen Namen trug und auch noch geschlossen hatte. »Wenn wir die Steine zu Bargeld gemacht haben, dann lassen wir es hier richtig krachen. Die haben die heißesten Weiber der Stadt«, sagte er und wischte sich mit dem Handrücken die Eiscreme weg, die nicht in seinem Mund, sondern daneben gelandet war.

Etwa eine Stunde später hatten wir den Termin bei der Bank, und weitere zwanzig Minuten später 250 000 Euro im Aktenkoffer. Wir brachten den Bentley zum Flughafen zurück. Doch anstatt den Flieger zu besteigen liehen wir uns dort einen Kleinwagen und fuhren über einen Grenzposten, den Hubert immer nutzte, wenn er Geld aus der Schweiz nach Deutschland brachte oder umgekehrt. In dem Zollhäuschen, kaum größer als ein Schuhkarton, saß auf jeder Seite, Deutschland wie Schweiz, ein gelangweilter Zöllner und schob uns mit einer Handbewegung weiter. »Wenn man zu zweit in einem Kleinwagen sitzt, halten die einen nie an«, sagte Hubert. Er wusste auf der Fahrt von so einigen Tricks zu berichten, wie man Geld von einem ins andere Land bringen konnte, ohne kontrolliert zu werden. »Das System ist leicht zu umgehen, wenn man weiß, wie es funktioniert.« Er hatte die Sache fest im Griff, glaubte er.

Wir fuhren bis nach Berlin, da übergab er mir den Aktenkoffer, ohne etwas dafür haben zu wollen. Kein Schriftstück, keine Garantien, nichts. »Bringen Sie die Steine zu ihrem rechtmäßigen Besitzer«, sagte er, schlug auf den Koffer und lachte. Er ließ mich am Adlon aussteigen, ich zahlte die Nacht in bar, mit einem Schein aus dem Aktenkoffer.

Vielleicht hätte man genau an dieser Stelle aufhören sollen. Aber als ich mir im Adlon ein Clubsandwich und eine Cola Light aufs Zimmer bestellte und kurz darüber nachdachte, ob ich mein persönliches Herrengedeck mit einer Prostituierten ergänzen sollte, sah ich wunderbare Möglichkeiten, eher noch eine Schippe nachzulegen.

Ich hatte meinem Bruder einen Teil des Geldes abgegeben. Ist ja Ehrensache. Die Sonne war wunderbar warm, auf der Alster sah man mehr Segel als Wasser, und dazwischen fuhren Touristen fröhlich mit Tretbooten Slalom – es war Sommer in Hamburg. Ich hatte meinen Bruder in mein Büro gebeten, wir mussten besprechen, wie man nun mit der Hubert-Geschichte weiter verfahren sollte.

Ich regte kurz an, es vielleicht dabei zu belassen. Mein Bruder regte an, jetzt erst richtig loszulegen. Wir einigten uns auf einen Mittelweg. Mein Bruder wählte die Nummer von Hubert. »Grünberg hier, grüße Sie, Herr Hubert. Ja, ich bin wieder in Deutschland, wir müssen uns sehen, es gibt ein kleines Problem«, sagte er. »Nein, Herr Wappler ist nicht da, das ist ja unser Problem. Gerne, ich komme morgen nach Berlin. Passt mir gut, muss sowieso einige geschäftliche Dinge erledigen. Ja. Danke, bis morgen.« Mein Bruder legte den Hörer auf die Gabel und nickte.

Er lieh sich bei einer Leihfirma einen schönen Mercedes und machte sich am kommenden Tag auf nach Berlin. Die Strecke schaffte man bequem in drei Stunden. Ich blieb in Hamburg. Der Plan war simpel, aber er war gut durchdacht. In Berlin angekommen, erzählte mein Bruder Hubert, ich sei in Istanbul verhaftet worden bei dem Versuch, den Piloten zu treffen, der unsere Steine rüberbringen sollte. Es hatte wohl einen Überfall und eine Schießerei gegeben, an der ich zwar nicht aktiv, aber doch passiv beteiligt gewesen wäre. Nun, Bankdirektor Grünberg wusste nichts Genaues zu berichten, nur, dass eine Kaution ausgerufen wurde. Um mich aus dem Knast zu kriegen, so erzählte er Hubert, wären 200 000 Euro vonnöten. Das Diamantengeschäft würde auf Eis liegen, solange ich nicht aus dem Knast käme, da nur ich den Kontakt zu der Person habe, die eine Vollmacht für das Schließfach in

New York besäße. Hubert glaubte die Geschichte, und Bankdirektor Grünberg versicherte, er würde, sobald er das Geld hätte, den nächsten Flug in die Türkei nehmen, um mich aus dem Knast zu holen.

Hubert, so erzählte mir mein Bruder später, bat ihn, ein wenig zu warten, und verschwand in seinem Arbeitszimmer. Nach einigen Minuten kam er zurück, mit 200 000 Euro Bargeld. »Holen Sie den Wappler da aus dem Knast, er muss sich um die Steine kümmern«, sagte er und drückte meinem Bruder das Geld in einer schönen Ledertasche in die Hand. In Hamburg teilten wir ehrlich. 100 000 Euro für jeden. Das war schon eine schöne Menge Geld für einen Besuch in Berlin.

Jochen Schütt, Wegbegleiter von Mike Wappler

Ganz ehrlich? Wie kann man denn so bescheuert sein? Ich hab die Sache mit dem Hubert einfach nicht verstanden. Wie kann man denn so grob fahrlässig mit Geld um sich schmeißen? Keine Frage: Mike ist ein sensationeller Geschichtenerzähler, aber die Nummer war wirklich außergewöhnlich dreist. Mike saß einen Nachmittag lang bei mir im Laden, und wir haben darüber gesprochen. Ich hab zu ihm gesagt: »Mike, wenn die Bombe hochgeht, gehst du wieder in den Knast. Aber ordentlich.« Er war sich der Sache durchaus bewusst, aber ich weiß noch genau, was er mir damals darauf geantwortet hat: »Ist mir klar, aber was soll ich denn machen, der macht es mir wirklich zu einfach.« Ich hätte ihm gerne etwas anderes gesagt, aber er hatte verdammt noch eins recht. Wir redeten auch über seine Kinder und seine neue Lebensgefährtin. Schien eine Nette zu sein, wie er mir erzählte. Er sagte, sie würde ihm wohl nicht ganz vertrauen, aber wen wundert das? Und dass in ihm immer noch ein Ganove steckte, hatte er ja gerade wieder bewiesen. Noch gab es keine Zeugen, keine schriftlichen Vereinbarungen, nichts. Ich riet ihm, mit der Sache aufzuhören, denn jetzt könnte er sich noch elegant aus der Nummer rausziehen. Ich sah aber in seinen Augen, dass er nicht bereit war, aufzuhören. Ganz im Gegenteil. Man konnte einem Vogel ja auch schlecht das Fliegen verbieten.

Ich rief Hubert an, um mich für die Befreiung aus dem türkischen Gefängnis zu bedanken, sagte ihm auch, dass sein Geld ja nicht verloren sei. Wenn sich die Sache aufklären würde, mit der ich ja nichts zu tun hatte, bekäme er seine Kaution sicher bald zurück. Und ich hatte noch mehr gute Nachrichten. Der Pilot hätte zugesagt, die Steine bis nach Frankfurt zu bringen, und einzig mein Kontakt, eine ehemalige Lebensgefährtin von Neumann, würde für das Öffnen des Schließfaches nun noch weitere 30 000 Euro haben wollen. »Das sind jetzt ja nur noch Peanuts«, sagte ich Hubert, der das bejahte. »Ein Witz«, antwortete er.

Ich fuhr nach Berlin, um das Geld persönlich abzuholen. Dabei fiel mir, wie auch schon letztes Mal, das alte Gewehr an der Wand auf. »Schönes Stück, macht das noch Löcher?«, fragte ich. »Alle meine Waffen funktionieren«, antwortete Hubert und bat mich in seinen Keller. Dort öffnete er einen großen Stahlschrank, in dem etwa zwanzig unterschiedliche Waffen aus den unterschiedlichsten Jahrzehnten lagerten. Ich stieß einen Pfiff aus. »Nicht übel«, sagte ich. Hubert erzählte daraufhin, dass er oft mit den Dingern schießen ginge, denn er hätte ja als Sportschütze eine Lizenz dafür. Er stellte sich wie ein Großwildjäger neben den Stahlschrank und begann, den Inhalt aufzuzählen. Der Typ war offensichtlich ein Waffennarr, mit dem Inhalt des Schranks hätte man einen Putsch in Afrika vorantreiben können.

»Das würde dem Freiherrn von Bülow gefallen«, sagte ich beiläufig und machte mich wieder auf den Weg nach oben. »Freiherr von Bülow?«, fragte Hubert. »Ein Freund der Familie, der ebenfalls gerne zur Waffe greift, um zu jagen oder einfach nur um in seinem eigenen Schießstand etwas Munition zu verballern«, antwortete ich. »Er hat ein riesiges Anwesen in der Nähe von Hamburg.« Hubert strich sich mit der Hand übers Kinn. »Spannend«, sagte er. »Sehr spannend.«

Ich nahm das Bargeld an mich, wegen dem ich gekommen war, und ging in Richtung Haustür. Ich klopfte mit den Knöcheln auf den Umschlag und sagte zum Abschied: »Nun läuft die Nummer.«

Es war Spätsommer 2002, gegen Abend wurde es schon recht kühl, Vitali Klitschko bereitete sich auf seinen Kampf gegen Larry Donald vor, und ich hatte mir überlegt, den Freiherrn von Bülow ins Rennen zu schicken. Und ich wusste genau, wie ich es machen würde. Ich hatte fast ganz damit aufgehört, anderen Geschäften nachzugehen. Ausschließlich die Nummerngirls vermittelte ich noch, das machte ich aus persönlichem Interesse. Alle anderen Aufträge lehnte ich ab. »Danke, wir sind derzeit völlig ausgebucht.«

Ich wählte die Nummer von Hubert, der das Gespräch mit den zu seiner Gier passenden Worten »Und, wo sind die Steine?« eröffnete. Ich erklärte ihm, dass die Sache Zeit brauchen würde, es seien eben einige Leute zu koordinieren, außerdem sei der Pilot gerade mit einem gebrochenen Fuß flugunfähig. Die Ärzte hätten ihn mindestens bis Ende Januar krankgeschrieben. Hubert gab sich damit zufrieden. »Der Grund meines Anrufs«, fuhr ich fort, »ist aber ein anderer. Sie erinnern sich an Freiherrn von Bülow?« Ohne auf eine Antwort zu warten, redete ich weiter. »Nun, Freiherr von Bülow hat uns, nachdem ich ihm erzählt habe, wie gut Sie ausgerüstet sind, zu einem geselligen Wochenende eingeladen. Wir können auf dem Schießstand vor seinem Schloss die Waffen ausprobieren, es gibt gutes Essen und viel Wein. Vielleicht auch eine Jagd, wenn wir wollen«, sagte ich. Hubert quiekte vor Freude. »Na, das klingt doch hervorragend. Richten Sie doch bitte dem Freiherrn aus, dass ich seiner Einladung gerne nachkommen werde.« Schnapp, noch eine Falle fiel zu.

Da Hubert am kommenden Wochenende, wie er berichtete, am Freitagvormittag noch einen Termin hatte, schlug ich vor, mit dem Bankdirektor Grünberg, der ebenfalls ein guter Freund des Freiherrn sei, die Waffen schon einmal abzuholen. »So können Sie direkt von Ihrem Termin aus zum Anwesen kommen«, sagte ich. Als mein Bruder und ich einige Tage später bei der Villa ankamen, erwartete uns Hubert schon. Er hatte bereits einen Großteil der Waffen aus dem Keller geschafft und in den Eingangsbereich gestellt. Dann zog er mich zur Seite. »Herr Wappler, ich kann Ihnen doch vertrauen?«, fragte er verschwörerisch. »Schließlich sind wir doch Ehrenmänner eines Schlages.« Ich nickte. Das waren wir ganz bestimmt. »Ich darf Ihnen die Waffen eigentlich nicht aushändigen, da mache ich mich strafbar. Sie haben ja keine Waffenbesitzkarte«, sagte er. Er solle sich doch bitte keine Sorgen machen, wir würden auf dem direkten Weg zum Anwesen fahren und dort die Waffen ordnungsgemäß deponieren. »Das ist gut«, sagte er. »Und dann fahre ich hier morgen um 13 Uhr los. Sie geben mir die Adresse noch telefonisch durch?«

Wir fuhren tatsächlich auf dem direkten Weg nach Hamburg, aber ein Anwesen oder gar einen Freiherrn von Bülow gab es natürlich nicht. Mein Bruder kannte jemanden, der uns für die ganzen Waffen auf einen Streich 15 000 Euro zahlen wollte. Natürlich war es nicht richtig und überaus strafbar, die Waffen in Umlauf zu bringen. Keiner weiß, wohin die Dinger gingen, aber ich redete mir ein, dass sich jemand, der sich eine Waffe zulegte, durchaus bewusst war, was er da tat. Am kommenden Tag rief ich Hubert an und sagte ihm, dass Freiherr von Bülow unser gemeinsames Wochenende abgesagt hatte. Wir hätten zwar die Waffen vorbeigebracht, aber er hätte, sagte ich Hubert, am gestrigen Tage schon sehr fiebrig ausgesehen. Das Treffen sei auf das kommende Wochenende verschoben.

Hubert fand das aus zwei Gründen nicht besonders erfreulich. Zum einen, weil er nun nicht wusste, was er mit dem Wochenende anfangen sollte, zum anderen, weil die Waffen weg waren. Ich versicherte ihm, die würden sicher beim Freiherrn von Bülow im Waffenschrank liegen. Dass er die Schusswaffen aus dem Haus gegeben hatte, schien ihn fuchsig zu machen, denn er bat mich bereits am darauffolgenden Dienstag, wieder zum Anwesen zu fahren und die Waffen abzuholen.

Ich wusste, dass er echte Probleme bekäme, wenn irgendetwas mit den Waffen passieren würde. »Ich kläre die Sache«, sagte ich ihm am Telefon. Zwei Tage später rief ich ihn mit einem sensationellen Plan zurück und war merklich aufgebracht. »Der Wichser von Bülow will die Dinger nicht wieder rausrücken«, schrie ich ins Telefon. »Beruhigen Sie sich, was ist denn los?«, fragte Hubert. Ich erklärte ihm, dass es aus einem alten Geschäft mit dem Freiherrn von Bülow noch eine Unstimmigkeit wegen einer Summe von 30 000 Euro gäbe, von der er glauben würde, dass sie ihm zustünde. »Was natürlich völliger Blödsinn ist«, sagte ich. »Nun will er die Büchsen erst wieder rausrücken, wenn die 30 000 Euro beglichen sind. Das ist so eine linke Wehe«, sagte ich und schnaubte vor Wut. »Nun gut«, murmelte Hubert, »dann werde ich die Dinger mal lieber schnell auslösen, bevor es da noch richtig Ärger gibt.« Er sagte mir, er würde, auch wenn das Geld dem Freiherrn von Bülow offenbar nicht zustünde, die 30 000 Euro erst einmal bezahlen. »Das ist Erpressung, die Kohle würde ich ihm nie geben«, sagte ich. »Aber es ist Ihre Entscheidung.« Ich redete ihm aus, das Geld selbst vorbeibringen zu wollen, und schlug ihm stattdessen vor, dass ich das Geld abholen und dann von Bülow bringen würde, da ich sowieso wegen einer Boxveranstaltung in Berlin sei. Gesagt, getan.

»Ich habe ihm die Kohle gestern in Hamburg gegeben«, erzählte ich Hubert am kommenden Tag. »Die Dinger kann ich am Wochenende holen«, ergänzte ich. »Ende gut, alles gut«, fiel Hubert dazu ein.

Am kommenden Wochenende rief ich ihn an und erklärte ihm, dass Freiherr von Bülow scheinbar Hals über Kopf das Land in Richtung Argentinien verlassen musste, weil die Steuerbehörde hinter ihm her war. »Ich bin jetzt auch ein wenig ratlos«, sagte ich am Telefon zu ihm. »Da müssen wir einfach mal abwarten. Manchmal laufen die Dinge aber auch echt beschissen«, sagte ich. »Ist nur Geld«, antwortete Hubert, »die Hauptsache ist, die Waffen tauchen nicht irgendwo anders wieder auf.«

Ich war erstaunt, wie weit man es mit ihm treiben konnte. Egal wie absurd meine Geschichte für jeden Außenstehenden auch klingen mochte, für ihn war sie glaubhaft und ich vertrauenswürdig. Warum hätte ich also aufhören sollen? Eine Kuh, die so viel Milch gibt, schickt man doch auch nicht auf die Schlachtbank.

Auf unserer gemeinsamen Autofahrt in die Schweiz hatte ich Hubert wahrheitsgemäß erzählt, dass ich aus Lübeck käme. Man sollte nicht bei Dingen lügen, bei denen es nicht notwendig ist, man stolpert sonst nachher über Seemannsgarn, das man selbst gesponnen hat. »Da hab ich noch ein Grundstück. Irgendwo in Groß Sarau«, sagte er. »Ich hatte eigentlich gedacht, dass die das mal zu Bauland machen, daher habe ich damals zugeschlagen.« Zu Bauland wurde das nie. Da hatte wohl jemand in Hubert einen potenten Geldgeber gesehen. Mich wunderte das überhaupt nicht. Das Stück Land lag seither brach.

Da wir noch Kohle für das Diamantengeschäft brauchten, um einen Zeugen in den USA, der angeblich ebenfalls über die Steine Bescheid wusste, mit finanziellen Mitteln mundtot zu machen, schlug ich Hubert vor, das Grundstück zu beleihen. Ich erzählte ihm, dass ich jemanden kennen würde, der ihm auf das relativ wertlose Land ein Darlehen gewähren würde. Das würde er aber nur tun, wenn das Grundstück offiziell mir gehören würde. Hubert fand, das sei »eine verdammt clevere Idee«, er würde das Grundstück ja sowieso nicht mehr brauchen. Am 28. November 2002 trafen wir uns beim Notar Willigmann in Hamburg und überschrieben das unbebaute Waldgrundstück, Grundbuch Groß Sarau, Blatt 50, Flurstück 84/3 mit einer Größe von 7827 Quadratmetern zum Kaufpreis von 88 000 Euro an mich. Dem Notar bestätigte Hubert, dass er den Betrag bereits von mir bekommen hatte. Ich versicherte ihm im Gegenzug, das Geld, das nun durch das Grundstück als Darlehen hereinkommen würde, direkt nach Amerika zu schaffen.

Ich hatte meinen Lebensstil der Ausgabenbereitschaft von Herrn Hubert angepasst. Ich besorgte mir einen Mercedes SL mit ordentlich Schub. In der Niederlassung »Weser-Ems« in Bremen bekam ich einen schönen Rabatt und zahlte die 81 000 Euro bar bei Abholung. Oftmals versuchte ich mir ein schlechtes Gewissen einzureden, aber es gelang mir nicht so recht. Immer wieder musste ich an den Moment denken, als ich aus dem Fahrstuhl gestiegen war und er sich wie der Herrscher der Welt aufgeführt hatte. So ein Idiot.

Ich spielte ihm immer wieder neue Informationen zu, die nahelegten, dass die Nummer mit den Diamanten kurz vor dem Abschluss stünde. Aber Hubert wurde immer unruhiger und hinterfragte manche Geschichte sehr aufmerksam. Er war eben doch kein Vollidiot. Aber seine Gier vernebelte ihm wohl gelegentlich die Sinne, denn ich war noch zwei weitere Male mit ihm bei der Bank in Bern und hob Beträge ab, die dann, zur Fortführung des Diamantengeschäfts, in meine Tasche wanderten. Insgesamt um die 100 000 Euro.

Mir waren zwei Dinge aber auch völlig bewusst: Zum einen, dass ich wieder ein Gangster war, und zum anderen, dass die Nummer nicht ewig so weiterlaufen konnte. Ich musste mich zurückziehen, damit ich frei von irgendwelchen finanziellen Ansprüchen gegen mich wäre.

Eines Nachts hatte ich eine Eingebung. Vorausgesetzt, Eingebungen sind moralisch neutral. Es war ein wirklich hinterlistiger Trick, und es sollte mein letzter Auftritt bei Herrn Hubert sein. Sozusagen ein würdiges Finale. Ich rief meinen Bruder an und verabredete mich mit ihm im Interconti auf ein Stück Kuchen. Es war uns eine liebgewordene Tradition, unser gemeinsames Kuchenessen. Manchmal kamen auch die Jungs aus Lübeck hinzu, Jochen, Heinz Möller oder sonst wer, und wir machten es uns richtig gemütlich. Alt werden ist keine Schande, wenn man genug Kohle auf der Tasche hat, dachte ich dann immer.

Doch an dem Tag traf ich mich mit meinem Bruder allein. Ich weihte ihn in den Plan ein, den ich vor einiger Zeit aus dem Lummerland mitgebracht hatte. »Ein guter Plan«, bestätigte er mir. Wir bügelten noch einige Ungereimtheiten aus und machten uns an die Umsetzung.

2003
Tod eines Handlungsreisenden

Mein Bruder fuhr als Bankdirektor Grünberg unangemeldet bei Hubert vorbei. Er sagte ihm, für einen Anruf sei keine Zeit gewesen, er wäre gerade in Berlin gewesen und hätte dann gedacht, es sei besser, direkt vorbeizukommen. Außerdem, und das sei der viel wichtigere Grund, könnte es sein, dass jemand Huberts Leitung abhören würde. Er war meinem Bruder zufolge entrüstet. »Warum sollte die Polizei meine Leitung abhören?«, fragte er ihn. »Na, wegen Wappler«, antwortete mein Bruder. Bankdirektor Grünberg berichtete also Herrn Hubert von meiner Verhaftung wegen eines Steuerstrafverfahrens. Da ich ja der Einzige sei, der den Kontakt zum bereits bezahlten Piloten, zu der bereits bezahlten Schließfachfrau und zu dem Käufer der Diamanten hätte, müsste man den Wappler nun schnellstmöglich aus dem Knast in Hamburg holen. Die Kaution würde 200 000 Euro betragen.

Hubert erzählte Bankdirektor Grünberg, dass er gerade Firmenanteile verkauft hätte und somit über ausreichend Mittel verfügen würde, aber er sei sich nicht sicher, ob weiteres Investment an dieser Stelle nicht rausgeworfenes Geld sei. Mein Bruder sagte ihm, dass es sich um eine Kaution handeln würde und das Geld, nachdem Wappler seine Unschuld bewiesen hätte, ja zurückkäme. Es sei somit ja nur eine Leihgabe in das Diamanten-Unterfangen. Hubert nahm sich wohl einige Minuten Zeit und sagte dann: »Ich werde mitkommen und die Kaution selbst hinterlegen.« Ich hatte mir gedacht, dass er auf die Idee kommen würde. Ist irgendwie auch menschlich.

Ich rief also meinen geschätzten Herrn Lux an. Ich hatte ihn im Handy unter »LL« gespeichert. Jeder in meinem Telefonbuch bekam eine gewisse Anzahl des gleichen Buchstabens zugewiesen. Ich wollte niemanden codieren, aber wenn man nicht lesen und schreiben kann, muss man sich Brücken bauen.

Da ich wusste, dass Herr Lux gelegentlich in einem kleinen Theater in Altona auftrat, bat ich ihn, sich anstelle der wilden Haare eine Gummi-Glatze und noch einige andere Dinge aus der Requisite mitzunehmen, die ihn wie einen alten Mann aussehen lassen würden. »Ja, Krückstock und Brille sind super«, sagte ich ihm am Telefon. Er war mit seinen fünfundvierzig Jahren sicher nicht mehr jung, aber ich brauchte einen Mann, der mindestens wie sechzig Jahre oder älter aussah. »Und habt ihr eine Robe in dem Theater?«, fragte ich.

Es war ein Mittwoch, als sich Bankdirektor Grünberg und Hubert in Berlin aufmachten. Ihr Ziel: das Landgericht am Sievekingplatz 1 in Hamburg. Am selben Mittwoch, nur zwei Stunden später, sicherten sich ein gewisser Herr Lux und ich einen guten Platz am Fenster des öffentlich zugänglichen Teils desselben Landgerichts. Herr Lux sah wirklich aus wie ein alter Mann. Und viel wichtiger: wie ein echter Staatsanwalt. Die Haare waren unter einer fleischfarbenen Latexhaube verschwunden, er hatte eine dicke Hornbrille aufgesetzt und einen Krückstock in der Hand. Seine Robe stand ihm gut, und die rote Krawatte war exakt gebunden. Selbst ich hatte Schwierigkeiten, ihn eindeutig als den alten Herrn Lux zu erkennen. Er bekam für dieses Schmierentheater 3000 Euro von mir.

»Also«, sagte ich, »die beiden werden unten auf dich warten. Wir kriegen von hier oben gut mit, wenn sie kommen. Dann gehst du die Treppen runter und lässt dir den Umschlag geben und sagst noch so was wie: ›Ich lass den Wappler nur ungern raus.‹ Verstanden?« Pünktlich um 14 Uhr tauchten mein Bruder und Hubert vor dem Landgericht auf. »Dann los jetzt«, sagte ich zu Herrn Lux, und er stiefelte die Treppen runter.

Bankdirektor Grünberg hatte Hubert gesagt, um 14 Uhr würde man sich auf dem kurzen Dienstweg mit dem Staatsanwalt vor der Tür des Landgerichts treffen können. Er würde dann direkt die Freilassung von Herrn Wappler veranlassen. Aus meiner Ecke am oberen Fenster konnte ich die Szenerie gut beobachten, ohne von unten gesehen zu werden. Hubert schien sich die Sache wohl noch einmal überlegt zu haben, denn er drehte sich um und wollte in Richtung Parkplatz zurückgehen. Ich konnte nicht hören, was mein Bruder mit ihm besprach, aber ich konnte sehen, dass sie heftig diskutierten. Lux, sieh zu, dass du an den Scheißumschlag kommst, dachte ich. Die Sache schien aus dem Ruder zu laufen, irgendwie ging hier etwas schief. In dem Moment packte mich eine Hand an der Schulter.

Beate Petermann geb. Steinbach, Halbschwester von Mike

Ich war damals wirklich froh, dass Mike wieder mit unserem Vater sprach. Oder besser er mit Mike. Es hatte ihm damals ziemlich zugesetzt, als er sein Wort für Mike gab und dieser nichts Besseres zu tun hatte, als wieder ein Ding zu drehen. Mike sagte immer, dass es ihm die Leute auch zu leicht gemacht hätten. Ist natürlich eine seltsame Sicht auf die Dinge, oder? Aber so war er immer. Er fand innerhalb kürzester Zeit die Bedürfnisse und die Schwachstellen der Leute heraus, wenn er sich nur zehn Minuten mit ihnen unterhielt. Die wollten ja nicht alle das Gleiche. Also unterm Strich natürlich schon. Geld wollten sie alle. Aber nicht alle kriegte man mit den gleichen Geschichten. So etwas liegt ja meist psychisch tiefer, hat Mike zumindest mal gesagt. Den Reichen ist Geld ja nicht so wichtig. Die suchen nach Anerkennung oder nach dem Gefühl, ein außergewöhnlich raffiniertes Geschäft gemacht zu haben. Oder sie suchen nach etwas Aufregendem neben einem Leben auf dem Golfplatz. Aber vielleicht ist das auch alles ganz anders, ich bin Mutter und habe keine Ahnung von Verbrechen. Ich kann aber verstehen, dass man auf Mike reinfallen kann, rein menschlich. Immerhin hat mein Vater ja auch wieder mit ihm gesprochen, obwohl er gesagt hat, dass Mike für ihn gestorben sei. Und was ist passiert? Er hat es wieder gemacht.

Ich drehte mich ruckartig um und blickte in ein altbekanntes Gesicht: pechschwarze Haare, Glasauge und in der Hand einen Rollwagen mit allerlei Putzzeug. Der Hausmeister. Er hatte mal vor einer Ewigkeit im Eroscenter auf der Reeperbahn für Ordnung gesorgt, daher kannte ich ihn. »Herr Wappler«, sagte er fröhlich, »heute gar nicht in Handschellen.« Ein Witzbold mit Wischmopp. »Noch nicht«, sagte ich. »Aber ich hab bestimmt gleich 'ne Verhandlung, weil ich 'nem vorlauten Hausmeister seinen Besen in den Arsch geschoben habe.« Er lachte. »Verstehe, verstehe. Sie sind beschäftigt.« Dann griff er seinen Rollwagen und verschwand so schnell, wie er gekommen war. Ist das ein Leben?, fragte ich mich. Erst im Eroscenter die vollgewichsten Kondome und Taschentücher wegräumen und dann hier den Boden polieren. Dann doch lieber Ganove, mit allen Konsequenzen.

Als ich mich wieder umdrehte, um aus dem Fenster zu schauen, konnte ich niemanden entdecken. Was war passiert? Erst als ich mich ganz lang machte, konnte ich sehen, wie Hubert, mein Bruder und der Staatsanwalt auf den obersten Stufen zusammenstanden. Ich weiß nicht, wie mein Bruder es geschafft hatte, oder was überhaupt los war, aber Hubert übergab dem Staatsanwalt einen Umschlag. Dieser wedelte kurz mit dem Krückstock, steckte den Umschlag unter die Robe und machte sich wieder auf, ins Gebäude zu gehen. Bankdirektor Grünberg und Hubert entfernten sich, bis sie aus meinem Sichtfeld verschwunden waren. Ich ging Herrn Lux entgegen, streifte ihn kurz und nahm dabei den Umschlag entgegen. »Jetzt raus hier«, murmelte ich.

Wir teilten die Beute wie vorher abgesprochen. Lux bekam den Lohn für seine Arbeit und mein Bruder und ich den Großteil, der übrig blieb. Mein Bruder schrieb eine Quittung auf einem handelsüblichen Block, auf der er die Summe von 200 000 Euro vermerkte und in die Empfängerzeile »Justizkasse, Kaution Mike Wappler« eintrug. Diese Quittung gab er nachher Hubert, der nun glaubte, sein Geld irgendwann bei der Justizkasse einfordern zu können. Mir war klar, dass an dieser Stelle ein Ende gekommen war. Man sollte eine Kuh nie so lange melken, bis sie umfällt. Oder durchdreht.

Eine Woche nach der Geldübergabe vor dem Landgericht rief ich Hubert an und sagte ihm, dass ich nun aus der Untersuchungshaft raus wäre und mich unverzüglich auf den Weg nach Belgien machen wollte. Dort würde ich mich mit dem Piloten treffen, dessen Flugroute umgelegt worden war, aber er würde wohl aller Voraussicht nach die Diamanten erst einmal nach Europa bringen können. »Von Belgien schaffe ich sie spielend nach Berlin«, sagte ich. »Wie wir sie dann nach Australien kriegen, ist nicht unser Problem, soll sich doch Mister Jones selbst darum kümmern. Wir haben beileibe schon genug Aufwand betrieben«, sagte ich. »Und Geld investiert«, ergänzte Hubert. »Ja, das auch!«

Fünf Tage später war ich tot. Ich starb bei einem Autounfall auf dem Weg nach Belgien. Ein Reifen war bei voller Fahrt auf der Autobahn geplatzt und ich hatte mich mehrfach überschlagen. Man hatte versucht, mich wiederzubeleben, aber ohne Erfolg. Ich starb noch am Unfallort. So zumindest erfuhr Hubert die traurige Nachricht über mein Dahinscheiden von Bankdirektor Grünberg. »Er hatte 200 000 Euro bei sich, die er wohl dem Piloten auszahlen wollte, die sind nun vorerst von der Behörde beschlagnahmt worden«, sagte mein Bruder. »Viel tragischer dabei ist, dass die Diamanten noch immer in den USA sind, das Schließfach wurde nicht rechtzeitig geöffnet, sodass der Pilot ohne Steine nach Belgien geflogen ist. Es ist alles ein großes Dilemma.«

Wir hatten bis zu dem Zeitpunkt rund 1,2 Millionen Euro mit der Geschichte um die Diamanten verdient, und ich fand, es war an der Zeit, die ganze Sache auf sich beruhen zu lassen. Mein Bruder war anderer Ansicht und machte mir noch einige Vorschläge, die sich allesamt glaubhaft anhörten, wenn man wie Hubert bereits 1,2 Millionen Euro investiert hatte und glaubte, alles würde mit einem Anteil von 12 Millionen Euro wieder beglichen werden. Wir einigten uns also darauf, die Sache mit den Diamanten auch ohne Herrn Wappler weiterlaufen zu lassen.

So brachte Bankdirektor Grünberg meine Witwe ins Spiel. Eine Frau, die nach meinem Tod alles geerbt hatte, was ich besaß, so auch zwei Schlüssel zu einem Schließfach in den USA. Bankdirektor Grünberg rief bei Hubert an: »Herr Hubert, es gibt eine Witwe Wappler, was ich auch nicht wusste. Wappler war vor seinem Tod wohl noch in New York und hat die Diamanten aus dem Schließfach geholt und umgelagert. Ein raffinierter Hund. Warum er das getan hat, weiß ich nicht, aber seine Witwe hat nun die Schlüssel und eine Vollmacht«, sagte mein Bruder. »Ausgezeichnet!«, rief Hubert. »Haben Sie einen Kontakt zum Käufer in Australien?«, fragte er. »Dann machen wir das Geschäft ohne Wappler und teilen uns seinen Anteil.« Er gackerte vor Freude darüber, dass sich sein Anteil nun mit meinem Ableben exorbitant erhöhte. »Bringen Sie mir die Witwe ran«, sagte er Bankdirektor Grünberg. »Sie weiß sicher nicht, was in dem Schließfach ist, und wir können es ihr günstig aus der Hüfte leiern.« Wie ein Trüffelschwein, das einen ganz dicken Pilz unter der Oberfläche erschnuppert hat, begann er zu wühlen. »Ich werde mein Bestes geben«, antwortete mein Bruder. »Das will ich auch hoffen«, sagte Hubert und legte auf.

Wir brachten eine Karin Wappler ins Spiel, die, wie Herr Lux auch, gerne kleine Schauspielrollen für schnelles Geld übernahm. Sowieso entwickelte sich alles immer mehr zu einem Spiel. Ich hatte schon lange nicht mehr das Gefühl, etwas Unrechtes zu tun, dafür hatte die ganze Sache zu viel Eigendynamik bekommen. Es erinnerte irgendwie an diesen lustigen Film, den ich mal gesehen hatte, in dem ein Typ unter einer gewaltigen Glocke geboren wird und alle im Fernsehen sein Leben verfolgen können. Und die Menschen um den Typen rum sind Schauspieler und machen ihm die Welt, wie es das Drehbuch verlangt. Hubert war so zusagen unser Jim Carrey und ich der Regisseur.

Es war Ende Mai 2003, als Bankdirektor Grünberg und Karin Wappler nach Berlin aufbrachen, um für 160 000 Euro die Eigentumsrechte auf den Inhalt des Schließfaches und die dazugehörigen Schlüssel an Hubert zu übergeben. Die Summe schlug Hubert vor, weil er annahm, dass Karin Wappler nicht im Entferntesten wüsste, welche Schätze sich in dem Schließfach befänden. Da wäre ein schneller Geldregen ein Segen. Insbesondere, wo nun der Mann verstorben sei. Mein Bruder erzählte mir die Geschichte später so: »Als wir bei Hubert ankamen, hatte er das Geld bereits bar vorliegen. Er meinte, er hätte kürzlich einen kleinen Umweg über die Schweiz gemacht und dort ein wenig getankt.« Wir hatten im Vorfeld einige Unterlagen vorbereitet, die mein Bruder mit nach Berlin nahm. Es war ein Schreiben der Bank Hofmann AG in New York, das an Karin Wappler adressiert war und in dem die konkreten Voraussetzungen für die Öffnung des Schließfaches ihres verstorbenen Mannes genannt wurden. Das Schreiben dichtete mein Bruder, dann bauten wir das Dokument aus einem originalen Briefkopf der Bank Hofmann zusammen.

Darüber hinaus fertigten wir mit Hilfe eines Bekannten eine notariell beglaubigte Verzichtsurkunde an, in der Karin Wappler zugunsten Herrn Hubert auf die Eigentumsrechte an dem Schließfach in New York verzichtet. Die Urkunde fertigte der Notar Dr. Marco Nietsch aus Hamburg an, Nr. 476 der Urkundenrolle für 2003. In ganz Deutschland gab es keinen Notar mit diesem Namen.

So brachte also Bankdirektor Grünberg zwei wertlose Schreiben und zwei Schlüssel, die ich noch in irgendeiner Schublade gefunden hatte und die, wenn ich mich recht erinnerte, mal zu einem IKEA-Schrank gehört hatten, nach Berlin und im Gegenzug 160 000 Euro mit zurück nach Hamburg. Ein gutes Geschäft.

Um die Sache in New York nun endlich zum Abschluss zu bringen, rief Bankdirektor Grünberg noch einmal bei Hubert an und forderte zur Bestechung eines Bankangestellten noch einmal 150 000 Euro. Zum ersten Mal sagte Hubert Nein. Aber nicht, weil er der Geschichte mit den Diamanten keinen Glauben mehr schenkte, sondern, wie er erzählte, aufgrund eines Geschäfts in Südafrika, das wohl erhebliche finanzielle Mittel erforderte und er deswegen kein Bargeld mehr hatte. Aber er hatte eine andere Idee und lud meinen Bruder nach Berlin ein.

Es war selbst für mich, einen professionellen Geschichtenerzähler, unglaublich, wie sich jemand so an seine Fantasie und an den Glauben der eigenen Unfehlbarkeit klammern konnte, dass er immer wieder Geld in ein Unterfangen investierte, für das es keinerlei Beweise gab. Irgendwann fürchtete ich schon selbst, einem überaus gerissenen Betrüger aufzusitzen, so unglaublich fand ich das alles.

Am 23. Juni 2003 folgte mein Bruder also der Einladung Huberts und fuhr zu dessen Villa. Dort empfing ihn, wie er erzählte, ein sichtlich gut gelaunter Gastgeber. Er lud Bankdirektor Grünberg auf eine kalte Limonade und einen Scotch mit Soda ein. Man saß auf der Terrasse, und Hubert eröffnete meinem Bruder, dass er noch eine Ming-Vase von seiner Exfrau hätte und man die doch wunderbar zu Geld machen könnte, um den Bankangestellten in New York zu bestechen. »Ich mache das Ding zu Geld und werde mich bei Ihnen wegen der Übergabe melden«, sagte er zu meinem Bruder. »Wenn die Millionen da sind, machen wir 'ne Riesensause. Auf Herrn Wappler«, sagte er und erhob sein Glas.

Tatsächlich dauerte es nur eine Woche, bis Bankdirektor Grünberg erneut zu Hubert fahren und das Bargeld abholen konnte. 150 000 Euro. Doch dieses Mal ließ sich Hubert die Geldübergabe quittieren – auf der Rückseite des Briefumschlags einer Wurfsendung. Mein Bruder unterschrieb mit B. Grünberg.

Ich traf mich am kommenden Tag mit meinem Bruder, um zu überlegen, wie man Grünberg nun aus dem Spiel nehmen könnte. Der Charakter war verbraucht und hatte seine Schuldigkeit getan. Herr Lux als Mister Jones sollte die Sache regeln. Ich bat ihn in mein Büro in der ABC-Straße, um mit ihm den Dialog zu besprechen. Er bekam für diesen Anruf 1000 Euro. Schnell verdientes Geld.

Er wählte Huberts Nummer von einem Handy mit unterdrückter Rufnummer aus. Hubert nahm ab. Ich wusste, dass sein Englisch nicht sonderlich sattelfest war, das zeigte sich schon bei dem Treffen in Berlin. Ich sprach gar kein Englisch, aber zum Glück Herr Lux. In einfachen Worten erklärte Mister Jones also Herrn Hubert, dass Bankdirektor Grünberg verstorben sei. »Brain, yes, brain death«, sagte er. Man konnte Hubert gut durch den Lautsprecher verstehen. »Die sterben ja alle wie die Fliegen. Unglaublicher Scheiß«, rief er. Er habe ja noch die Vollmacht und die Schlüssel für das Schließfach, stellte er fest. Zur Sicherheit ließ er sich von Mister Jones seine Handynummer geben. Dieser bestätigte ihm, er sei immer, auch wenn es sich um eine deutsche Telefonnummer handeln würde, erreichbar. »Yes, also in Down Under.«

Hubert war anscheinend durch keinen noch so schrägen Umstand von den Diamanten abzubringen. Die Tatsache, dass bereits viel Geld geflossen war, war sicher ein Antrieb, der Ehrgeiz, der ihn gepackt hatte, ein anderer. Ich wollte an dieser Stelle mit der Sache aufhören. Ich wäre fein raus gewesen. Aber manchmal will einen das Schicksal nicht so einfach entlassen. Ich sollte noch für alles bezahlen. Und zwar doppelt und dreifach.

Im Dezember 2003, ich war ja nun bereits seit einigen Monaten tot, machte ich ein paar Weihnachtseinkäufe in der Innenstadt. Die ganzen alten Jungs sollten was bekommen, und es war zu einer Art Tradition geworden, dass ich einige Fresspakete nach Santa Fu schickte.

Als ich über den weihnachtlich geschmückten Jungfernstieg schlenderte, die Binnenalster war an den Uferrändern bereits gefroren, blieb ich stehen und zog meinen Kaschmirmantel enger um den Körper. Ein kalter Wind zog durch die Stadt. Mir kam ein

Wagen entgegen, einer von vielen, ein dunkler Mercedes. Ich blickte auf und schaute zufällig dem Fahrer direkt ins Gesicht. Dieser glaubte, einen Geist gesehen zu haben – Hubert. Er konnte nicht anhalten, da vor und hinter ihm die Autos eng auf eng fuhren. Er schaute mir nach, durch den offenen Mund hätte man einen Kleinwagen fahren können. Ich verschwand mit zwei schnellen Schritten im Alsterhaus und tauchte im Gewusel der Weihnachtsshopper unter. Das war gar nicht gut, das war mir sofort klar.

Es dauerte zwei Stunden, dann rief mich Herr Lux an. Herr Hubert hätte bereits fünf Mal versucht, ihn zu erreichen. Bisher sei er nicht rangegangen, und er wisse auch nicht, was er jetzt tun solle. Außerdem sei er nicht die Telefonzentrale, sondern Schauspieler. Mir war bewusst, dass man die Nummer kaum totschweigen konnte. Ich bat Herrn Lux, Hubert zurückzurufen und mir zu sagen, was er wolle. Das Ergebnis kannte ich ja eigentlich schon. Herr Lux rief zwanzig Minuten später zurück. Hubert, so sagte er mir, sei ziemlich aufgebracht, weil er Mike Wappler in der Hamburger Innenstadt gesehen hätte. In bester Gesundheit. Er würde, so berichtete mir Herr Lux weiter, »Mittel und Wege« finden, die Sache aufzuklären. Ich hatte nicht viel Zeit. Männer solchen Kalibers taten schnell Dinge, die sehr kurz bis gar nicht überlegt waren, wenn sie das Gefühl hatten, dass etwas nicht stimmte oder dass etwas passiert war, das gewaltig an ihrem Ego kratzte.

Ich rief Hubert an. »Peter Wappler, grüße Sie Herr Hubert. Wie ich von Mister Jones erfahren habe, sind wir einem lustigen Zufall aufgesessen«, sagte ich. Stille. »Wer ist da, Wappler? Wappler Wappler? Ich dachte, Sie sind tot, mein Bester«, antwortete er. Ich schwieg. Jetzt kam alles auf den Überraschungsmoment an. »Geschätzter Herr Hubert, Sie sprechen über meinen Zwilling Ernst-August-Mike Baron von Wappler, der kürzlich bei einem Autounfall verstarb. Ich bitte Sie um etwas mehr Respekt.« Man konnte förmlich hören, wie ihm die Gesichtszüge entgleisten. Da fiel ein ganzer Bahnhof in sich zusammen. »Äh … äh … äh«, brachte er heraus. Jetzt musste ich zugreifen. »Verehrter Herr Hubert, ich hatte mit meinem Zwillingsbruder nicht viel gemein. Dennoch hat er mir von dem Geschäft berichtet, dass Sie und er kürzlich vorantrieben. Ich hätte Sie eh die Tage angerufen«, sagte ich. »Es ist bedauerlich, dass er kurz vor dem Abschluss verstorben ist.« So recht wollte sich Hubert nicht einkriegen. Er bat um ein Treffen, ihm käme die ganze Sache doch nun sehr spanisch vor. »Gerne«, sagte ich. »Treffen wir uns doch im Atlantic Hotel in Hamburg, dort übernachte ich gerade«, schlug ich vor.

Zwei Tage später kam Hubert durch die Drehtür des Hotels. Ich konnte ihn gut von der Hotelbar aus sehen, wie er an der Rezeption vorbei über den Teppich schritt, der seine besten Tage schon lange hinter sich hatte. Er kam in den Barbereich, blickte sich hektisch um und sah mich in der Ecke am Fenster sitzen. Ich nickte, nachdem ich sah, dass er mich bemerkt hatte. Ich hatte Herrn Lux als Mister Jones hinzugebeten. Mit offenem Mund kam er in unsere Richtung. Er war nicht darauf bedacht, seine Verwunderung zu verschleiern. Er schwitzte auf der Oberlippe und schmiss sich in einen Stuhl. Ohne ein Wort der Begrüßung sagte er: »Die Ähnlichkeit ist verblüffend.« Ich nickte und bestätigte ihm, dass es auch in unserer Jugendzeit immer zu Verwechslungen gekommen sei und ich dann immer die Sachen, die Mike ausgefressen hatte, habe ausbaden müssen. Er lachte nicht. »Diese Ähnlichkeit«, murmelte er. Ich hielt einen etwa zwanzigminütigen Monolog. Es ging um Geschichten aus der Kindheit, um Eltern, die ihre Kinder kaum auseinanderhalten konnten, und um zwei Erwachsene, die später wenig miteinander zu tun hatten. Dann wechselte ich rasant das Thema. »Lieber Herr

Hubert, mir ist natürlich«, sagte ich und zeigte mit der geöffneten Hand in Richtung Mister Jones, »nicht entgangen, dass mein Bruder noch einiges an, nennen wir es mal, Verpflichtungen hat. Auch finanzieller Natur Ihnen gegenüber«, Hubert nickte zustimmend. »Ich werde, um die Ehre der Familie wiederherzustellen, diese Schulden begleichen und das Diamantengeschäft endgültig zum Abschluss bringen«, sagte ich und machte mich im Sessel gerade. Bevor Hubert etwas sagen konnte, griff ich zur Brusttasche meines Sakkos und zog einen gefalteten Brief hervor. »Sie sollten wissen, dass Geld in meinem Leben, wie wohl auch in dem Ihrigen, eine untergeordnete Rolle spielt«, sagte ich etwas lauter als erforderlich und schob ihm das Blatt Papier hinüber. Es war ein Kontoauszug, auf dem ein Guthaben von etwas mehr als 1,5 Millionen Euro vermerkt war. »Ich habe Ihnen das mitgebracht«, sagte ich und tippte mit dem Zeigefinger auf das Blatt, das er gerade aufgeschlagen hatte, »um Ihnen klarzumachen, dass wir zwei auf Augenhöhe sprechen können. Und das ist nur das Spielgeld. Ich führe recht erfolgreich eine Modelagentur und nenne einige Immobilien mein Eigen.« Hubert faltete den Zettel nachdenklich zusammen und gab ihn mir wieder. »Und nun?«, fragte er. Ich sei, so sagte ich ihm, noch einige Wochen in Hamburg, um sämtliche Dinge meines Bruders zu klären. »Ich kann Ihnen selbstverständlich ein sofortiges Darlehen über 300 000 Euro zur Verfügung stellen, das könnte man dann in das Diamantengeschäft investieren.« Hubert lehnte ab. Mir war klar, dass er sich die Blöße nicht geben wollte. »Geld, mein lieber Herr Wappler, habe ich genug«, sagte er und bat darum, sich die ganze Sache überlegen zu dürfen. Er ließ sich von mir eine Handynummer geben, stand auf und gab Mister Jones und mir die Hand. »Die Ähnlichkeit ist verblüffend«, sagte er noch einmal kopfschüttelnd und verließ das Haus.

Ich hatte bei einem großen Geldinstitut in der Filiale im Chilehaus in Hamburg einen Verbündeten. Oder besser, einen Komplizen. Jung, erfolgreich, skrupellos und chronisch pleite. Er lebte auf großem Fuß und konnte sich das eigentlich nicht leisten. Und, das war das Wichtigste: Er war der stellvertretende Filialleiter der Bank und hatte somit Zugriff auf viele Daten. Für einen Ganoven ein unerschöpflicher Quell der Möglichkeiten. Wenn man das Maximum an Glaubwürdigkeit haben will, braucht man jemanden, der mit einem Anzug, einer Krawatte und einem Namensschild in einem großen Haus sitzt und Millionen verschiebt, die nicht ihm gehören. So einen Mann hatte ich: Sebastian Brandt. Dieser besorgte mir auch den gefälschten Kontoauszug, den ich Hubert zeigte. Ich hatte ja kein eigenes Konto. Nie gehabt.

Hubert rief mich schon wenige Tage nach unserem Treffen im Atlantic an und teilte mir mit, dass er aus Gründen der Vorsicht mein Angebot über die 300 000 Euro gerne annehmen würde. Ich war überrascht. Damit hatte ich nicht gerechnet. »Eine gute Entscheidung«, sagte ich ihm, »dann lassen Sie uns doch im Lauf der Woche bei der Bank meines Vertrauens treffen, und wir machen alles perfekt.« Es war ein Mittwoch, 14.22 Uhr, kurz vor Wiedereröffnung nach der Mittagspause. Hubert hielt mit seinem Wagen direkt neben mir vor dem großen Backsteingebäude. »Alles fit im Schritt?«, rief er aus dem offenen Fenster. »Ich parke kurz den Wagen und bin dann bei Ihnen.« Es dauerte noch etwa fünf Minuten, bis er durch den breiten Torbogen des Gebäudes gewackelt kam. »Kein Parkplatz in dieser Scheißstadt zu finden. Hätte ich auch in Berlin parken können«, sagte er und schien prächtig drauf zu sein. Gemeinsam betraten wir die Filiale. »Ich habe bereits einen Termin gemacht«, sagte ich. In dem Moment kam auch schon Herr Brandt um die Ecke. »Herr Wappler«, sagte er, »schön, Sie mal wiederzusehen.« Er hielt uns beiden seine Hand entgegen. »Was macht die Jacht?«, fragte er ganz beiläufig, als wir drei auf dem Weg zu seinem Platz waren. »Schwimmt noch oben«, antwortete ich. Hubert lachte. »Sie haben eine Jacht?«, fragte er. »Ja, aber nichts Großes.« Er war sichtlich beeindruckt.

Als wir uns in Brandts Büro niedergelassen hatten, schien der ein Problemgespräch eröffnen zu wollen. »Herr Wappler, wie ich weiß, sind Sie hier, um eine größere Barauszahlung vorzunehmen«, sagte Brandt. Er hackte irgendetwas in seine Tastatur, drehte dann den Monitor zu uns rüber und sagte: »Es sind viele Einzahlungen gelaufen.« Er zeigte auf einige Zeilen auf dem Monitor. Es waren viele Zahlen mit vielen Nullen zu sehen. Huberts Hals wurde immer länger, er erhob sich leicht aus dem Stuhl, Brandt drehte den Monitor wieder zu sich. »Nun, das Problem dabei ist, dass die Finanzbehörde das Konto aufgrund der Schwankungen vorerst eingefroren hat. Im Klartext: Ich komme nicht an Ihr Geld«, sagte er und schaute etwas verlegen aus der Wäsche.

»Und wie soll ich jetzt meinen Verpflichtungen nachkommen?«, fragte ich Brandt. Der zuckte mit den Schultern. »Ich kann Ihnen leider nicht helfen«, sagte er, »zumindest solange wir nicht wissen, wann die Finanzbehörde die Konten wieder freigibt.« Hubert schien volles Verständnis für diese Situation zu haben. »Diese verfluchten Aasgeier. Ich werde das nötige Geld aus Barmitteln vorstrecken«, sagte er zu mir und schlug mir gönnerhaft auf die Schulter. Als wir wieder an der frischen Luft waren, sagte er mir, er hätte noch Geld im heimischen Safe, das würde er für die Unternehmung noch zur Verfügung stellen. Ich solle doch morgen nach Berlin kommen, er könnte mir für die Durchführung des Diamantengeschäfts noch rund 80 000 Euro geben.

Nebenher hatte ich begonnen, ganz unabhängig von Hubert, mich einer alten Leidenschaft zu widmen. Dem Abziehen von Provisionen. Wie mir zu Ohren gekommen war, versuchte ein großer Vermögensberater in der Nähe von Hamburg seit längerem, für rund drei Millionen Euro drei Mietshäuser zu verkaufen. Die Lage und der Zustand waren schlecht, doch der Preis war eben so hoch, wie er war. Ich besorgte mir einen Termin bei dem guten Mann und erzählte ihm, dass ich einen Käufer hätte, der anonym bleiben wollte. Sollte es über einen Notar zu einem Geschäftsabschluss kommen, würde ich 100 000 Euro Provision verlangen. Der Kaufmann erklärte sich einverstanden. Es erforderte zwar eine große schauspielerische Koordination, aber über den vermeintlichen Anwalt des Käufers und einen eingeweihten Notar ließ sich auch bei so etwas gutes Geld verdienen.

Warum hörte ich nicht auf? Tja, warum nicht? Ich habe mich das auch gefragt. Natürlich habe ich mich das gefragt. Aber warum hört ein George Foreman nicht auf zu boxen und will sich mit sechsundfünfzig Jahren noch einmal im Ring verprügeln lassen? Warum hören Fußballer nicht auf, obwohl ihre Karriere auf dem absteigenden Ast ist? Warum kann ein Rennfahrer so schwer auf ewig aus seinem Boliden steigen und aufhören? Es sind eben alles alte Zirkuspferde, und als solches tanzt man so lange durch die Manege, bis man umfällt. So einfach ist das, man ist zum Weitermachen verdammt.

Anfang 2004 rief ich Hubert an und teilte ihm mit, dass ich es geschafft hatte, die Diamanten bei meiner Tante in New York zu verstecken. Sie wären also aus dem Schließfach raus, und der Mitwisser sei auch mundtot. Auch hätte ich bereits einen neuen Piloten an der Hand, der für 150 000 Euro die Steine rüberbrächte. Ich könnte diese Summe leider nicht vorstrecken, da meine Konten noch immer von der Finanzbehörde gesperrt seinen. »Mittlerweile hätte ich mir ja ein eigenes Flugzeug kaufen können und noch eine Pilotenlizenz obendrauf«, schnaubte Hubert. »Gut«, sagte ich, »wenn Sie die Steine selber rüberholen möchten, buchen Sie sich einen Flug. Dann ist es Ihr Risiko. Ich würde das nicht tragen wollen.«

Er war ein Mann, der schnell vorpreschte und noch schneller zurückruderte. »Gut, ich habe noch Anteile an Investmentfonds, die wir verkaufen könnten. Ich habe dafür vor ein paar Jahren etwa 1,5 Millionen Mark bezahlt. Da muss ja was bei rumkommen.« Da ich keine Ahnung von Investmentfonds hatte, rief ich Brandt an, er sollte die Sache regeln. Der kleine Gierlappen wollte 10 000 Euro Provision. Er hatte schnell gelernt. Ich unterrichtete Hubert davon, dass Brandt sich um die Abwicklung kümmern würde. Tatsächlich sollte Brandt es schaffen, die Papiere zu Geld zu machen. Sogar schneller, als ich angenommen hatte. Als ich Hubert von dem schnellen Geldsegen erzählte, schien der einen neuen Plan zu verfolgen. »Bitte bringen Sie mir das Geld vorerst in bar«, sagte er.

Auszug aus der Zeugenvernehmung vom 26.10.2004.
Beginn 08.15 Uhr/Herr Hubert

Um die Diamanten von seiner Tante gefahrlos nach Deutschland bringen zu können, hatte Wappler vorgeschlagen, dass er damit einen ihm bekannten Piloten beauftragt, da dieser ungehindert an den Zollkontrollen vorbeikommt. Der Pilot wollte angeblich von Wappler für diesen Dienst 150 000 Euro haben. Für den Fall, dass er von den Behörden erwischt wird, wäre seine Karriere als Pilot beendet und deshalb bräuchte er die 150 000 Euro. Wappler selbst gab wieder vor, nicht an sein Bargeld heranzukönnen, weil die Steuerbehörden seine Konten beschlagnahmt hätten. Ich selbst hatte auch nichts mehr und konnte die 150 000 Euro nicht einbringen. Zur Untermauerung seiner Angabe, er könne zurzeit nicht an sein Geld, nahm mich Wappler zu Beginn des Jahres 2004 mit in die Filiale einer deutschen Großbank zu Herrn Brandt. Dieser bestätigte mir in einem Gespräch mehrfach, dass Herr Wappler vermögend ist und zurzeit nicht an sein Geld kommt, weil die Steuerbehörde seine Konten beschlagnahmt hat. Summen wurden von Brandt nicht genannt. Wappler sagte mir in einem Gespräch, dass er dreißig Millionen auf seinem Konto habe. Diese Zahl nannte ich Brandt, er hat die Summe nicht dementiert. Es gab persönliche Treffen zwischen mir und den beiden zuvor genannten Personen in Berlin und Hamburg. Gemeinschaftlich überlegten wir, wie wir die 150 000 Euro für den Piloten auftreiben könnten. Ich selbst hatte mit dem Finanzmakler Hiller in Berlin ein Telefongespräch. Über Herrn Hiller hatte ich im Jahre 1992 Anteile an Investmentfonds erworben. Dafür habe ich etwa 1,3 Millionen DM gezahlt. In diesem Gespräch machte mir Herr Hiller deutlich, dass er zurzeit keine lukrative Veräußerungsmöglichkeit sähe. Von dieser Sache habe ich Brandt berichtet. Er bot mir an, sich zu erkundigen, ob die Anteile im zweiten Markt zu vermarkten wären. Das hatte auch ein positives Ergebnis. Brandt teilte mir mit, er könne die Anteile für insgesamt 60 000 Euro verkaufen. Später hatte sich diese Summe auf 80 000 Euro und dann noch einmal auf 105 000 Euro erhöht, weil er bessere Kaufangebote bekommen hatte. Ich übergab Brandt die Papiere und stellte ihm eine Vollmacht aus, dass er sie in meinem Namen verkaufen kann, der Betrag in Höhe von 105 000 Euro auch an Wappler ausgezahlt werden darf, damit Wappler mir das Geld dann bar auszahlen kann. Ich wollte dieses Geld möglichst schnell in bar bekommen, damit ich meinen finanziellen Verpflichtungen nachkommen konnte. Irgendwann rief Brandt mich in Berlin an und teilte mir mit, dass die 105 000 Euro da sind, er am Abend Wappler das Geld gibt, damit dieser es mir nach Berlin bringt. Zeitlich kann ich das Ganze schlecht einordnen, ich glaube, es war Juni 2004. Abends rief mich dann auch der Wappler an und teilte mir mit, dass er mit dem Geld unterwegs nach Berlin ist. Gegen 21.30 Uhr fragte er mich, ob ich ihm nicht entgegenkommen kann und dass wir uns auf halbem Weg an einer Raststätte treffen. Obwohl ich müde war, erklärte ich mich damit einverstanden und fuhr in Richtung Hamburg. Etwa in Höhe Kilometer 120 fuhr ich an die dort befindliche Raststätte und wartete auf Wappler. Ich versuchte Wappler anzurufen, um ihm mitzuteilen, wo ich mich befinde. Ich konnte ihn nicht erreichen.

Ich war eigentlich nicht gewillt, Hubert sein eigenes Geld zu überlassen. Es war mittlerweile ein Schaff-ich-es-Spiel geworden. Als mir Brandt telefonisch mitteilte, dass er die Kohle aus dem Verkauf der Schiffsanteile nun in bar hätte, schlenderte ich gerade durch das Schanzenviertel und blieb vor einem Laden stehen, der offenbar nicht nur Ketten, Filmposter und T-Shirts verkaufte, sondern auch Requisiten für Hobbyfilmer. »Sag ihm, dass ich mich heute Abend noch nach Berlin aufmache, um ihm das Geld zu bringen«, sagte ich und betrat den Laden. Ich zahlte 13,90 Euro für eine Flasche Kunstblut. Der schläfrige Verkäufer mit dem Piercingring durch die Nase versicherte mir, dass es auch getrocknet wie echtes Blut aussehen und der halbe Liter für ein ganzes Massaker ausreichen würde. Was war bloß mit der Jugend los, dachte ich, als ich mein Wechselgeld entgegennahm. »Das ist aber 'ne ziemliche Schweinerei«, rief er mir nach, »da würde ich mir echt nur alte Klamotten anziehen.«

Ich machte mich noch am selben Abend auf nach Berlin. Als Verstärkung nahm ich Brandt und meinen alten Kumpel Siggi mit. Ich brauchte für die Geschichte einiges an Rückendeckung. Nachdem wir losgefahren waren, rief ich Hubert an und bat ihn, mir ein Stück aus Berlin entgegenzukommen.

Auszug aus der Zeugenvernehmung vom 26.10.2004. Beginn 08.15 Uhr / Herr Hubert

So gegen 22.00 Uhr rief mich Herr Brandt an und erzählte mir die Geschichte, dass Herr Wappler überfallen worden wäre und ihm das Auto gestohlen wurde inklusive des Geldes, was sich im Auto befand. Dies sollte auf einer Raststätte geschehen sein. Brandt sagte mir zu, zur Raststätte zu kommen, um mir die ganze Sache noch mal persönlich zu schildern. Circa 30 Minuten später erschien Brandt mit Wappler und einer dritten Person, die ich nicht kenne, in einem silbergrauen Mercedes Kombi mit Lübecker Kennzeichen auf der Raststätte. Die mir unbekannte Person fuhr das Fahrzeug. Wappler lag auf dem heruntergedrehten Beifahrersitz und stöhnte, er trug einen Kopfverband, auf dem sich eindeutig sichtbar ein Blutfleck befand. Brandt erzählte mir die ganze Geschichte von dem

Überfall. Angeblich war auch ein Krankenwagen vor Ort gewesen, der Herrn Wappler mit ins Krankenhaus nehmen wollte. Er weigerte sich aber strikt mitzufahren. Wappler rief dann Brandt an, damit dieser ihn abholt. Ich versuchte, Wappler anzusprechen. Er antwortete jedoch nicht, sondern stöhnte nur rum. Ich war doppelt geschockt, zum einen über die Verletzungen des Herrn Wappler und zum anderen über den Verlust meines Geldes.

Trotz des Überfalls war Hubert nahezu versessen darauf, frisches Geld für das Diamantengeschäft zu besorgen. Er rannte wie ein Esel voran, dem man eine Karotte an der Angel vor die Nase hielt. Immer in dem Glauben, die Leckerei wäre nur noch einen Schritt entfernt. Wir saßen, etwa eine Woche nach dem hinterlistigen Überfall, bei Hubert, und er schlug vor, seine Wohnung auf Mallorca zu beleihen. »Der Brandt kennt doch sicher jemanden«, sagte er und zeigte beiläufig auf Brandt, der sich gerade wie ein junger Hund auf der Ledercouch aalte. »Wenn wir die Steine dann hier haben, hol' ich die Wohnung zurück.« Brandt nickte, er würde sicher jemanden finden, der ein Darlehen auf die Wohnung gewähren würde. »Im Notfall ich«, sagte er. Auf die Wohnung in Mallorca war Brandt die ganze Zeit schon scharf. So sah er sich gerne, der kleine Snob: mit 'nem Boot und 'ner aufgepumpten Alten auf Mallorca rumdödeln. Ich entwickelte zunehmend eine Abneigung gegen den Kerl, wusste aber, dass ich ihn noch brauchen würde. Andererseits wusste ich auch, sollte es hart auf hart kommen, fällt er um wie Jack Sharkey unter der Faust von Max Schmeling – oder einfach: wie ein Sack Kartoffeln.

Hubert erklärte sich bereit, Brandt die Wohnung auf Mallorca für ein Darlehen von 30 000 Euro zu überschreiben. Die Wohnung, nichts Großes, hatte aber laut Hubert immerhin einen Wert von knapp 200 000 Euro. Er hätte wahrscheinlich gerne mehr Geld dafür bekommen, aber Brandt sagte ihm, dass er selbst nicht mehr Bargeld zur Verfügung hätte. So vereinbarten wir einen Termin bei Rechtsanwalt Dr. Flohr, den ich durch die Sache mit der Modelagentur schon kannte. Er war ein Vollblut-Ganove, eigentlich hatte man ihm aufgrund eines ziemlich schwerwiegenden Betrugsfalls seine Lizenz entzogen. Doch Flohr hatte sich nach seiner Entlassung aus dem Gefängnis einfach in eine Kanzlei eingekauft, die zufällig denselben Namen trug wie er. Flohr eben. Flohr formulierte uns einen Darlehensvertrag, der vorsah, dass nach einem kurzen Zeitraum die Wohnung an den Darlehensgeber fällt, sollte dieses nicht beglichen werden.

Am 4. Juni 2004 bestätigte Hubert in einem notariellen Schuldanerkenntnis vor dem Notar Bretschneider in Bad Segeberg das Bestehen der Verbindlichkeit und unterwarf sich gleichzeitig der sofortigen Zwangsvollstreckung. Ebenfalls unterzeichnete er einen notariellen Kaufvertrag, in dem er die Wohnung für 30 000 Euro an Brandt verkaufte. In einem Passus wurde geregelt, dass Hubert die Wohnung wiederbekäme, wenn er die Summe in einem gewissen Zeitraum zurückzahlen würde. Das Geld bekam ich für die Fortführung des Diamantengeschäfts, die Wohnung blieb bei Brandt. Einen ähnlichen Ablauf schlug Hubert selbst auch für die Wohnung der eigenen Mutter vor, die er sich nur noch überschreiben lassen müsste, und dann könnte man das genauso machen. Es ging um eine Immobilie im Wert von rund 800 000 Euro. Hubert würde sich darum kümmern, dass seine Mutter ihm die Wohnung überschrieb. Dann könnte man die, so sagte er, einfach auch beleihen. »Kommt ja später alles zurück«, stellte er fest.

Warum Hubert so unerschütterlich an die Diamanten glaubte, konnte ich mir selbst nur schwer erklären. Ich vermutete, dass er mehr an sein unerschütterliches Gespür für ein gutes Geschäft glaubte und sich nicht eingestehen konnte, dass man ihn aufs Glatteis gezogen hatte und ihn nun kräftig umherwirbelte. So etwas gab es in seiner Gedankenwelt einfach nicht. Es waren mittlerweile weit mehr als vier Millionen Euro, die er in eine Geschichte investiert hatte, und er machte nie Anstalten, die Nummer in ihrer Gänze in Frage zu stellen. So sehr war er von seinem Näschen für die großen Deals überzeugt. Doch dieses Gefühl vernebelte sein Urteilsvermögen völlig.

Noch ein anderes Urteilsvermögen wurde sichtlich getrübt, nämlich das meines Bruders. Er betrieb Versicherungsbetrug in großem Stil. Es ging um Autos, die irgendwie in Unfälle verwickelt, und dann in Werkstätten teuer hergerichtet wurden. Ich hab nie ganz verstanden, wo man da Geld verdienen kann, doch ich hatte meinen Bruder mehrfach darum gebeten, damit aufzuhören, da ja aus dem Diamantendeal mehr als genug Geld da war. Wir lebten sozusagen als fette Putzerfische neben Huberts dicker Haut her und fraßen, was abfiel. So überließ mir Hubert auch einen Jaguar E-Type von 1967, den ich zum Wohle des Diamantengeschäfts verkaufen sollte. Ein schöner Wagen. Da ich es aber nicht so mit Oldtimern habe, verkaufte ich den Wagen und investierte den Erlös wie gewünscht in das Diamantengeschäft.

Ich hatte viele wunderbare Einfälle, die Geschichten um die Steine wie ein Gummiband noch um einiges in die Länge zu ziehen – Ideen für Jahre. Hubert beflügelte meine kriminelle Energie. Er forderte mich unbewusst jeden Tag heraus. Wir hatten einen Wettkampf am Laufen, von dem nur ich wusste. An manchen Tagen wühlte ich regelrecht in meinem Hirn auf der Suche nach einem schlechten Gewissen. Aber ich konnte nichts dergleichen finden. Mit Brandt als Hintergrundtänzer waren die Möglichkeiten unendlich.

Auszug aus der Zeugenvernehmung vom 26.10.2004.
Beginn 08.15 Uhr/Herr Hubert

Heute, am 25.10.2004, erhielt ich gegen 16.45 Uhr einen Telefonanruf auf meinem Mobiltelefon. Es meldete sich eine männliche Person und bat mich, sich mit mir zwecks einer Unterredung zu treffen. Dies sollte möglichst kurzfristig erfolgen. Daraufhin vereinbarten wir einen Termin für circa 17.20 Uhr desselben Tages in der Gaststätte Seebad in Berlin-Heiligensee.
Ich betrat die Gaststätte und sah zwei mir unbekannte Herren, die mich daraufhin baten, ihnen nach draußen zu folgen, da etwas zu besprechen sei. Ich folgte den beiden Herren, und wir setzten uns an einen Tisch im Biergarten der Gaststätte. Nun gab sich der ältere der beiden Herren als Polizeibeamter zu erkennen, indem er mir den Dienstausweis zeigte.
Der Beamte erklärte mir, dass es um eine Betrugsangelegenheit ginge, der ich zum Opfer gefallen sei. Ich wurde befragt, ob ich Herrn Wappler kennen würde und ob ich geschäftlich mit ihm zu tun habe. Das bejahte ich. Ich wurde in diesem Zuge auch gefragt, ob ich die Herren Jones und Brandt von besagter Bank kennen würde. Auch diese Frage bejahte ich. Im Vorfeld der Befragung wurde ich bereits als Zeuge belehrt.
Ich wurde gefragt, ob ich mit den beiden Beamten nach Lübeck kommen würde, um dort eine zeugenschaftliche Verneh-

mung durchzuführen. Ich stimmte zu, und nachdem ich kurz zu Hause ein paar notwendige Reiseutensilien eingepackt hatte, fuhren wir zusammen im Dienst-Kfz der Polizei nach Lübeck ins Behördenhaus.

2004
Aus im Kartenhaus

Es brach eigentlich alles an einem einzigen Tag zusammen. Wir hatten ja auch selbst die Schaufel ins Fundament unseres Lügengebäudes gerammt. Am 25.10.2004 wurde von der Staatsanwaltschaft Lübeck Strafanzeige gestellt und wir alle festgenommen. Brandt, mein Bruder und ich. Die Polizei hatte seit dem 27.5.2004 sämtliche Telefone abgehört. Den Anschluss in meinem Büro, mein Handy, den Geschäftsapparat im Chile-Haus von Brandt. Die Telefone meines Bruders, zu Hause und das Handy. Und alles nur, weil mein Bruder die Sache mit dem Versicherungsbetrug nicht lassen konnte. Wegen ein paar verdammten Pisskröten, die mit Autounfällen zu machen waren, ist die Bombe also hochgegangen.

Wie mir mein Anwalt später erzählte, hatte die Polizei 30200 Gespräche auszuwerten gehabt. Nicht alle drehten sich um Hubert, nicht in allen wurden Deals besprochen. Aber mit ein wenig Geschick war es den Ermittlern vom BKI Lübeck gelungen, die wichtigen Details herauszuziehen.

Der 25.10.2004 war bis zu dem Moment meiner Verhaftung kein besonders auffälliger Tag. Ein Montag eben. Ich saß in meinem Büro, hatte die Füße auf den Tisch gelegt und spielte auf meinem Game Boy das lustige Spiel mit den Bauklötzen, die von oben herunterfallen und die man so zusammenstecken muss, dass so wenig Luft wie möglich zwischen ihnen entsteht. Was hätte man aus diesem Tag gemacht, wenn man gewusst hätte, dass hier und heute Schluss ist. Einen Spaziergang? Sex? Vielleicht eine kleine Nase Koks? Keine Ahnung. Vielleicht war es aber auch gut, genauso wie es war.

Ich hatte den ganzen Tag versucht, Brandt zu erreichen. Es ging um die Wohnung von Hubert, da waren noch einige Fragen offen. Ich erreichte Brandt nicht. Am Abend hatte ich die Nase voll, stieg ins Auto und fuhr zur Wohnung von Brandt in Bad Schwartau, um zu schauen, ob er sich dort herumtrieb. Als ich den Neubau, eine Yuppie-Bude mit bodentiefen Fenstern, erreichte, parkte ich den Mercedes direkt vor der Haustür. Es waren nicht mehr als zwanzig Schritte zum Haus, ich drückte die Klingel, hinter der sich Brandt verbarg. Der zweite Knopf auf der linken Seite, das hatte ich mir gemerkt. Niemand öffnete. Ich klingelte noch einmal, weil ich sah, dass in Brandts Wohnung Licht brannte. Zwei Passanten kamen auf dem Bürgersteig in Richtung Haus. Ich wühlte im Blumenbeet nach ein paar Steinen, die ich an Brandts Fenster werfen wollte. Als ich mich wieder aufgerichtet hatte, packten mich die zwei Passanten. Mir war sofort klar, dass es Polizisten waren. Der Griff ist immer der gleiche.

Brandt sang, wovon auch auszugehen gewesen war, beim Verhör wie eine Nachtigall. Verdammter Pisser. Was die Sache für mich und meinen Bruder nicht leichter machte. Die Untersuchungshaft verbrachte ich in Lübeck. Das gleiche Gemäuer, die alten Gesichter.

Hubert hatte trotz all der finanziellen Strapazen und schrägen Eskapaden keine zivilrechtliche Klage gegen mich eingereicht. Ich habe eigentlich immer darauf gewartet, aber sie kam nicht. Ich kann mir das nur so erklären, dass er auf keinen Fall irgendwen auf irgendwelche möglichen Schwarzgelder aufmerksam machen wollte oder schlichtweg immer noch an die Geschichte mit den Steinen und damit an seine eigene Unfehlbarkeit glaubt. Hinzu kam, dass er keinerlei Quittungen oder Belege dieser Transaktionen hatte und sich eine zivilrechtliche Klage meines Wissens immer am Streitwert bemisst. Bei den paar Millionen, die da den Besitzer gewechselt hatten, wäre das eine ordentliche Stange Kohle allein an Gerichts- und Anwaltskosten. Und das alles für eine miese Aussicht, das Geld wirklich wiederzusehen. Ganz ehrlich: Wo sollte man das Geld bei mir suchen? Unter dem Kopfkissen? Im Sparstrumpf? Nein, da dieses Geld nirgendwo auftauchte, war es auch nicht da. So einfach ist das. Diese Gewissheit ließ mich die Nächte in der Untersuchungshaft ruhig schlafen.

Auszug aus dem rechtskräftig gewordenen Urteil gegen Peter Mike Wappler vom 2. November 2005; Aktenzeichen 3KLs 7/05, 704 Js 25036/04

Die vorherstehenden Feststellungen beruhen auf dem Geständnis des Angeklagten in der Hauptverhandlung, das durch die Ergebnisse der weiteren Beweisaufnahme bestätigt worden ist. Aufgrund des überzeugenden Gutachtens der Sachverständigen, dem sich die Kammer in eigener Überzeugungsbildung in vollem Umfang angeschlossen hat, steht fest, dass weder die Einsichtsfähigkeit noch die Steuerungsfähigkeit des Angeklagten infolge seiner Persönlichkeitsstörung oder akuten Rausches nach Kokaingenuss erheblich im Sinne des § 21 StGB beeinträchtigt waren.
Für die Strafzumessung hat die Kammer die folgenden Strafrahmen zu Grunde gelegt: für den Betrug in einem besonders schweren Fall gemäß § 263 Abs. 1 und 3 StGB Freiheitsstrafe von sechs Monaten bis zu zehn Jahren, für Urkundenfälschung

gemäß § 267 Abs. 1 StGB, Betrug gemäß § 263 Abs. 1 StGB und Hehlerei gemäß § 259 Abs. 1 StGB, auch so weit diese in Tateinheit mit Beihilfe zum Betrug steht, Freiheitsstrafe bis zu fünf Jahren oder Geldstrafe und für Beihilfe zum Betrug gemäß §§ 263 Abs. 1, 27, 49 StGB Freiheitsstrafe bis zu drei Jahren und neun Monaten oder Geldstrafe.
Bei der Strafzumessung hat die Kammer dem Angeklagten zugutegehalten, dass dieser durch sein Geständnis in der Hauptverhandlung das Verfahren erheblich abgekürzt hat. Zugunsten des Angeklagten hat die Kammer außerdem berücksichtigt, dass dem Angeklagten seine Taten durch die Leichtgläubigkeit seiner Opfer, insbesondere die des Geschädigten Hubert, leicht gemacht wurden. Zudem hat sich strafmildernd ausgewirkt, dass gegen den Angeklagten zudem die Sicherungsverwahrung anzuordnen war.
Strafschärfend hat sich die erhebliche Höhe der jeweiligen Schäden ausgewirkt. Zu Lasten des Angeklagten war zudem zu berücksichtigen, dass dieser bereits ganz erheblich und einschlägig vorbestraft ist und sich auch von dem Umstand, dass eine in einem anderen Verfahren verhängte Sicherungsverwahrung zur Bewährung ausgesetzt war, nicht von der erneuten Begehung einschlägiger Straftaten hat abhalten lassen.
Unter den Einzelstrafen hat die Kammer unter angemessener Erhöhung der Einsatzstrafe von drei Jahren und nochmaliger Würdigung der Persönlichkeit des Angeklagten und seinen Taten eine Gesamtfreiheitsstrafe von sechs Jahren gebildet.
Gemäß § 66 Abs. 1 StGB war gegen den Angeklagten die Unterbringung in der Sicherungsverwahrung anzuordnen.
Die formellen Voraussetzungen des § 66 Abs. 1 Nr. 1 und 2 StGB sind erfüllt. Der Angeklagte ist am 3. März 1989 zu einer

> Gesamtfreiheitsstrafe von sieben Jahren und sechs Monaten und am 14. Januar 1993 zu einer Freiheitsstrafe von zwei Jahren und sechs Monaten verurteilt worden und hat wegen dieser Verurteilungen in der Zeit vor der diesem Verfahren zu Grunde liegenden Taten mehr als zwei Jahre Freiheitsstrafe verbüßt. Weil der Angeklagte die den vorgenannten Urteilen zu Grunde liegenden Taten aus der Strafhaft heraus begangen und auch danach bis zum 17. Oktober 2001 ununterbrochen in Haft gesessen hat und sich zudem seit dem 26. Oktober 2005 in dieser Sache in Untersuchungshaft befindet, sind die Taten nicht im Sinne des § 66 Abs. 4 S. 3 und 4 StGB verjährt.

Ich kann nicht behaupten, dass die Sicherungsverwahrung überraschend kam, aber die Tatsache machte mich dennoch fertig. Ich ließ mich wieder nach Hamburg, Santa Fu verlegen. Auch weil ich die Strukturen dort hinreichend kannte. Ich habe viele Männer im Knast kennengelernt, die Angst vor einem Leben außerhalb der Gefängnismauern haben. Angst vor einem Leben in Freiheit. So geht es mir nicht. Aber ich kann dieses Gefühl nachvollziehen. Auf einmal ist wieder alles geregelt. Die Miete, das Essen, die festen Rituale. Es gibt keine Überraschungen mehr, und man trifft einen Haufen alte Freunde wieder. Am Schluss enden sie wohl alle hier. Ich verbrachte viel Zeit mit Blacky und Engler. Wir trafen uns wieder zum Pokern bei den Luden und ließen uns von den Dealern besorgen, was wir brauchten. Die sechs Jahre werde ich schon rumkriegen, dachte ich. Aber die Sicherungsverwahrung machte mir echt Sorgen. Die Jahre vergingen im Flug. Wenn die Sekunden und Stunden, die Tage und Jahre keine Ecken und Kanten haben, kann das Gehirn sich anscheinend nirgendwo festhalten. Alles rutscht durch.

Im Jahr 2009 starb mein Vater. Er wurde stolze achtzig Jahre alt. Mit zwei Beamten an meiner Seite erwies ich ihm die letzte Ehre auf dem Friedhof in Lübeck. Es war ein sonniger Tag, der wenig Schuldhaftes an sich hatte. Es roch nach Blumen, und es waren viele Menschen da, die meine Hand schüttelten und nach tröstenden Worten suchten. Schultern wurden geklopft, der Leichenschmaus war lecker. Der Alte war ein toller Typ gewesen. Ich entschied, und sollte es mein Leben kosten, ich musste raus aus Fu. Der Tod des einen Wapplers weckte die Lebensgeister des anderen.

Ronald »Blacky« Miehling, Freund und Mithäftling von Mike Wappler

Für einen Verbrecher hat Mike einen ziemlich ausgeprägten Gerechtigkeitssinn. Oft hat er gesagt, dass er die Strafe schon runterreißen würde. Aber die Sicherungsverwahrung würde er nicht akzeptieren. Das sei doch unmenschlich. Ich war schon ziemlich verwundert, als ich ihn Ende 2005 wieder in Fu auflaufen sah. Ich hatte gehofft, dass er sich nicht noch einmal erwischen lassen würde. Da hatte ich mich wohl geirrt. Die ersten Jahre sprach er nie über Ausbruch. Das wurde erst im letzten Jahr seiner regulären Haftstrafe ein Thema. Wir saßen im Innenhof und machten unseren liebgewonnenen Spaziergang, als er mir sagte, dass er abhauen würde. Da hatte er noch ein halbes Jahr auf der Kappe und keine Hoffnung mehr, dass sie die Sicherungsverwahrung aussetzen würden. Warum sollten sie auch? Ich sah in seinen Augen, dass er da kein leeres Gewäsch zum Besten gab und zu allem bereit war.
Er hat mich nach meiner Meinung gefragt. Was soll man da

sagen? »Warte, bis deine Haftstrafe durch ist«, lautete mein Ratschlag. Ich hatte von einigen anderen Häftlingen gehört, dass es in Europa Länder gäbe, die einen Häftling mit Sicherungsverwahrung nicht ausliefern würden. Ganz einfach deswegen, weil sie das Gesetz nicht kannten. Dort könnte man Asyl beantragen. Aber nur dann, wenn man keine Haftstrafe mehr auf dem Buckel hat. Ansonsten schicken die einen sofort zurück. »So schnell kannst du nicht Knast rufen«, sagte ich Mike. »Dann schmeißen die dich hier in ein ganz tiefes Loch.« Also mussten wir seine Flucht so organisieren, dass sie genau in die Übergangsphase zwischen Ende der Haftstrafe und Beginn der Sicherungsverwahrung fallen würde. Als Strafgefangener bekam er selten, aber doch manchmal begleitete Freigänge zu seiner kranken Schwester. Als Sicherungsverwahrter war davon nicht mehr auszugehen. Mike war völlig klar, dass eine Flucht aus der Verwahrung kaum möglich war.

Ich hatte einige mehr oder weniger spannende Aufgaben in Fu übernommen: Hausreinigung und Tischlerei. Ich brauchte diese Arbeiten aber, weil mir dadurch Tage von meiner regulären Haftstrafe abgezogen wurden, die offiziell am 25. Oktober 2010 enden sollte. Die Sicherungsverwahrung würde im direkten Anschluss stattfinden.

So war in den kommenden Monaten alles eine Frage des richtigen Timings. Nichts durfte dem Zufall überlassen werden. Ich beantragte weit für die Zukunft begleitete Krankenbesuche bei meiner Schwester. Dank eines Attests, das belegte, dass sie nicht reisen konnte, bekam ich mit einigen Sondergenehmigungen Besuchsrecht. Der einzige Termin, den ich nahe am Ende meiner Haftstrafe bekam, war der 15. Oktober 2010, also zehn Tage zu früh. Ich arbeitete, wie ich noch nie in meinem Leben gearbeitet hatte. Ich übernahm sogar Stunden von Mitgefangenen, um mir die zehn Tage zu holen.

Auch wenn ich wenig Hoffnung hatte, gab es doch ein Datum, das mich von meiner Flucht noch hätte abbringen können: der 8. Oktober 2010, da wurde vor dem Landgericht Hamburg über meinen Antrag zur Aussetzung der Sicherungsverwahrung entschieden. Bis zu dem Termin musste alles für die Flucht stehen, sollte das Gericht den Antrag ablehnen.

Der Antrag wurde abgelehnt.

Zwei Tage vor der Abfahrt zu meiner Schwester hatte ich es geschafft und ließ mir eine Bescheinigung ausdrucken, dass ich nun offiziell ab dem 15. Oktober 2010 meine Strafe abgesessen hatte. »Was soll der Stress?«, fragte mich die Aushilfstippse im Sekretariat. »Du bleibst doch eh noch ein paar Jahre hier.« Ganz sicher nicht, hätte ich gerne gesagt, beschränkte mich aber auf ein Nicken.

Die Abfahrt sollte um neun Uhr erfolgen. Ich hatte die Nacht zuvor kaum geschlafen. Hatte ich alles organisiert? Ich kannte mein Ziel, hatte die Flucht im Kopf mehrfach durchgespielt, Flugtickets waren besorgt, das Fluchtauto stand bereit, die Komplizen waren eingeweiht und bezahlt. Seit einer Woche beklagte ich mich über das miese Essen und dass ich schon wieder die Scheißerei hätte. Was hatte ich vergessen? Hatte ich was vergessen?

Um kurz vor neun Uhr stand ein Vollzugsbeamter in meiner Zellentür, den ich noch nie gesehen hatte. »Abfahrt verzögert sich«, sagte er. Das passte mir gar nicht ins Konzept. »Wie lange denn?«, fragte ich ihn. Er zuckte mit den Schultern. Ich schaute auf die Uhr, nun fingen die Sekunden, die in den letzten sechs Jahren nicht vergehen wollten, zu rennen an. Als würde die Zeit alles aufholen wollen, was sie vorher verpasst hatte. Nach zwanzig Minuten rief ich nach dem Beamten. »Ich muss los«, sagte ich. »Wir haben in Lübeck was Wichtiges zu feiern.« Ich musste trotz der ganzen Aufregung Ruhe bewahren. Sie hätten mir willkürlich den Termin streichen können, wenn ich hier frech geworden wäre. Nach außen hin mimte ich also den pflichtbewussten Bruder, dem es einfach nur unangenehm gewesen wäre, zu spät zu einer wichtigen Familienfeier zu kommen. Innerlich drehte sich mir bei dem Gedanken, hier nicht rechtzeitig wegzukönnen, der Magen um. Mir war heiß und kalt, und ich hätte den Beamten am liebsten angebrüllt, er solle seinen fetten Arsch jetzt Richtung Ausgang bewegen und mich gefälligst nach Lübeck fahren.

Um kurz vor zehn bestieg ich den Zivilwagen der Polizei, und wir fuhren auf der A1 in Richtung Lübeck. »Immer noch Dünnschiss?«, fragte der junge Polizist, ohne nach hinten zu sehen. »Und wie«, sagte ich. »Da muss ich sicher gleich ordentlich austreten.«

2010
One Night in Paris oder zurück im Heute

Ich schaue noch dem Mädchen aus dem Bus nach, bis sie im Trubel der Stadt verschwindet. Ich stehe alleine auf dem Bürgersteig in Paris. Der Bus nach Lissabon geht erst morgen in der Früh um sieben Uhr. Direkt von hier. Ich brauche also ein Hotel in Wurfweite. Genau gegenüber vom Busbahnhof steht ein Haus, das eindeutig als miese Absteige zu identifizieren ist – auch für einen Mann, der das Schild nicht lesen kann. Nach wenigen Metern stehe ich vor dem Eingang und betrete das Haus. Ein spindeldürrer Typ mit einem Strohhut und einer Anzugweste über einem ausgewaschenen T-Shirt steht an der Rezeption. Mit Händen und Füßen gelingt mir die Buchung eines Zimmers für eine Nacht.

Eines ist mir bewusst: Wenn man auf der Flucht geschnappt wird, dann in solchen Absteigen. Ich gehe davon aus, dass ein internationaler Haftbefehl bereits raus ist. Ganz Europa sucht mich also. Nachdem ich mit meinem RTL-Ausweis und Bargeld das Zimmer bekommen habe, nehme ich meine Sachen und verlasse das Haus wieder. Hier bleibe ich keine Sekunde. Es ist aber sicher nicht schlecht, dass mein Name hier auftaucht. Draußen, zurück im Trubel der Großstadt, nehme ich mir ein Taxi und bitte den Fahrer, mich zu einem großen Hotel in der Nähe zu fahren. »Grande Hotel. Grande Hotel. City«, murmle ich nach vorne. Der Fahrer nickt und fädelt den Wagen wieder in den Verkehr ein.

Er bringt das Taxi vor einem großen Hotelblog, zehn Autominuten vom Busbahnhof entfernt, zum Stehen. Ich steige aus, betrete das Hotel und verlasse es wieder über den Barausgang. Nun bin ich der Freiheit zu nah, um mich doch noch schnappen zu lassen. Ich entscheide mich, diese Nacht in keinem Haus zu schlafen. Ein Spaziergang durch die Stadt scheint mir jetzt genau das Richtige zu sein. Ich lasse meine Seele durch die Metropole treiben, schleiche durch Läden, vermeide Begegnungen. Ich betrete ein kleines Museum, in dem ich scheinbar der einzige Besucher bin. Zumindest begegne ich keinem anderen Menschen mehr. Ohne Eile schaue ich mir die Kunst an, zu der ich keinen Bezug habe.

Als die ersten Bars und Abendrestaurants ihre Türen öffnen, lasse ich mich in einem unscheinbaren Laden an einer Straßenecke unweit des Busbahnhofs nieder. Ich bestelle ein gewaltiges Menü, tippe auf die Karte, von allem etwas. Mein Hunger ist gewaltig. Es kommt mir so vor, als würde ich meine Henkersmahlzeit einnehmen. Mit einem nie dagewesenen Appetit schlinge ich alles hinunter, was mir die Kellnerin bringt. Was würde ich wohl bestellen, wenn heute mein letzter Tag wäre? Wenn nachher jemand den Stecker zieht und alles aus ist? Welche endgültige Entscheidung muss ein Mann da treffen? Was ist, wenn man etwas bestellt, was man gar nicht mag? Oder noch schlimmer: Man bestellt einen Hummer, weil man den noch nie gegessen hat, und dann hat man eine Allergie gegen Krustentiere. Echt ärgerlich.

Ich bringe die Nacht mit unzähligen Schritten und krummen Gedankenspielen rum. Immer in Bewegung bleiben ist mein einziger Gedanke. Um kurz nach sechs Uhr bin ich wieder in der Nähe des Busbahnhofs und mache mich in der öffentlichen Toilette frisch. Das Wasser riecht nach Chlor, ich sehe beschissen aus.

Ich finde den Bus relativ leicht, weil die alle Nummern haben, die sich auch auf den Tickets wiederfinden. Ich halte dem Fahrer, der auch so aussieht, als hätte er die vorherige Nacht in irgendwelchen Bars um die Ecke gebracht, das Stück Papier unter die Nase. »Oui, oui«, sagt er und deutet mit einer Handbewegung auf den Busteil hinter sich. Es scheint freie Platzwahl zu sein. Ich lasse mich recht weit hinten in den Sitz fallen und tauche ab in einen unruhigen Schlaf.

Von nun an reise ich angstfrei. Nachdem wir ohne Passkontrolle die spanische Grenze überquert hatten, wusste ich genau: Den Wappler kriegen die hier so schnell nicht mehr raus. Ich fahre mit dem Bus weiter nach Lissabon. All die Stunden auf den engen Sitzen kommen mir wie ein Geschenk vor. Ich wäre auch auf einem Nagelbrett gereist, scheißegal. Meine Laune ist wie das Wetter hinter den Busfenstern – nicht zu trüben. In Lissabon wähle ich die Nummer meiner Anwältin, sie soll im Fall einer Verhaftung Bescheid wissen und Asyl für mich beantragen. Außerdem will ich ja wissen, was sich in Straßburg tut. Vielleicht könnte ich ja als freier Mann aus diesem wunderbaren Kurzurlaub nach Deutschland zurückkehren.

Dr. Ines Woynar, Anwältin von Mike Wappler

Herr Wappler rief mich in meinem Büro in Hamburg an. Ich war schon etwas überrascht darüber, wie elegant er sich der Sicherungsverwahrung entzogen hatte. Wir hatten ja vereinbart, gegen die Vollstreckung eine Beschwerde einzureichen. Man muss sagen, dass Herr Wappler das Glück hatte, dass sich viel um das Gesetz tat und entwickelte. An dem Tag seiner Flucht war klar, dass sich vieles ändern würde, ob aber sein Fall auch betroffen wäre, blieb fraglich. Ich gab ihm auf alle

Fälle den Ratschlag, keinerlei Aktionen zu machen, sollten sie ihn fassen. Was wir nun nicht brauchen konnten, war ein weiteres Delikt. Mir war bewusst, dass er sich in Portugal nicht ewig verstecken konnte. Das Medieninteresse an seiner Person war in Deutschland recht ordentlich, und man brachte ihm Sympathien entgegen. Die Justiz würde einige Hebel in Bewegung setzen, um die Sache zu einem Abschluss zu bringen. Immerhin war ihnen ein schwerer Betrüger abhandengekommen. Wir einigten uns darauf, dass Herr Wappler so lange wie möglich in Portugal bleiben sollte. Auch, oder ganz besonders, wenn man ihn dort verhaften würde. Der Umstand, dass er offiziell kein Straftäter mehr war, sollte unser Ass im Ärmel sein. Weil: Ihn festnehmen und wieder nach Deutschland bringen – so einfach war das ja nicht. Wir leben schließlich nicht im Wilden Westen. Sollten sie ihn also kriegen, müsste Portugal ihn erst einmal abschieben, weil sie die Sicherungsverwahrung nicht vollstrecken. Das wird alles noch ziemlich lustig, war mein erster Gedanke, als ich den Hörer wieder auf die Gabel legte. Denn durch die Entwicklungen beim Europäischen Menschengerichtshof in Straßburg lief die Zeit für Herrn Wappler.

Von Lissabon aus erreiche ich Faro mit dem Zug nach entspannten drei Stunden. Mein erster Weg führt mich zum Meer. Ich habe es geschafft. Mit einigen Umwegen bin ich also aus dem hohen Norden bis an die Südspitze Europas gekommen – ohne Passkontrolle und mit viel Angst, dass die Sache ein vorzeitiges Ende nimmt. Ich ziehe meine Schuhe aus und stopfe die Socken in die Treter, die ich wie eine Handtasche in der Hand halte. Der feuchte Sand drückt sich zwischen den Zehen hindurch, die Lippen schmecken nach Salz. Ist das Freiheit? Dieser Moment ist das alles wert gewesen, denke ich und lasse mich mit Anzug rückwärts in den Sand fallen.

Nach zwanzig Minuten, völlig durchnässt und in jeder Pore Sand, rufe ich aus einer Telefonzelle meinen Kontakt an, der mir hoffentlich in Faro ein kleines Strandhaus besorgt hat. Der Weg dorthin, den er mir beschreibt, klingt einfach. »Den Schlüssel findest du unter dem Blumentopf, der auf dem Fensterbrett steht. Genieß die Zeit«, sagt er. »Werde ich«, antworte ich.

Der Weg führt mich über die Strandpromenade etwas raus aus dem Stadtkern. Ohne große Probleme erreiche ich das kleine Strandhaus und finde ohne weiteres Suchen den Schlüssel. Als ich die Tür aufstoße, fühle ich mich unendlich müde. Angekommen nach einer verdammt langen Reise. Ich schaffe es gerade noch, das Sakko auszuziehen, bevor ich auf die Couch falle. Die Hose ist immer noch nass, als ich viele Stunden später aufwache. Es ist der 20. Oktober 2010, drei Uhr in der Nacht, und ich bin frei. Vorerst.

Glücklicherweise hatte ich vorhin auf dem Weg zum Haus in einem kleinen Supermarkt noch ein paar Eier, etwas Speck, Brot und eine Zigarre gekauft. Ich raffe mich von der Couch auf, ziehe alle meine Klamotten aus, werfe sie auf einen Haufen in die Ecke, stelle mich nackt an den Herd und haue den Speck in die Pfanne. Dabei zünde ich mir die Supermarkt-Zigarre an. Das ist das wahre Leben, denke ich. Der dicke Qualm des Tabaks zieht über die Abzugshaube nach draußen. Wie ein böser Geist, der meinen Körper verlässt und für immer, vermischt mit Speck- und Eiergeruch, in der portugiesischen Nacht verschwindet.

Als ich da am Herd stehe, mein Schwanz so ganz entspannt vor sich hin baumelt, denke ich, ein Strandtag morgen ist eine gute Idee. Als Erholung nach dem ganzen Stress der letzten Tage. Überhaupt, die letzten Jahre habe ich in einem muffigen Knast, ausschließlich mit Kerlen eingesperrt, verbracht. Meine Haut ist weiß, die Haare stumpf, die Tränensäcke fies. Ich habe mir ein bisschen Urlaub wirklich mehr als verdient.

Auf einmal wird mir klar, dass ich ja nun auch bald Geburtstag habe, dann wären es fünfundfünfzig Jahre, die dieser Körper auf dem sprichwörtlichen Buckel hätte. Der Gedanke, ihn hier zu feiern, fern der Heimat, gefällt mir.

Sollte es hart auf hart kommen und sich in der Entwicklung um die Sicherungsverwahrung kein Urteil abzeichnen, das für mich die Freiheit bedeutet, habe ich bereits gefälschte Papiere in Auftrag gegeben. Mit denen würde ich dann in ein Land abhauen, das gar nicht ausliefert. Argentinien vielleicht.

Am kommenden Tag, es ist der 22. Oktober, schlendere ich, ein Strandtuch über der Schulter, die Straße zum Haus hoch, es riecht nach Eukalyptus und Mofa-Abgasen. Zum zweiten Mal an diesem Tag fällt mir ein blauer Citroën auf, der etwa zwanzig Meter von dem Haus entfernt unauffällig auffällig parkt. Blätter eines Baumes spiegeln sich in der Windschutzscheibe, sodass ich nicht sehen kann, ob oder wer in dem Wagen sitzt. Langsam gehe ich zum Haus, lasse mir nichts anmerken. Ich stecke den Schlüssel behutsam ins Schloss.

Ich schließe die Haustür auf, wende noch einmal den Kopf und sehe nun zwei Typen in dem Auto sitzen, die in meine Richtung schauen. Mit einem Schritt bin ich im Haus und drücke die Tür hinter mir ins Schloss. Ich bin auf eine plötzliche Flucht vorbereitet. Die wichtigen Sachen sind gepackt und mit einem Griff unter meinem Arm. Schwungvoll schiebe ich die Terrassentür auf, vor mir liegen der Strand und das Wasser. Einige Surfer sitzen auf ihren Brettern etwas weiter draußen im offenen Meer und warten auf Wellen, am Horizont kann man einen Tanker und ein paar weiße

Segel erkennen. Kinder spielen am Strand Fangen. Was tun, Wappler?, frage ich mich. Wenn sie mich bereits hier gefunden haben, wird die Flucht von nun an eine Hetzjagd.

Ich stelle die Tasche zurück auf das kleine Sideboard, lasse mich auf die Couch fallen, lege meine Beine auf den Wohnzimmertisch aus Rattan und schiebe mir den Zigarrenstummel von letzter Nacht, der unmotiviert im Aschenbecher liegt, in die Mundecke. Sollen sie doch kommen, denke ich, ich bin vorbereitet. Ich greife zu meinem Handy und wähle die Nummer meiner Anwältin in Hamburg. »Sie sind da«, sage ich. »Vielleicht noch zwanzig Minuten.«

Alles geht respektvoll und gesittet über die Bühne. Eine Verhaftung, die wohl von allen Beteiligten als angenehm beschrieben werden dürfte. Ohne Gewalt, ohne Schreierei, eine Sache zwischen erwachsenen Männern. Auf der Wache angekommen, nimmt eine junge Polizistin mit dicken schwarzen Locken, die wie ein schwerer Schal auf ihren Schultern liegen, meine Fingerabdrücke. Auf Englisch versucht sie, mir einige Fragen zu stellen, Deutsch spricht hier niemand. Ich ziehe die Schultern hoch. »Sorry, no English.«

Dr. Ines Woynar, Anwältin von Mike Wappler

Nun hatten sie ihn also. Aber damit war noch nichts gewonnen, nein, es fing eigentlich gerade erst an. In Portugal sprach keiner Deutsch, und eigentlich wussten die Polizisten dort auch nicht, warum man ihn überhaupt festhalten sollte. Seine Haftstrafe hatte Herr Wappler ja bereits abgesessen. Die Sache mit der Sicherungsverwahrung war auch für die dortigen Gerichte schwierig zu handhaben. Einen Streit mit Deutschland wollte man nicht. Einen Unschuldigen, der um Asyl ersuchte, einfach wieder nach Deutschland abschieben, ging auch nicht so leicht. Wir fingen also an, Dokumente ins Portugiesische zu übersetzen, um die Sachlage verständlich zu machen. Ich meine, irgendwie musste es sich ja auch lohnen, dass er so weit gekommen war. Eine ziemliche Leistung eigentlich. Parallel reichte ich am 29. 11. 2010 eine sofortige Beschwerde gegen den Beschluss vom Landgericht Hamburg ein. Eine zweiseitige Ausführung, warum die Sicherungsverwahrung gegen Herrn Wappler ungerechtfertigt sei. Den eigentlich wichtigsten Satz fand das Landgericht wohl im letzten Drittel. Er lautete: »Zukünftig wird die Anordnung der Sicherungsverwahrung nicht mehr auf Vermögensdelikte gestützt werden können.« Aber zugegeben, wie alles in der Juristerei ist es auch ein Teil Auslegung, wie wann was wo zu greifen hat. Ich war mir ziemlich sicher, dass wir es noch nicht geschafft hatten.

Am 12. November 2010 stirbt Martin Engler in der Sicherungsverwahrung in der Vollzugsanstalt Hamburg Fuhlsbüttel. Ich erfahre es von meinem Bruder am Telefon. Engler hat knapp achtunddreißig Jahre seines Lebens eingesessen. Jetzt kippt vielleicht das Gesetz, und er stirbt. Ganz alleine, im Knast. Das macht mich traurig. Traurig und sauer. Ich hab' die große Befürchtung, dass die Behörden die Gesetzesänderungen, sollten sie kommen, in die Länge ziehen oder wieder irgendwelche Sonderregelungen finden. Die deutschen Behörden sind auf alle Fälle heiß darauf, mich schnellstmöglich wieder nach Hamburg zu kriegen. Es gibt offenbar Probleme, da ich angeblich noch eine Reststrafe abzusitzen hätte, weil man die Tage, die ich zum vorzeitigen Ende meiner Haftstrafe erarbeitet hatte, nicht anerkennen will. Langsam merke ich, wie auch mir die Puste ausgeht. Der Gedanke, den Rest meines Lebens eingesperrt zu sein und wie Engler den Knast nur mit den Füßen voraus verlassen zu können, deprimiert mich. Und ich spüre, dass ich älter werde. Allein der Gedanke an einen jahrelangen Rechtsstreit mit Vater Staat macht mich körperlich müde.

Dr. Ines Woynar, Anwältin von Mike Wappler

Nun, wie zu befürchten war, kam vom Hanseatischen Oberlandesgericht am 2. Dezember 2010 eine Ablehnung der Aussetzung der Sicherungsverwahrung von Herrn Wappler. Ein wichtiger Textbaustein lautete: Der Senat verkennt nicht, dass aufgrund des gemeinsamen Gesetzentwurfes der Fraktion der CDU/CSU und FDP vom 26. Oktober 2010 (BT-Drs. 17/3403) zur Neuordnung des Rechts der Sicherungsverwahrung eine solche bei Vermögensdelikten ohne Gewaltanwendung – wie es im Falle des Beschwerdeführers gegeben ist – nicht mehr möglich wäre (arg. ex § 66 StGB-E) und zudem aufgrund der Übergangsvorschrift, welche – wie im Gesetzentwurf vorgesehen – als Artikel 316e in das EGStGB eingeführt werden soll, der Beschwerdeführer spätestens sechs Monate nach Inkrafttreten des Gesetzes aus der Sicherungsverwahrung zu entlassen sein wird (Art. 316e Abs. 3 EGStGB-E). Gleichwohl führen diese Aspekte nicht zu einer anderen Beurteilung der Verhältnismäßigkeit der (weiteren) Vollstreckung der Sicherungsverwahrung (§ 62 StGB). Wegen der Bindung an Recht und Gesetz können gerichtliche Entscheidungen, auch wenn eine tiefgreifende Gesetzesänderung unmittelbar bevorsteht, nur de lege lata und nicht – gleichsam im Vorgriff auf eine nur wahrscheinliche zukünftige Gesetzeslage – de lege ferenda

ergehen. Im Übrigen ist für die Behandlung von Altfällen ein spezielles Erledigungsverfahren von der Strafvollstreckungskammer vorgesehen.
Um es kurz zu machen: So leicht wollten sie Herrn Wappler nicht aus der Nummer rauslassen. Als der Brief kam, steckte er immer noch in Portugal. Wir hatten es geschafft, ihn dort vorerst in eine Art offenen Vollzug zu bekommen. Weil gegen ihn ja eigentlich kein Straftatbestand mehr vorlag, wollte man ihn nicht wegsperren. Aber die dortigen Behörden wollten ihn um jeden Preis loswerden. Es war ein ziemliches Durcheinander.

Der halboffene Vollzug ist eine feine Sache. Fast wie frei, aber mit Dach über dem Kopf. Wie ich durch einen Zufall rausbekomme, verwechseln die anderen Insassen mich mit einem Drogenbaron, der offenbar kürzlich am Flughafen Lissabon mit einer Europalette Kokain in seinem eigenen Jet geschnappt wurde. Da diese kleine, aber für mich vorteilhafte Verwechslung keinerlei Nachteil mit sich bringt, sehe ich keinen Grund, sie aufzuklären. Ich verbringe viel Zeit im Innenhof und genieße die Sonne. Plötzlich spüre ich einen Schatten, der sich vor mir aufbaut. Ich öffne die Augen und schaue auf eine Pranke, groß wie ein Suppenteller, die mir entgegengestreckt wird. »Ich dein Freund werden«, sagt die Stimme, die zu der Hand gehört. Papete sei sein Name. Er ist gebürtiger Algerier, der in Frankfurt einige Jahre am Flughafen die Koffer aufs Fließband gewuchtet hat, die deutsche Sprache lernte und nun hier wegen dreifachen Mordes einsitzt. Er erwischte seine Frau mit zwei Typen gleichzeitig im Bett, da ist er durchgedreht und hat mit einem Teppichmesser für klare Verhältnisse gesorgt. Es muss wohl eine ziemliche Sauerei gewesen sein.

Papete wird mein Mann für alles. Mir ist klar, dass ich hier möglicherweise noch einige Zeit abzusitzen habe, da ist ein Freund, vor dem alle Respekt oder Angst haben, nichts Verkehrtes. Wie so häufig im Leben sind es auch hier ein wenig Zufall und die Gunst der Begegnung, die den Sieger vom Verlierer trennen. Denn Freunde braucht man überall.

Dr. Ines Woynar, Anwältin von Mike Wappler

Die letzten Tage im Dezember des Jahres 2010 brachten dann tatsächlich noch den Durchbruch – schneller als erwartet.
Der Bundesrat nahm am 17. Dezember das Gesetz zur Neuordnung des Rechts der Sicherungsverwahrung an. Dieses neue Gesetz trat dann am 1.1. 2011 in Kraft. Auch für Herrn Wappler bedeutete das die Freiheit, weil die Regelung vorsah, dass eine Maßregel der Altfälle für erledigt erklärt ist, wenn die Anordnung ausschließlich auf Taten beruht, die in der neuen Gesetzesfassung nicht mehr Grund für eine solche Anordnung sein können. Am 10. Januar 2011 beantragte ich, die Sicherungsverwahrung meines Mandanten für erledigt zu erklären.
Ganz nüchtern betrachtet, muss man sagen: Herr Wappler hat verdammtes Glück gehabt, dass alles so gekommen ist.
Das Gesetz war über achtzig Jahre lang in Kraft. Das hat ja so einige dahingerafft. Wie mir Herr Wappler erzählte, ist sein guter Freund in der Sicherungsverwahrung gestorben. Sicher kein Einzelfall.
Dass aber nun so ein tiefgreifender Wechsel stattfand, während Herr Wappler auf der Flucht war, ist doch ein Zufall der Extraklasse. Da muss man nicht seine Taten gut finden

oder glorifizieren, aber nach zweimaliger Androhung hätte das Landgericht die Sicherungsverwahrung nun bis zum bitteren Ende ausgereizt, da bin ich mir sicher. Vielleicht mit Recht, aber das muss jeder für sich selbst entscheiden.
Ich hätte zu dem Zeitpunkt dennoch keine Flasche Champagner geköpft. Es war gut möglich, dass die Gerichte eine psychische Störung als Grund für die Straftaten anführen würden, dann hätte man die Sache noch ordentlich in die Länge ziehen können. Aber, und so vermutete ich, die Gerichte hatten mit der Neuregelung auf einmal so viele richtig harte Fälle an der Backe, dass man froh war, die Akte von jemandem mit einem Vermögensdelikt, und selbst wenn es nicht unerheblich war, vom Schreibtisch zu haben.
Herr Wappler wurde am 19.1.2011 an die deutschen Behörden übergeben.

Der Flieger ist nicht ausgelastet, viele Plätze sind noch frei. Die deutschen Behörden haben extra zwei Beamte in Zivil nach Lissabon kommen lassen, um mich abzuholen. Was für ein aufmerksamer Service, denke ich. Die beiden mussten mir im Flieger die Hand- und Fußschellen abnehmen. Wenn man einen Gefangenentransport in einem öffentlichen Verkehrsflugzeug vornimmt, will man ja die anderen Gäste nicht verschrecken. Ich mache es mir also gemütlich. Als wir die Reiseflughöhe erreichen und die Stewardess aus dem kleinen Wagen zollfreie Waren zu Bestpreisen anbietet, kommt mir der Gedanke, ein paar Geschenke für die Jungs und Mädels in der Heimat einzukaufen. Deshalb frage ich die freundliche Stewardess, ob sie mal kurz anhalten könne. »Du wirst hier gar nichts kaufen«, knurrt der Polizist zu meiner Rechten. »Los, weiter«, murmelt er in Richtung Stewardess, die etwas verstört die

Bremse ihres kleinen Wagens löst und weiter in Richtung hinterer Sitzreihen rollt. Was für ein Arschloch, denke ich.

»Fräulein«, rufe ich und winke der Stewardess nach. Sie dreht sich um und signalisiert, dass sie gleich wieder zurückkommt. Der Polizist schaut mich an, als hätte ich ihm mit Anlauf zwischen die Beine getreten. Er packt meinen Arm und zieht ihn ruckartig zu sich runter, er knurrt wie ein bissiger Hund. Bevor er etwas sagen kann, ergreife ich das Wort. »Mein Guter«, sage ich mit ruhiger Stimme, »ich werde jetzt hier für ein paar meiner Kumpels zollfrei und ganz entspannt Zigaretten und Duftwasser bei dieser netten Saftschubse einkaufen. Wenn Sie mich daran hindern wollen, werde ich aufstehen und schreien, dass ich eine Bombe in diesem Flieger versteckt habe.«

Er schaut mich an, als hätte ich seine Eier nun an einer roten Kordel und würde sie von links nach rechts vor seinen Augen pendeln lassen. Sein Griff lässt nach.

Dr. Ines Woynar, Anwältin von Mike Wappler

Der 1. März 2011 war ein Dienstag. An diesem gewöhnlichen Wochentag entschied man über die Zukunft von Herrn Wappler. Ich machte mich um 9 Uhr auf in Richtung Landgericht, es war bewölkt, aber kein Wetter, das Unheil ankündigt.

Ich beginne den Dienstag so wie jeden Tag. Mit Frühstück und ein wenig Frühstücksfernsehen. Ich versuche, nicht an die Verhandlung zu denken. Was soll ich auch machen? Ich muss mich darauf verlassen, dass die richtigen Menschen an den richtigen Stellen das für mich Richtige entscheiden. Gegen Mittag steht ein Beamter in meiner Tür und klopft mit dem Knöchel des gekrümmten Zeigefingers an den Rahmen. »Der Direktor will dich sprechen«, sagt er. Der Weg zum Büro ist lang, irgendwer hat den Boden poliert, es riecht nach Zitrone und Wachs.

Dr. Ines Woynar, Anwältin von Mike Wappler

An diesem regnerischen 1. März erklärte das Landgericht Hamburg, Große Strafkammer 13, in der Strafvollstreckungssache gegen Peter Wappler, ehem. Krüger, geboren am 25.11.1955 in Lübeck, die Unterbringung in der Sicherungsverwahrung für erledigt. Der Entlassungszeitpunkt wurde für den 10. März festgesetzt.

Ich bin ein freier Mann und lebe als dieser unbehelligt in Hamburg. Herr Hubert hat mich kürzlich tatsächlich angerufen und die Nachricht hinterlassen, ob die Sache mit den Diamanten noch steht. Vollidiot. Ich habe ihn nicht zurückgerufen. Ich darf laut Gerichtsbeschluss keinerlei Kontakt zu ihm haben. Gerade bin ich dabei, die Idee mit der Box-Liga in den Emiraten wieder aufzugreifen, da liegt ein Haufen Geld im Sand, der nur ausgebuddelt werden will.

Ich besuche meine Kinder, sooft ich kann, und frage mich gelegentlich, wie all die Jahre und Tage meines Lebens verronnen sind. Ein Teil blieb sicher in den Gefängnissen in Norddeutschland hängen, der andere vermischt sich in meinem Hirn zu einem bunten Strudel aufregender Begegnungen und Erlebnisse. Hätte ich die Chance, mein Leben noch einmal zu leben, ich würde vieles wieder genauso machen.

Natürlich bin ich das, was ich bin, nur auf Kosten anderer geworden – ich bin auf dem Rücken der Gierigen und Ganoven im Galopp durchs Leben geritten. Doch wie sagte mein Freund Jochen Schütt einmal so treffend: »Das ganze Geld der Leute ist ja gar nicht weg, Mike hat die Kohle nur umgeschichtet – von deren Taschen in seine.«

ENDE